Heinrich Bernhard Oppenheim

System des Völkerrechts

Heinrich Bernhard Oppenheim

System des Völkerrechts

ISBN/EAN: 9783743319585

Hergestellt in Europa, USA, Kanada, Australien, Japan

Cover: Foto ©Suzi / pixelio.de

Manufactured and distributed by brebook publishing software
(www.brebook.com)

Heinrich Bernhard Oppenheim

System des Völkerrechts

System des Völkerrechts.

Von

Heinrich Bernhard Oppenheim.

Zweite, vermehrte und verbesserte Ausgabe.

Stuttgart & Leipzig.
Verlag von A. Kröner.
1866.

Vorrede.

Die erste Ausgabe dieses Buches ist im Jahr 1845 erschienen. Die geringen Fortschritte, welche die Wissenschaft des Völkerrechts seitdem gemacht hat, stehen nicht im Verhältniß zu der gewaltigen Entwickelung der Elemente des Völkerrechts in der Geschichte der Gegenwart. Mehrere der alten Grundsätze wurden seitdem thatsächlich in Frage gestellt, besonders solche, die sich auf das Gleichgewichtssystem und auf die dynastische Vertretung der Staatssouverainetäten beziehen; — dagegen wurde der Humanität und der Sicherheit des Weltverkehrs Manches eingeräumt, was die Wissenschaft lange vorher gefordert hatte.

Viele klagen, das Völkerrecht sei in Auflösung begriffen, — weil manche Rechtsregeln, welche ehedem nur von der Praxis übertreten wurden, jetzt auch im Prinzip erschüttert erscheinen. Bei solchen Beschwerden wird oft übersehen, daß zu allen Zeiten über die Unsicherheit des Völkerrechts geklagt wurde, und daß es eben zu seinem Wesen gehört, lediglich eine historische Bestimmtheit zu haben, die sich aus den großen Ereignissen und Entwickelungen zumeist erst hinterher erkennen läßt. Das Neue, das sich überall Bahn bricht, hat noch keine juristische Gestaltung gewonnen. — Daß die Epochen des Völkerrechts sich an die entscheidenden Revolutionen des inneren Staatsrechts anlehnen, haben wir schon in der ersten Ausgabe dieses Buches nachzuweisen gesucht, und ebenso schon damals (vor 1848) nachdrücklich auf die anbrechende Herrschaft des Nationalitäts-Prinzips und des Einheitsstaates, also des Selbstbestimmungsrechts der Völker als organisirter Einheiten, hingewiesen. Seitdem ist die Weltgeschichte mit der Ausführung des Programmes der scheinbar gescheiterten Revolution von 1848 beschäftigt. Wir konnten darum im Ganzen den Gedankengang und die Systematik der ersten Ausgabe stehen lassen, und hatten nur bei den einzelnen Lehren nachzutragen und zu verbessern.

Diese neue Ausgabe war schon vor Beginn des Krieges von 1866 druckreif. Obgleich die Herausgabe aus leicht errathbaren Gründen um einige Monate verzögert ward, so hatten wir doch im Drucke nichts Wesentliches hinzuzufügen oder abzuändern. Denn die völkerrechtlichen Folgen dieser großen Umwälzung, sowie ihre wissenschaftlichen Resultate für den Begriff und die Natur des Bundesstaates werden nicht so bald gänzlich zu überschauen sein. Fertige oder auch nur lebensfähige Gestaltungen treten ja überhaupt aus diesen eiligen Friedensschlüssen noch nicht hervor; es sind provisorische Abmachungen, Uebergangsstadien, deren innere Widersprüche zu schleunigen Veränderungen führen müssen. Wir stehen erst am Schluß des ersten Akts, aber die Zukunft ist deutlich vorgezeichnet.

August 1866.

H. B. O.

Inhalt.

Erster oder allgemeiner Theil.

Zweiter Theil.

Die absoluten Rechte der Staaten.

Dritter Theil.

Die bedingten Rechtsverhältnisse der Staaten, oder die Beziehungen der Staaten zu einander in Krieg und Frieden.

Vierter Theil.

Ueber die Kollision der Staatsgesetzgebungen, oder das internationale Privat- und Strafrecht.

System des Völkerrechts.

Erster oder allgemeiner Theil.

Kapitel I.

Begriff und Methode des Völkerrechts.

§. 1.

Ehedem verstand man unter Naturrecht die müßige Erfindung metaphysischer Talente über ein Rechtssystem, wie es sein sollte, aber nicht ist, wie es vielleicht sein könnte, wenn alle Menschen gut und vernünftig, liebevoll und einträchtig wären, wenn alle Privatinteressen und Nationalunterschiede von einem allgemeinen Menschenthume aufgehoben und der Kampf der Geschichte durch die Erreichung eines hohlen und leeren Ideals stabiler Vollendung sistirt wäre.

Die moderne Rechtsphilosophie hat diese vage Anschauung verdrängt, indem sie sich zu der wissenschaftlichen Aufgabe erhob, aus der Natur des menschlichen Geistes die Gesetze seiner Existenz zu erkennen und die berechtigte Mannigfaltigkeit der Geschichte mit der Einheit des Gedankens zu durchleuchten.

Insofern ist also jeder vereinzelte Zweig der Rechtswissenschaft der Philosophie des positiven Rechts (und der vergleichenden Jurisprudenz) untergeordnet, folglich auch das Völkerrecht [1]).

[1]) cfr. Hegel's Rechtsphilosophie, 1840 §§. 2, 3, 330 und folg.

§. 2.

In diesem Sinne verstehen wir unter Völkerrecht oder „äußerem Staatsrecht", (dem modernen Jus gentium [vergleiche unten Kap. II. §. 4.] Law of nations, International right, Droit des gens, u. s. w.) den Complex aller Rechtsnormen für die Beziehungen und Conflicte zwischen den Nationen. [1])

Diese vorläufige Begriffsbestimmung bedarf noch einer näheren Erklärung. Zunächst werden in derselben die Nationen als Rechtssubjekte aufgefaßt. Aus der Definition geht also die nothwendige Voraussetzung hervor, daß die Nationen schon Individuen seien, d. h. in der Form von Staaten leben, ferner daß diese Individuen in Rechtsverhältnissen zu einander stehen. Zu Rechtsverhältnissen, d. h. gegenseitigen Rechten an einander und Pflichten gegen einander, gehört ein Verkehr über die Schranken des einzelnen Staates hinaus, und — da unbewußte Rechte dem Begriff des Rechtes selbst widersprechen, — das allgemeine Bewußtsein bestimmter Normen für diesen Verkehr.

Das Entstehen und die fortschreitende Entwickelung des Völkerrechts fällt demnach der Geschichte anheim, weil dieselben auf dem Verkehr und dem allgemeinen Rechtsbewußtsein gegründet sind. In der Voraussetzung der Subjekte und Objekte des Völkerrechts liegt also schon die Prämisse fester, bestimmter Nationalitäten, und einer kosmopolitischen Gemeinsamkeit. —

So äußert sich die geschichtsphilosophische Nothwendigkeit der Vielheit der Staaten — für die höchste Realisirung des Rechtsbegriffes — im Völkerrecht. Das Menschenrecht und das Recht der Menschheit erblühen und entfalten sich nicht durch Aufhebung oder Verletzung der natürlichen und historisch berechtigten Nationalgränzen und Nationalunterschiede, etwa in einer Universal-Monarchie oder in europäischen Kongressen, welche sich über die natürlichen Bedingungen des Völkerlebens hinaussetzen. Vielmehr bewahrheitet auch die Vielheit der Staaten, daß sich alles Geistige in einer lebendigen und mannigfaltigen Wechselwirkung der Kräfte manifestirt und verwirklicht. Wie aus der Mehrheit der Personen und Geschlechter das Privatrecht sich zum Familienrecht erhebt, aus der Mehrheit der Familien die bürgerliche Gesellschaft, aus der Mehrheit freier Gemeinden der Staat hervorgeht, so gewinnt die äußere Gestaltung der Geschichte rechtliches Dasein im Völkerrecht, — das heißt: im Recht der Völker, nicht in einem abstracten Kosmopolitismus.

[1]) Richtiger, als jus gentium, hieße es Jus inter gentes. Vergl. Zouch, Jus feciale (1650).

Anmerkung. Das Verhältniß des Bürgers zum Staate wird erst dadurch ein freies, daß er auch auswandern kann, ja, daß die einzelnen Staaten selbst dieses Recht der Freizügigkeit durch Staatsverträge u. s. w. sichern und schützen; wie ja überhaupt der Schutz des Staates für seine Angehörigen nicht an den Grenzen aufhören darf. (Ueber Auswanderungsfreiheit vergl. Pözl's Artikel in Bluntschli's Staatswörterbuch, Tom. I., S. 580.)

§. 3.

Das Völkerrecht umfaßt die Rechtsbeziehungen der verschiedenen Staaten und auch die der Bürger verschiedener Staaten zu einander [1]). Es enthält demnach auch das sogenannte „Weltbürgerrecht“, [2]) und das eigentliche „Allgemeine Menschenrecht.“ Erst alle Staaten zusammen erfüllen das ganze Recht. Zwar hat jeder Staat — als Rechtsorganismus — die unmittelbare Aufgabe, das Recht zu verwirklichen, und zwar als sein Recht; gerade darum aber hat jeder Staat die Pflicht und das Interesse, den anderen Staaten gegenüber nicht bloß das Privatrecht seiner Untergebenen zu überwachen, sondern auch das Recht der freien Staatsentwicklung, das historische Recht der civilisirten Welt.

[1]) Vergl. unten den vierten Theil oder das Internationale Privatrecht.

[2]) Vergl. Fichte's „Angewandtes Naturrecht," den Schluß des 2. Anhangs, und K. S. Zachariä's „Vierzig Bücher vom Staate," Buch XXX.: Das Weltbürgerrecht.

Anmerkung. Ohne solche Tendenzen, welche über die beschränkt egoistische Abschließung der einzelnen Staaten hinausgehen, würde der größere Theil des diplomatischen Verkehrs und der Kriege allerdings vermeidlich sein und ersetzbar durch die — Ruhe eines Kirchhofs! Freilich, meistens führt bloßer Egoismus zur großen Politik. Aber das wohlverstandene Interesse ist der Vernunft nicht fremd; und wie überall, so ist auch hier oft der in die Augen fallende Vortheil und das nahe liegende Bedürfniß die äußere Form des allgemeinen und vernünftigen Endzwecks.

§. 4.

Da das Völkerrecht formell aus der Autonomie der Staaten hervorgeht, so fällt die Erkenntniß desselben, wie sein Wachsthum, der Staatengeschichte anheim. Seine innerste Quelle ist das allgemeine Rechtsbewußtsein; dieses erscheint in den Rechtssitten und Gewohnheitsrechten für die Collisionen der einzelnen Staaten unter einander, und in den — ausgesprochenen oder stillschweigend geltenden — Normen der bestehenden Staatensysteme. Diese Gesetze sind um so wandelbarer, als zu verschiedenen Weltperioden auch verschiedene Völker mit anderen Religionen, Rechtssystemen, anderen klimatischen, gewerblichen und politischen Verhältnissen die gebildete Welt beherrschten, und aus den inneren Rechtsanschauungen doch die äußeren Rechtsverhältnisse sich erst bilden. Jedenfalls muß also das Völkerrecht aus dem Bestehenden erkannt, das Bestehende aus der Geschichte verstanden werden. Darum darf sich die philosophische Auffassung des Völkerrechts von der positiven und historischen noch weniger trennen, als beim Privatrecht. Diese Trennung ist noch aus anderen Gründen minder scharf. [1])

[1]) cfr. unten §. 6 und 7.

§. 5.

Im Völkerrecht prägt sich also durch geschichtliche Thatsachen das wechselseitige Recht der Nationen aus, — natürlich erst unvollkommener, dann immer bewußter und vollständiger. Die Idee, der gemäß gerade das europäische Staatengebäude (oder überhaupt das Staatensystem aller civilisirten Staaten) besteht, macht sich jedesmal als die vorherrschende geltend gegen alle veralteten oder überhaupt unzeitgemäßen Tendenzen.

Das daraus entspringende Recht ist nun allerdings insofern auf die Gewalt gestützt, als es von der — mehr oder weniger entsprechenden — Vereinigung der mächtigeren Staaten vertreten wird. [1]). In diesem Sinne heißt es freilich mit Spinoza: Ubi vis, ibi jus! — Aber gerade dadurch ist das Eindringen roher Naturgewalten, ist die Geltendmachung des Unrechts bei isolirten Zwisten zwischen unabhängigen Staaten einigermaßen verhindert, daß eben historische Prinzipien (jus) mit der positiven Kraft der vorwiegenden Staatenverbindungen (vis) bekleidet sind. [2])

[1]) cfr. unten Kap. III.

[2]) Vergl. Hälschner, „Zur wissenschaftlichen Begründung des Völkerrechts" in G. Eberty's Zeitschrift für volksthümliches Recht und nationale Gesetzgebung, I. 1. Jan. 1844; pag. 37 u. 38.

Anmerkung. Hegel's verzweifelte Ansicht vom Völkerrecht und Jahn's Witz, daß es darin besser sei, Gewalt zu studieren, als Recht, werden im Verlauf der Geschichte dadurch widerlegt, daß die Gebote des Geistes allmälig jeden materiellen Widerstand überwinden und daß die Zukunft stets über die Vergangenheit siegt. — „Die Weltgeschichte ist das Weltgericht!" — Eine sehr umsichtige Darstellung der humanen Fortschritte der Neuzeit im Völkerrecht und durch das Völkerrecht giebt J. C. Bluntschli in einer kleinen Schrift: „Die Bedeutung und die Fortschritte des modernen Völkerrechts." (Berlin 1866.)

§. 6.

In der That fehlt es auf dem Gebiete des Völkerrechtes sowohl an einer gesetzgebenden, als an einer direkt vollziehenden Gewalt als auch an richterlichen Behörden. Denn die Staaten erkennen keinen Prätor über sich, sonst wären sie nicht unbedingte Subjekte des Völkerrechts, und ein Staat, der nicht durch eigene Kraft der Pflicht der Selbsterhaltung zu genügen vermag, hat nicht das historische Recht der Existenz. — Oft sind Collisionen unvermeidlich; die erste Instanz zwischen den Staaten ist die friedliche Unterhandlung, die Demonstration; die zweite die Feindseligkeit, das Gewicht der Stärke; die dritte das Staatensystem und die Entscheidung der Geschichte. Wohl mag im einzelnen Fall das Unrecht siegen, höchstens aber kann im Ganzen die Erfüllung des Prinzips auf den Schlangenwegen der Geschichte — verzögert werden! [1])

Die Wissenschaft allein hat die Aufgabe und die Vollmacht, die Gesetze des Völkerrechts zu codifiziren. Alle anderweitigen Codifications-Versuche müssen scheitern, wie die Projekte, einen ewigen Frieden unter den Staaten herzustellen. [2])

[1]) Vergl. Hegel's Philosophie der Geschichte, 1837 edd. Eduard Gans, pag, 20, 63, 74 u. s. w.

[2]) Ueber das Dekret der französischen Nationalversammlung vom 28. October 1792, welches bezweckte, das Völkerrecht authentisch erklären und kodifiziren zu lassen, vergl. Isambert, Annales politiques von 1823, das Ende der Einleitung, und Martens, Einleitung in das europäische Völkerrecht, 1796, Vorrede, S. V. u. folgd.

§. 7.

Die Rechtssitten des Völkerrechts haben wegen der möglichen Willkür der Anerkennung eine mehr subjektive Form, als die Gewohnheitsrechte des Privatrechts, und bedürfen daher in der Regel der Bestätigung durch Verträge; — wie übrigens auch das Privatrecht aus dem zur Sitte erwachsenden Rechtsbewußtsein hervorgeht. Nun ist zwischen beiden, auch in dieser Beziehung, die äußere Form höchst verschieden. Das Privatrecht, das durchgängig sachliche, fungible und veräußerbare Rechtsverhältnisse zum Gegenstande hat, besteht nur durch die positive Gesetzgebung und in derselben. (Zum Beispiel wäre keine Verjährung denkbar ohne gesetzlich festgestellte Termine). Das Völkerrecht hingegen hat zum überwiegenden Theil ewige und unveräußerliche Rechte zum Inhalt, deren Ausübung aber von der positiven Form allgemeiner oder spezieller Verträge abhängt, also von dem bewußten Willen der Rechtssubjekte. Gesetz und Vertrag sind hier identisch; innerhalb des Gesetzes ist also kein Raum mehr für die Willkür, weil es sich nicht um formelle, abstrakte Rechte handelt, wie im Privatrecht, sondern um ideell nothwendige, wie im öffentlichen Recht überhaupt. (Darum ist, zum Beispiel, von der Verjährung im öffentlichen Rechte nur etwa die unvordenkliche Zeit anzuwenden). Aus diesen und anderen Gründen sind die Analogieen des Privatrechts für das Völkerrecht zu verwerfen, oder doch — in einigen, sehr beschränkten Ausnahmsfällen — nur cum grano salis anzuwenden. Natürlich, das Privatrecht, besteht nur als positives Gesetz, in jedem Lande ein anderes; positive Bestimmungen gelten aber nirgends von selbst und nicht außer den Grenzen ihres Gebiets, wenn nicht durch ausdrückliche Willensäußerung der Contrahenten. Anders aber verhält es sich mit dem Völkerrecht. Zum Beispiel kann der Eigenthumsbegriff keine Aenderung erleiden, ob die Subjekte des

Eigenthumsrechtes einzelne Menschen oder ganze Staaten seien; aber auf die mancipatio oder rei vindicatio kommt es begreiflicherweise dabei nicht an. Auch die Natur des Vertrags kann im Völkerrecht keine andere sein, als im Privatrechte, insofern zum Beispiel nur freie Willensäußerungen eine Obligation begründen, oder insoferne, als „Pacta tertiis nec nocent, nec prosunt,“ als „Nemo plus juris in alterum transferre potest, quam ipse habet,“ u. s. w. [1]) Natürlich aber fallen hier alle rein positiven Feststellungen der Gesetzgebungen von selbst hinweg.

[1]) Zum Beispiel: über die bindende Kraft und Dauer der Völker- und Staats-Verträge, cfr. unten: Von den Verträgen.

Anmerkung. In den Zeiten, wo man nur an ein vernünftiges Privatrecht glaubte, an das römische nämlich, hielt man seine unbedingte Anwendung auf öffentliche Verhältnisse erklärlicherweise für möglich und gestattet. (cfr. Kap. II.)

Kapitel II.

Geschichte des Begriffs des Völkerrechts.

§. 1.

Das Völkerrecht ist der jüngste Zweig der Rechtswissenschaft. Freilich, die Keime des Völkerrechts müssen für den Forscher auf die ersten Anfänge des friedlichen oder feindseligen Völkerverkehrs zurückzuführen sein, denn jedes Verhältniß hat sein Recht in sich. Aber bewußt — als System und Wissenschaft — konnte das Völkerrecht erst werden mit der modernen Entwickelung des Freiheitsbegriffes. Das Völkerrecht setzt alle anderen Zweige der Jurisprudenz voraus, und vollendet dieselben, indem es ihre erweiterte Anwendbarkeit sichert. [1])

[1]) Vergl. die späteren Paragraphen dieses Kapitels.

Anmerkung. Ein Verdienst um die Vorgeschichte des Völkerrechts hat sich Prof. Pütter in Greifswalde durch seine „Beiträge zur Völkerrechts-Geschichte und Wissenschaft," 1843 erworben. S. darin die Grundzüge des alterthümlichen und die Geschichte des mittelalterlichen Völkerrechts; (besonders viel Gelehrsamkeit über das Ceremoniel bei Gesandtschaften, über fürstliche Schiedsgerichte, u. dergl. m.) Doch scheint P., wie mancher Andere, den Beginn des Völkerrechts etwas zu retrodatiren. So wenig, als in der Begattung der Thiere der Begriff der Ehe und des Familienrechts gesucht werden kann, eben so wenig ist ein Völkerrecht in dem Verkehr von Barbaren zu finden. — Freilich meinte auch Montesquieu, ein jedes Volk (!) habe sein eigenes Völkerrecht, zum Beispiel die Irokesen das, ihre gefangenen Feinde aufzufressen!

§. 2.

Das Völkerrecht der alten Welt war gleichsam negativ: es bestand entweder in der feindseligsten Ausschließung, oder es war in der Religion versteckt.

Das theokratische Prinzip der orientalischen Welt maß natürlich den Unterthanen fremder Götter keinerlei Recht bei. So wird im alten Testament oft die Ausrottung feindlicher oder nur fremder Nachbarstämme von der Priesterschaft erheischt. Der alte Staat zog schützend eine Wüste rechtloser Barbarei um sich. Kaum liegt in der, von der mosaischen Gesetzgebung gebotenen, Milde gegen die Sklaven der Keim einer Anerkennung des Menschthums; das war, wie das Verbieten der Thierquälerei, nur Scheu vor dem Lebendigen. Ueberhaupt bricht zwar in dem patriarchalischen Monotheismus vielfach der Lichtstrahl der Bruderliebe durch, aber noch nicht als Rechtsbewußtsein. [1])

Ursprünglich war Fremder und Feind gleichbedeutend, das Recht war streng lokal und ging nicht über die Grenze hinaus. Aber der wachsende Verkehr vertrug sich nicht mit dieser starren Consequenz, als Seefahrt, Kolonieen und Handel den Gesichtskreis des Lebens erweiterten. Ein neues Terrain für Treu und Glauben mußte sich eröffnen. Dieses ward zunächst nur auf die persönliche fides gegründet, noch nicht auf die politische. Das rein humane und erst später entwickelte Element der Religion, die Pietät, erschuf die Vertragsverhältnisse der Hospitalität, einer Gastfreundschaft im weitesten Sinne, die sich bald bis zur Achtung der Gesandten erstreckte.

[1]) Vergl. Hugo Hälschner, de jure gentium apud populos Orientis. Halle 1842.

Anmerkung. Der Handel und sein Medium, das Geld, als das allgemeinste und fungibelste Zeichen des Werthes, sind die Faktoren, denen wir die ersten, kosmopolitischen Prämissen des Völkerrechts verdanken. An den unwirthlichen und kulturentfremdeten Gestaden der Scythen wurden die Reisenden geschlachtet; hingegen die handeltreibenden Phönizier erschufen neue Heimathen in Uebereinstimmung und Vertrag mit dem Mutterlande.

§. 3.

Ein bewußtes Völkerrecht in unserem Sinne konnte es schon nicht geben, so lange die Sklaverei für berechtigt galt. (Selbst Aristoteles vertheidigte sie als natürlich, nothwendig und berechtigt). Den klassischen Völkern des Alterthums war die Staatsidee primitive und einzige Rechtsquelle. Der Staat war einziger Selbstzweck, dem ohne Bedenken alle anderen Organismen geopfert wurden; (Sparta, Platon's Republik, u. s. w. zu vergl.). In der menschlichen Subjektivität wurde noch nicht der Ursprung seiner Freiheit gesucht; seine Freiheit erschien blos als Form des Rechts, als Staatsfreiheit. Das Privatrecht war den Griechen fast bis auf den Namen unbekannt. Das Recht wurde nun zwar als ein Recht des Staates gewußt, nicht mehr unvermittelt und unhistorisch als göttliches Gebot aufgefaßt, aber selbst die Religion ging im Staate auf, als ein Moment desselben, so ungefähr, daß bei jeder neuen Eroberung auch die eroberten Götter im Kapitol aufgepflanzt wurden („der Sieg entweiht die Heiligthümer"). Wer nicht Bürger des einen Staates war, galt allen Gliedern desselben von selbst für einen Feind, jedenfalls für einen rechtlosen Barbaren. Es bestand gleichsam ein allgemeines Standrecht an allen Ausländern; der Seeraub, als der kleine Krieg, brachte Ehre, wie etwa das Fehderecht des früheren Mittelalters.

In Griechenland unterschied man erst zwischen ἔνσπονδοι (mit denen man in Gastfreundschaft stand) und ἔκσπονδοι (Rechtlosen). Dann brachte der Amphiktyonenbund den Begriff von näheren Beziehungen zwischen verschiedenen Staaten. Obgleich dieser Staatenbund aus der gemeinsamen Abstammung und folglich von den gemeinsamen Göttern hergeleitet ward, so gründete sich sein Völkerrecht doch nur auf vereinzelte, vertragsmäßig festgesetzte Bestimmungen der Pietät; zum Beispiel versprachen die Paciscenten, in ihren gegenseitigen Kriegen die Todten ehrlich zu begraben, gewissen Tempeln das Asylrecht zu gestatten, u. dergl. m. Also schon Beschränkungen des rauhen Kriegsrechts, aber nur unter Griechen! Jedoch nicht einmal die Sklaverei der griechischen Kriegsgefangenen ward für aufgehoben erklärt [1])

[1]) Vergl. Saint-Croix, des Anciens Gouvernements fédératifs etc., An VII., pag. 51—53. Aehnliches soll bei den alt-italienischen Völkerschaften bestanden haben. — Uebrigens vergl. auch R. Ward, Inquiry into the foundation and history of the law of nations in Europe from the time of the Greeks and Romans, etc. London 1795, 2 Voll. — F. Laurent, Histoire du droit des gens, 8 Voll. (2e édition, 1853.) Davon behandelt der erste Band den Orient, der zweite Griechenland, der dritte Rom. Der Verfasser, ein Professor an der Universität zu Gent, ist auch sonst durch philosophische Arbeiten rühmlichst bekannt.

§. 4.

Auch das römische Gesandtenrecht (die Heiligkeit ihrer Herolde, der Fecialen) hing mit religiösen Riten zusammen, um so mehr, als die Unterhandlungen nur durch feierliche Eide (und Geiseln) gültig wurden. Schwerlich gestanden die Römer den anderen Nationen von selbst gleiche Rechte zu. — Das Jus gentium der Römer war kein Völkerrecht in unserem Sinn, vielmehr ein Naturrecht, [1]) „commune omnium hominum jus“ (§. 1. Instt. I, II.) oder auch „quod apud omnes gentes peraeque custoditur“, im Gegensatz zur positiven Gesetzgebung des einzelnen Staates. Aber aus diesem Begriff eines allgemeineren Privatrechts mag sich denn — zur Zeit des untergehenden römischen Staates — bei Cicero und den späteren Philosophen der Stoa ein, mehr auf Billigkeit und Moral begründetes, System der — Allen gleich zustehenden — Rechte und Pflichten gebildet haben, welches zu den Vorläufern des im Völkerrecht bewußten Menschenrechts gezählt werden darf.

[1]) Nicht das römische jus naturae, »quod natura omnia animalia docuit.«

Anmerkung. Vergl. Hugo Grotius, de Jure Belli ac Pacis, Prolegomena. Hierin sucht er an mehreren Stellen die Anfänge des Völkerrechts bei den Römern. Zum Beispiel: „Apud alium legas: Sunt et belli, sicut et pacis jura. Alius Fabricium miratus ingentem virum, — — —, et qui aliquid esse crederet et in hostem nefas.« Uebrigens s. auch l. 5 §. 2 und 3. Dig. (XLIX, 15) De captivis et de postliminio et redemtis ab hostibus — — „Si cum gente aliqua neque amicitiam, neque hospitium, neque foedus amicitiae causa factum, habemus. Si hostes quidem non sunt, quod autem ex nostro ad eos pervenit, illorum fit, et liber homo noster ab eis captus servus fit eorum. Idemque est, si ab illis ad nos aliquid perveniat;" — — (Vergleiche auch Lauterbach's Erörterung dazu). Ferner sind hier die verschiedenen Stufen der römischen Bundesgenossenschaft zu erwähnen, nach dem Jus commercii et connubii; vergl. unten die geschichtliche Einleitung zum „Internationalen Privatrecht."

§. 5.

Das Jus feciale und das priesterliche Kollegium der Fecialen selbst verfielen mit anderen Instituten der Art, erst durch die Eroberungspolitik und endlich durch die Universalität der römischen Herrschaft. Aber die Sklavenkriege, die Ertheilung des römischen Bürgerrechts an alle Unterthanen seit Caracalla, und mehrere Thatsachen von verwandter Bedeutung bereiten die christlich-germanische Weltperiode vor.

Die aus der germanischen Stammes- und Standesgliederung hervorgehende „Persönlichkeit des Rechts," bewirkte, im Gegensatz zur antiken, noch beschränkten, „Territorialität des Rechts," die allgemeine Anerkennung der Person in ihrer Rechtssphäre, und die wechselsweise Vermittelung verschiedener Gesetzgebungen, zunächst in Bezug auf die Jura quaesita. Es war Grundsatz geworden, quemlibet lege sua vivere, und daß Jeder nach dem „Wehrgelb" und der „Komposition" seines Volksgesetzes geschätzt und entschädigt werde. So ließ man selbst das Recht der Römer gelten. Die spiritualistische Richtung des Urchristenthums bekämpfte und unterwarf die absterbende Despotie der einseitigen Staatsidee, der Christ verdrängte den Bürger. Aber, wenn in dem neuen Weltbürgerthum das Objekt des Völkerrechts gegeben vorlag, so fehlte es dafür an den Subjekten, den selbstbewußten, selbstbestimmenden und selbstbezweckenden Staaten. Wo das innere Staatsrecht brach liegt, gedeiht schwerlich das äußere. Das Reich des Christen war nicht von dieser Welt, er war Bürger im „Jenseits," bevorzugt im Himmel; das Diesseits ward von geistiger Freiheit nicht durchdrungen, die Staaten waren nur Nothstaaten zur gemeinsamen Erreichung gewisser vertragsmäßig zu vermittelnder Polizeizwecke. Denn die Hierarchie läßt selbstständig berechtigte Bürgerstaaten nicht aufkommen; in dem Stellvertreter Gottes war alles göttliche Recht conzentrirt, in dem Fels der Kirche war das menschliche Recht versteinert; die christliche Welt sollte in ihm zu einer consequenten Universalmonarchie vereinigt werden, zu dem „heiligen römischen Reich," dessen weltliche Repräsentation (die Schirmvogtei, Advocatia) an „Kaiser und Reich" übertragen war.

Im Kirchen- und Lehnrechte ging also das Völkerrecht des früheren Mittelalters auf. Der Katholizismus hatte keine Staatseinheiten und darum auch kein Völkerrecht erzeugen können; erst im späteren Kampf gegen die von ihm abfallenden Staaten gelangte der katholische Klerus zu weltlichen Rechtsgrundsätzen, (so zum Beispiel die Monarchomachen unter den Jesuiten und die moderne, ultramontan-radikale Schule der Görres, La Mennais, Abbé Genoude, Montalembert, u. A. m.) aber im Völkerrecht bauten sie stets nur auf das canonische, und das in demselben spezifizirte römische Recht.

Freilich ist alle Gesittung ursprünglich von dem Priesterthum geschützt worden, aber die Hierarchien sind, ihrer innersten Natur nach, stationär und gegen jedes individuelle Recht feindselig gerichtet. Dem Papstthum mußte selbstverständlich die oberste Lehnsherrlichkeit vindizirt werden. [1])

Selbst die Treue der Verträge hat der „heilige Stuhl" nach Willkür zu lösen sich angemaßt. — Der Staatenstaat, den seit Gregor VII. die Päpste mehr oder weniger vollständig in der Christenheit zu verwirklichen strebten, hatte mindestens den Vortheil eines zeitweiligen Gottesfriedens, (vergl. des C. J. canon c: 1, X. De treuga et pace). Freilich war auch dieses Institut mit altdeutschen Rechtsbegriffen nahe verwandt, wie merkwürdigerweise so vieles Christliche seine Analogie im germanischen Stammesleben fand. So leicht diese Treuga Dei mit den ihr untergeordneten „Landfrieden" bei dem älteren Ritterthume Eingang fand, so nöthig war sie als Heilmittel gegen die entfesselten und von keinem bürgerlichen Staatsrecht gezügelten Leidenschaften.

[1]) Ueber die sogenannten „Gottes-" oder „Sonnen-Lehen" vergl. C. Sal. Zachariae, Liber Quaestionum. Wittenberg 1805, 8°. Quaestio XI.

§. 6.

Aber der Dualismus der weltlichen und geistlichen Gewalt untergräbt frühe die folgerechte Entwickelung der katholischen Welt. Mit dem Sieg des Kaiserthums und der Entstehung der Nationalkirchen, wird einerseits die Reformation, andrerseits die Vielheit unabhängiger Staaten und ein selbstständiges Völkerrecht vorbereitet. — Aus dem Bisherigen ergibt sich mittelbar, was zum Völkerrecht nothwendig gehört. Die Unverletzlichkeit des — Gott geweihten — Gesandten, daß man sein eignes Wort, seinen eignen Schwur in Verträgen ehrte, von denen ja übrigens die Kirche hatte entbinden können, das Alles begründet noch kein System des Völkerrechts; dazu gehört auch eine Art von Staatensystem. — Das alte Rom, das, wie die griechischen Republiken, nur als Staat, nicht als Nation bestanden hatte, erkannte kein Volk sich ebenbürtig, sich selbst zur Weltherrschaft prädestinirt. Einige Jahrhunderte später, unterwarf der christliche Karl, der Große, die Sachsen nach dem Rechte seiner göttlichen Begnadigung. Nur christliche Herrscher, nur Vasallen des Papstes, waren im Völkerrecht des Mittelalters anerkannt.[1]) Der Papst verschenkte und vertheilte das neu entdeckte America an Spanien und Portugal, die es nicht kraft des Jus primi occupantis, sondern erst durch die Demarkationslinien des Papstes zu vollem Rechte besaßen; mit demselben Rechte machten die frommen Spanier die heidnischen sog. „Wilden" zu Sklaven, gerade wie sie ihre Ketzer verbrannten, dem unkatholischen Staate keine Treue hielten. Kurz, ärger, als das Alterthum, verfuhren die guten Christen gegen das Ausland. Man denke nur an alle die Droits d'aubaine, die Heimfalls-, Wildfangs-, Strand-, Grundruhr-Rechte, und wie alle die mittelalterlichen Barbareien sonst noch heißen mögen, welche — unter einem Rechtstitel — die Beraubung und Unterwerfung des Fremden erlaubten. (cfr. unten Theil IV, Kap. I.)

Auch späterhin fand das Völkerrecht nur unter den sogenannten „gentes moratiores," wie zwischen Contrahenten, Statt. (Noch heute bietet es, zum Beispiel, der Türkei mancherlei privilegia odiosa. Man vergl. z. B. Henry Wheaton's Elements of International Law, 1836 pag. 51—54). Deutschland war der Boden, auf dem es entsproßte. Denn die zwei „Schwerdter, welche Gott der Christenheit gegeben, das weltliche und das geistliche" (Sachsenspiegel, I, 1) konnten nicht ohne Kampf um die Suprematie neben einander bestehen. Die Vereinigung beider im „heiligen römischen Reich deutscher Nation" enthielt zu viel heterogene Elemente, sie war nur eine kurze, unglückliche und unfruchtbare Ehe! Unter dem geistlichen Schwerdt bestand kein Volksthum und kein Völkerrecht, konnte sich überhaupt kein freies Recht gestalten; wenn das weltliche siegte, so mußte das geistliche Regiment seine Weihe, seine Kraft und Bedeutung verlieren. Dies geschah in der Reformation. Ein Theil der deutschen und bald auch der europäischen Staaten sagte sich vom Primat des Papstes los. Indem sie ihr Gewissen, ihre Religion und Kirche auf den selbsteigenen Glauben erbauten, stellten sie auch ihr Recht auf die eigene Kraft, sie wurden nationale Bürgerstaaten. Dadurch aber, daß sie diese Stellung den bisherigen Verhältnissen abringen mußten, untergruben sie sogar die Wurzeln des alten Systems. Denn excommunizirte und gebannte Fürstenthümer behaupteten, mit der Gewalt der Waffen, ihren Platz in der Lehnsordnung des Reichs, wie im europäischen Staatensystem. Mit dem Kirchenrecht war auch das Lehnrecht erschüttert; das Prinzip der Souveränetät (siehe unten das VI. Kap.) kam auf, und wurde zunächst bis zur krassesten Einseitigkeit urgirt. Denn, da die Freiheit des Gedankens selbst von Luther und den übrigen Reformatoren noch nicht prinzipiell aufgefaßt und verarbeitet war, so folgte der verdrängten Kirchenherrschaft nur der durchaus verwerfliche Episcopatus principis und der schändliche Satz: Cujus regio, ejus religio. Auf der anderen Seite hatte die Thatsache, daß die Opposition, die bei den Völkern und ihren Weisen begonnen hatte, von den Fürsten übernommen worden war, den großen Vortheil, daß sich diese nun im Interesse der neuen Glaubensrichtung verbanden und auf völkerrechtlichem Wege das Resultat der Zeitbewegungen durchsetzten. Von da an hatte das deutsche Reich seinen Boden verloren und schwebte nur noch in der Luft; die einzelnen lehnspflichtigen Fürstenthümer, selbst die Reichsstädte, erwarben sich zuerst die Landeshoheit, nebst dem Allianzrecht unter sich und mit ausländischen Mächten, und daraus ging denn bald die vollständige Staatshoheit hervor. Denn die katholischen Reichsstände wollten nicht hinter den protestantischen zurückstehen. Es wurden ja nicht die einzelnen Bürger zum freien Glauben und Denken berechtigt, sondern nur das eigene Papstthum der neugläubigen Staaten (und damit ihre Selbstständigkeit und Integrität) bestätigt, so daß wirklich nur diejenigen neuen Confessionen ein Recht gewannen, welche — im Kriegsbunde und Fürstenrathe — Macht genug entwickelt hatten. Jede Parthei kämpfte allein für sich. Im Augsburger Religionsfrieden wurden nur erst die protestantischen Staaten (Augustanae confessioni additi) den katholischen gleichgestellt, und erst 1648 die dritte Confession (der Reformirten) als gleichberechtigt anerkannt.

[1]) Vergl. in Ompteda's Literatur des Völkerrechts T. I. S. 274. die älteren Schriften über „Bündnisse mit Ungläubigen", ob dieselben erlaubt und zu halten seien? — S. auch H. Wheaton's Elements of international law, T. I. S. 520.

§. 7.

Von 1648 an beginnt die Wissenschaft des Völkerrechts, (siehe unten Kap. IV) zu erblühen. Nicht mehr kann die päpstliche Kirche den früheren Druck über die weltlichen Verhältnisse ausüben, ihre mannigfachen Repressivgebote gegen den erweiterten Weltverkehr waren ohnedieß längst veraltet. Ihr Protest gegen den Westphälischen Frieden wird unbeachtet bei Seite gelegt. In der neu entdeckten Welt kommt ein Colonialsystem auf, an welchem bald auch ketzerische Staaten lebhaften Antheil nehmen. Zum allseitigen Vortheile wird nun eine allseitige Anerkennung der bestehenden Souverainetäten erfordert, die allerdings zunächst nur unter der Fürstenwürde begriffen werden. Aber der freie

Gedanke und der Kampf der Meinungen widerspricht dieser Beschränkung und, zum Beispiel, während der englischen Revolution muß selbst das, von Cardinal Mazarin vertretene, Frankreich mit dem Protektor Cromwell auf dem Fuße der Gleichheit und Ebenbürtigkeit unterhandeln, „parce qu'il a plu à Dieu par sa providence de changer la forme du gouvernement“ — —[1]). Denn eine von der Kirche herzuleitende Souveränetät gibt es jetzt nicht mehr, die weltliche Souveränetät gehört aber in das innere Staatsrecht. In diesem entwickelt sich, durch das strenge Territorialsystem hauptsächlich, das Moment der centralisirten Einheit; die ständisch gegliederten Massen, die bisher künstlich auseinander gehalten worden, werden zu Staaten mit Provinzen; und aus dem Uebergang der Provinzen in Departements (vom Provinzial- zum Realsystem) ringt sich das Bewußtsein der Nationaleinheit los, dieses edelste Produkt der Neuzeit, der einzig feste Boden der Freiheit. Noch gähren alle diese Elemente in wilder Verwirrung durch einander, Einheit und Freiheit, Nationalität und Monarchie kämpfen wider und durch einander. — Die modernen Revolutionen bringen zunächst nur eine consequentere Trennung von Kirche und Staat, und die völlige Emanzipirung alles weltlichen Rechts, folglich auch des Völkerrechts, nicht aber seine innere Vollendung. Jedenfalls gestalten sich Staatensysteme, deren Grundlage die Erkenntniß bildet, daß jede einzelne europäische Macht zum Bestehen (Status quo) des Ganzen nothwendig sei. — An den neuen Föderativstaaten wird noch manche völkerrechtliche Lehre besonders ausgebildet, namentlich das internationale Privatrecht. Dem Allem liegt freilich nur die „Staatsraison“ zu Grunde; können und werden höhere Prinzipien ans Ruder kommen!?

[1]) Vergl. überhaupt H. Wheaton's Histoire des progrès du droit des Gens en Europe, depuis 1648 etc. 1841. page 25—26.

Kapitel III.

Geschichte des positiven Völkerrechts der neueren Zeit.

§. 1.

In der alten Welt waren die Factoren des Völkerrechts gegeben, aber es fehlte an den Objekten, die nationalen Momente waren ungefähr da, keineswegs aber die kosmopolitischen; im Mittelalter war es umgekehrt. Dort der Staat, hier die Kirche, nirgends das Volk, in welchem sich Subjekt und Objekt, naturwüchsiges (historisches) und Vernunft-Recht vereinigt darstellen. Das Recht der Völker muß auf den Rechten des Volkes fußen, es soll nicht bloß ein Recht des Kriegs oder Friedens (jus belli ac pacis, siehe Hugo Grotius und die Anderen), sondern ein Recht in Krieg und Frieden, ein Recht des Friedens im Kriege und der Selbstständigkeit im Frieden bedeuten. In den Zeiten des Länder- und Völker-Schachers konnte es daher wohl beginnen, aber nicht erblühen!

Am Ende des 15. Jahrhunderts hatte das Schießpulver den Lehndienst durch Soldtruppen verdrängt, gerade wie die durch den Bücherdruck allgemeiner werdende Wissenschaft den Klerus an seinen Wurzeln bedrohte (der sich mit der Censur dagegen wehrte). Aber die Willkür der Fürstenkriege erstand auf den Trümmern der Feudalheere.

Das zerfallende deutsche Lehnreich beförderte zum Theil die Consolidirung der österreichischen Hausmacht; in Frankreich war die Réunion der Pairies laïques schon vor sich gegangen, die britischen Inselreiche wurden bald unter einem Szepter vereint.

Auf solchen Grundlagen waren weitaussehende Bündnisse, Subsidien- und Garantie-Verträge u. dgl. m. möglich für die wachsende Politik des fürstlichen Ehrgeizes. Die Intriguen des sog. „Machiavellismus" beginnen allgemach zu spielen. Das eigentlich politische Völkerrecht muß sich erst bilden; für die, nur mittelbar politischen, Collisionen auf dem neutralen Gebiete der See herrschte schon lange, vornehmlich im Mittelländischen Meer, diesem Binnensee der civilisirten Welt, ein geschriebenes Gesetz des Herkommens. [1]) — Die Religionskriege des 16. Jahrhunderts waren die Zeiten der völkerrechtlichen Revolution. Das Edict von Nantes hatte in Frankreich nur eine staatsrechtliche Bedeutung, aber der, demselben analoge, Augsburger Religionsfriede (1555) in Deutschland gewann ein völkerrechtliches Interesse von größter Wichtigkeit. Von diesem Punkte beginnt auch die Neugestaltung des Völkerrechts.

[1]) Siehe unten Kap. V. von dem Consolato del mare.

§. 2.

Der westphälische Friede war der erste europäische Landfrieden, der Eckstein des europäischen Staatensystems, und ist noch heute ein Fundament unserer Lehre [1]). —

Den Hauptinhalt des Friedens machten deutsche Angelegenheiten aus:

1) Ein Religionsfriede für Katholiken, Lutheraner und Reformirte, mit Normalterminen [2]) aus dem Jahr 1624, sowohl für Besitzesfragen, als auch für die Religionsübung selbst, daneben das Reservatum ecclesiasticum, und auch im Uebrigen Alles nur auf der einseitig monarchischen Basis des Augsburger Religionsfriedens, wonach der Hauptschutz der religiösen Privatfreiheit in dem Jus emigrationis bestand.

2) Die Unabhängigkeit der Schweizer Eidgenossenschaft,

wie die der Republik der vereinigten Niederlande, wurde ohne Widerspruch anerkannt.

3) Schweden wird durch die Erwerbung Pommerns[3]) deutscher Reichsstand, und übernimmt, nebst Frankreich, welches sich auf dem linken Rheinufer mit deutscher Beute bereichert, die Garantie aller Friedensartikel, also auch der Reichsverfassung und der Territorialbestimmungen, letzterer meistens nach dem Uti possidetis von 1618. Wahrlich, ein gefährliches Interventionsrecht ward hier gestattet!

4) In der Landeshoheit der weltlichen deutschen Reichsstände wurden Erweiterungen angenommen, welche der unabhängigen Staatshoheit und damit dem Verfall des Reiches noch rascher zuführten, als die vorigen Punkte; z. B. wurde den 300—400 Reichsfürsten das Allianzrecht unter sich und mit dem Auslande eingeräumt[4]). Hier ward ein Zwitterverhältniß zwischen völkerrechtlichen und staatsrechtlichen (oder besser: reichsrechtlichen) Beziehungen begründet, welches das deutsche Reich erst zum Föderativ-Staat machte, um es bald ganz zu zerstören, ein unklares, schwieriges und geschraubtes Doppelverhältniß.

5) Von den außerdeutschen Angelegenheiten war der zu Münster abgeschlossene Traktat zwischen Spanien und den Niederlanden für die Zukunft besonders wichtig; vergl. die Friedensartikel über das Recht des Handels in Ost- und West-Indien, und darüber, daß die Schelde-Mündung dem Seehandel der spanischen Niederlande geschlossen bleibe; andere Artikel reguliren die Grenzen, versprechen eine zu erwirkende Neutralität von Seiten des Reichs, sichern den Niederländern Handelsrechte in Spanien, auf gleichem Fuß mit den Hanseaten, u. dergl. m.

[1]) Man vergl. die Instrumenta pacis Osnabrucensis et Monasteriensis (I. P. O. et I. P. M.) in allen Quellen-Sammlungen des deutschen Staatsrechts oder des Völkerrechts.

Von der darauf bezüglichen Literatur heben wir nur als das

Wichtigste hervor: J. St. Pütter's Geist des westphälischen Friedens, 1795.

J. G. Meiern's Acta Pacis Westphalicae publica, oder Westphäl. Friedenshandlungen, rc. 1734—36, 6 Bände. Ferner: G. v. Martens, Staatshändel, S. 55 u. ff. Und „Die Urkunden und Friedensschlüsse zu Osnabrück und Münster, nach authentischen Quellen." Zürich 1848. U. A. m.

[2]) Dies normalis war der 1. Januar 1624.

[3]) Schweden erhielt nicht ganz Pommern, wohl aber noch einige benachbarte Gebiete.

[4]) S. unten Von der Souveränetät, und J. P. O. 8, J. P. M. 9.

§. 3.

Zu den allgemeineren Folgen des westphälischen Friedens ist zu rechnen, daß von jener Zeit an durch Frankreichs immer zunehmendes Uebergewicht die französische Sprache zur herrschenden Diplomatensprache geworden ist; die Friedensinstrumente von 1648 zwar sind noch auf lateinisch abgefaßt, aber sie gehören zu den letzten dieser Art, der ehrliche Kanzleistyl der alten Urkunden wird nun von dem doppelzüngigen Geiste der Zweideutigkeit und der Intrigue verdrängt, zu dem eine lebende Sprache und zumal die französische sich besser eignet. Der lebhaftere Staaten- und Völker-Verkehr und die gesteigerte Wechselseitigkeit der Interessen begründen nun auch die Sitte stehender Gesandtschaften, und mit diesen eine weitere Ausbildung des Gesandtenrechts.

Diese stehenden Gesandtschaften bilden eine Art von Analogie zu den, in derselben Zeitperiode aufkommenden, stehenden Heeren, deren Bedeutung ungefähr darin zu suchen ist, daß die Staats-Intrigue das Recht der Völker durch die Gewalt der rohen Massen zu ersticken sucht.

Jedenfalls war nun das alte Prinzipat-System des Papstthums wie des Kaiserthums überwunden; der neue europäische Völkerstaat schwankt zwischen republikanischer Gleichheit und aristokratischer Bevorzugung. Gegen jedes neue Prinzipat, das sich aus der letzteren erheben könnte, erwächst die Opposition des europäischen Gleichgewichts-Systems (Bilanx Europaea, Lex agraria Gentium, l'Équilibre de l'Europe), dessen erste, materielle Ausbildung die nächste Periode des Völkerrechts (1648 bis 1713) aufweist [1]).

[1]) Ueber die Thatsachen dieser und der folgenden Perioden überhaupt vergl. G. Frdr. v. Marten's Grundriß einer diplomatischen Geschichte der europäischen Staatshändel und Friedensschlüsse, xc. 1807 und H. Wheaton's Histoire du droit des gens, etc. 1841. Ferner F. Combes, Histoire générale de la diplomatie européenne, 1854. Außerdem zu den einzelnen Ereignissen die Quellensammlungen des Völkerrechts (namentlich für die Friedens- und anderen Verträge), und die Mémoires, Gesandtschaftsberichte, u. s. w. (s. u. Kap. V.)

§. 4.

Die hervorstechendsten Begebenheiten aus der zweiten Hälfte des 17. Jahrhunderts knüpfen sich an das Streben Frankreichs (unter Ludwig XIV.) nach dem Uebergewicht in Europa, seitdem nun der Ehrgeiz des „Hauses Oesterreich" zurückgedrängt war. In diesen Beziehungen sind besonders zu erwähnen die berüchtigten Réunions-Kammern (1661, und die Wegnahme von Straßburg, Zweibrücken, Luxemburg), welche auch gegen allen Schein des Völkerrechts verstießen, sowie die spanischen Erbfolgekriege.

Das System Richelieu's, Mazarin's und Colbert's begründet durch alle möglichen Mittel des inneren Staatslebens (in Finanzen und Verwaltung) eine höhere Staatseinheit; aber das Bewußtsein der Stärke und die einseitige Ausbildung eines extremen Prinzips, des französischen Universalismus nämlich, der damals als Herrschertrieb, später als kosmopolitische Propaganda auftrat, kämpften anhaltend gegen das Bestehen eines, allen Staaten gerechten und billigen Völkerrechts. Damit hing denn auch die Aufhebung des Edikts von Nantes (1685), welches doch das völkerrechtliche Prinzip damaliger Zeit enthalten hatte, enge zusammen.

Da nun die Centralmacht Europa's, das deutsche Reich, nothwendig in sich zerfiel, so verstand Frankreich, welches die in ihren Zwecken conzentrirteste Diplomatie besaß, die Verrätherei der deutschen Fürsten in rheinischen Liguen und Allianzen, (zum Beispiel 1651 und 1658) unter allerlei Vorwänden und Vorspiegelungen von Neutralität, Vergrößerung, Subsidien, vortrefflich auszubeuten, wogegen wiederum eine andere Partei sich enger an das in sich gefestete Schweden anschloß (zum Beispiel Hildesheimer Bund, 1651), da Schweden als die erste Macht zweiten Ranges damals das Bollwerk der Neutralen und die Schutzmauer des Völkerrechts ausmachte. Aber im Norden wie im Süden waren noch Rechts- und Besitzes-Streitigkeiten zu reguliren [1]); darum wurden die inneren Spaltungen gegenseitig genährt; und gerade dem armen deutschen Vaterlande ging es, wie den untergehenden altgriechischen Republiken bei dem Aufgang der Mazedonischen Sonne. Auf diese Weise entwickelte sich die Idee einer negativen Sicherheit durch Schwächung der Gegner. Die starre Unabhängigkeit der einzelnen Mächte war doch schon durch Subsidien, Garantien und andere, gestattete oder unberechtigte, Interventionen gebrochen; man stand sich nicht mehr isolirt gegenüber; und, da der Mächtige sich Alles erlaubt hatte, so glaubten die Schwächeren sich verbinden zu müssen. So entstand die Idee des europäischen Gleichgewichts, als sich zufällig auf einem Haupte (1688) die Statthalterwürde der Niederlande und die Imperial Crown des brittischen Inselreichs vereinigten, auf einem Haupte, welches sowohl das protestantische Prinzip, als die Unabhängigkeit Central-Europa's gegen Frankreichs Ambition zu vertreten berufen war. — Es ist ja das Wesen der materiellen Stärke, daß sie sich selbst aufhebt: wie groß auch der Schwerdruck derselben sei, er ist nur relativ, und kann, vor dem Wirken des absoluten Geistes, keinen dauernden Platz in der Geschichte behaupten, deren bloßes Mittel er ist. Zunächst erzeugt die Herrschaft der Gewalt ein Bellum omnium contra omnes: darin ist die Selbsterhaltung höchstes Gesetz; die Norm des Mächtigsten kehrt sich durch die Verbindung der Anderen gegen ihn selbst; und auch sein gutes Recht wird nicht mehr geachtet, weil sein Recht, wenn es ihn bereichert, den Anderen zur Gefahr, zum Unrecht wird. So ward das Interventionsrecht zuerst begründet, für dessen Ausübung im einzelnen Falle freilich immer noch andere Ausreden gesucht wurden. Vortrefflich entwickelt ein weiser und frommer Franzose dieses System, Fénélon in seinem „Examen de la conscience sur les devoirs de la royauté,“ (welches zur Erziehung und Belehrung eines französischen Prinzen geschrieben war), indem er unter anderm ungefähr sagt: „Europa hat Recht gehabt, sich den Ansprüchen Philipps II. von Spanien auf England zu widersetzen, weil dieser Fürst alsdann die Macht gewonnen hätte, allen anderen christlichen Staaten — hauptsächlich zur See — Gesetze zu diktiren. Dann hieße es: Summum jus, summa injuria! — Ein spezielles Erbrecht oder eine Schenkung muß dem natürlichen Gesetz der Sicherheit der Nationen weichen. Kurz, Alles, was das Gleichgewicht umstößt und für die Universalmonarchie den Ausschlag gibt, kann selbst dann nicht für gerecht gelten, wenn es in den geschriebenen Rechtsquellen eines einzelnen Landes begründet wäre. Denn die Gesetze eines Volkes können der naturrechtlichen Freiheit und Sicherheit Aller, deren Gesetz in die Herzen aller Völker eingegraben ist, nicht derogiren. Wenn eine Macht eine solche Höhe erreicht, daß alle benachbarten Mächte zusammen ihr nicht widerstehen können, so sind diese berechtigt, sich gegen jeden Zuwachs derselben zu verbinden, weil es später leicht nicht mehr möglich wäre, die gemeinsame Unabhängigkeit zu vertheidigen. Aber damit solche Verbindungen gerechtfertigt seien, muß der Fall wirklich dringend erscheinen. Die „Defensiv-Ligue“ darf nur im

Nothfall offensiv eingreifen und die Grenzen der Nothwehr nicht so weit überschreiten, daß sie, unter dem Vorwande zu mäßigen, zerstörte! — — — — In diesem Sinne bilden alle Staaten Europa's eine Gesammtheit und eine große Republik."

In der That durfte man mit Fénélon die Frage aufwerfen, ob ein Fürst, der, wie Karl V. etwa, halb Europa zusammen erbt, damit auch das Recht ererbt, die übrige Hälfte Europa's und der Welt zu unterdrücken?! — Die Intervention also war die Waffe des Gleichgewichtssystems, welches sich natürlich zunächst unter den, durch Handel und Politik eng verbundenen, Großmächten Europas geltend machte. Ein System der Eifersucht und der gegenseitigen Schwächung, benutzte es die Intervention nicht blos zum Zwecke der eigenen Selbstständigkeit, sondern gegen die der Andren. Da mußten denn die religiösen Kämpfe herhalten, um bald zum Schutz der eigenen Glaubensbrüder, bald nur zur Steigerung der Wirren in fremden Ländern Einmischungen zu motiviren. Ja, Frankreich, welches in England die katholischen Stuarts zu halten suchte, kämpfte in Deutschland auf protestantischer Seite. [2]) Ueberhaupt, wie der französische Hof in der Spanisch-Oesterreichischen Dynastie die Universalherrschaft angefeindet, überwunden, und dann sich selbst angemaßt hatte, so mißbrauchte er die Mittel des, von Wilhelm III. zu seiner (des französischen Hofes) Einschränkung begründeten, Systems selber gegen das übrige Europa, und veranlaßte so wieder eine Politik, die sich hundertfach gegen ihn selber kehrte. Denn das europäische Gleichgewichts-System hatte kein absolutes Princip, kein festes Ziel in sich; sein eigentliches Wesen war ein ewiges Schwanken, ein wechselseitiges Sichaufheben, die enormste Treulosigkeit im Wechsel der Allianzen, im Bruch der Verträge, und hing somit enge an den Grundsätzen des Jesuitismus und des sogenannten Machiavellismus, daß der gute Zweck die schlechten Mittel heilige. Aber auf dem Gebiete des öffentlichen Rechtes würde dieses unsittliche Dilemma gar nicht entstehen, wenn die ewigen Zwecke, der eigentliche Inhalt der Staaten richtig erkannt wären!

Statt dessen herrschte eine ganz materialistische Auffassung, welche in der flacheren Aufklärungsperiode bis zur neuesten Zeit immer weiter entwickelt ward. Die Völker zählten nicht als Subjekte des Völkerrechts, sondern nur als Tauschwaare, als fungible Besitzesgegenstände der Fürsten. Zuletzt kam Alles auf die Anzahl der Kanonen an. Kein Staat also bestand und blühte noch durch seine innere, selbsteigene Kraft und Berechtigung. Hof und Diplomatie schoben ihre Interessen, wie Kuckuckseier, denen des Volkes unter; die Kriege, in welchen die Völker verbluteten, waren keine Staatskriege, sondern Familienkriege; eine fürstliche Heirath gab das Vehikel ab. (Man denke nur an die vielen Erbfolgekriege, und zum Beispiel auch an die grausame Verwüstung der Pfalz.) — Auch das frühere Mittelalter hatte Privatkriege gekannt, deren noch Hugo Grotius im Anfang des 2ten Buchs seines Jus belli ac pacis mit ernsthafter Erwägung gedenkt.

[1]) Man vergl. die Verträge von Oliva und Kopenhagen, 1660, den Pyrenäischen Frieden 1659, den Aachener und Nymweger, 1668 und 1678, den Ryswicker Frieden, 1697 u. a. m.

[2]) Ueber die große völkerrechtliche Bedeutung dieser ketzerischen Seite der Richelieu'schen Politik vergl. in H. Th. Buckle, History of the civilisation in England, Tom. I. Part. II., chap. 1., die sehr gediegene Auseinandersetzung des berühmten Denkers.

§. 5.

Consequent kam in dieser Zeit durch die Fortschritte des Verkehrs, durch die — vom Prinzip der Staatseinheit — schärfer ausgeprägten Finanzsysteme und die erhöhten Staatsbedürfnisse, das geschlossene Colonialsystem auf. Aber die Freiheit der Meere, insbesondere der indischen Meere, ward den Anmaßungen der Suprematie der pyrenäischen Halbinsel abgerungen; dafür wurden die Handelsverträge [1]) immer häufiger, die droits d'aubaine immer seltener; (letztere bestanden nur noch vielfach in und gegen Frankreich.)

Allein der Staat, welcher auf der neuen Bahn voranschritt, England, dessen kurze republikanische Regierung (1649 bis 1660) durch die Navigationsakte eine große Marine schuf, wurde der neuen Meeresfreiheit bald ebenso gefährlich, wie Frankreich dem europäischen Gleichgewicht. (Zur englischen Navigationsakte ist übrigens auch die französische Ordonnance sur la marine, 1681, und Frankreichs Befehdung der afrikanischen Raubstaaten, 1682—85, zu erwähnen.) Gegen diese neuen Anmaßungen suchten die schwächeren Staaten im Verein das Durchsuchungsrecht zur See auszurotten, da die Seekriege immer mehr zu Handelskriegen wurden. (S. u. das Seerecht im dritten Theil.)

Im Kriegsrecht traten die völkerrechtlichen Deduktionen an die Stelle der feierlichen Kriegserklärungen, weil man, was ein großer Fortschritt war, doch wenigstens den Schein des Rechts zu bedürfen glaubte, um nicht ganz Europa gegen sich aufzubringen.

Das Corps diplomatique war damals im Haag, als einem Hauptvermittlungspunkte, dem damaligen Hypomochlion der Wage, besonders vollzählig.

[1]) England schloß 1703 den viel berufenen Methuen-Vertrag mit Portugal ab, der ihm zum Muster für die Handelspolitik mit schwächeren oder weniger fabrizirenden Staaten ward.

§. 6.

Nach unendlichen Wirren, Erb- und Prätendenten-Streitigkeiten, kam endlich im Jahr 1713 ein europäischer Friede zu Utrecht (und zu Rastadt und Baden besonders mit Kaiser und Reich) zu Stande, welcher, mit Voraussetzung der früheren allgemeinen Friedensschlüsse, fast alle Territorialverhältnisse ordnete, zum Theil nach dem Status quo; denn über das Provisorium kommt das Gleichgewichtssystem, seiner Natur nach, nicht hinaus. Dieser Frieden, der fast ein Jahrhundert lang, (bis 1800 zu Lüneville und 1803 zu Amiens) unverletzt bestand [1]), vertheilte die spanischen Besitzthümer nach dem Gesetz möglichster Ausgleichung und stellte den Grundsatz fest, daß die spanische und französische Krone nie — auch durch rechtmäßige Erbfolge nicht — auf einem Haupte vereinigt werden können; ferner wurde für England die, von dem Parlament ernannte, neue Dynastie allgemein anerkannt, Preußens Königswürde und angebliches Recht auf die schweizerischen Fürstenthümer (Neuchatel und Valengin) bestätigt; England erhielt Gibraltar, Minorca; u. s. w. Zum Utrechter Frieden gehört auch der berüchtigte Assiento-Vertrag über den monopolisirten Sklavenhandel zwischen England und den spanischen Kolonien, welcher erst im Jahr 1750 definitiv aufgehoben ward. Der Utrechter Friedensvertrag that an Frankreich, was der westphälische an Oesterreich und Deutschland gethan hatte. Wirklich tauchte auch unter Louis XV. die Tendenz seines größeren Vorgängers wieder auf, »qu'il n'y ait plus de Pyrénées!« Aber dem Familienpakt der Bourbon'schen Linien traten besonders England und Portugal entgegen, welche den Pariser Frieden durchsetzten. In demselben Jahre (1763) wurde zu Hubertsburg der siebenjährige Krieg beendigt. Post tot discrimina rerum, d. h. nach dem österreichischen Erbfolgekriege (1740), dem Dresdener Frieden 1745, dem allgemeinen Aachener Frieden 1748, u. s. w., war die pragmatische Sanktion wohl anerkannt worden, aber Preußen hatte sich die Anerkennung derselben sehr theuer bezahlen lassen und war dadurch eine europäische Macht geworden.

Die Rolle, welche bisher im deutschen Reich Sachsen,

namentlich noch zuletzt durch die Verbindung mit dem Wahlreich Polen, gespielt hatte, und welche Baiern vergeblich anstrebte, war in höherem Maße auf Preußen übergegangen. Für zwei Mächte von dieser Ausdehnung, wie Oesterreich und Preußen, war das deutsche Reich zu klein; ein Bundesstaat erträgt nur ein Primat. Das begriff auch Friedrich der Einzige, indem er später gegen Joseph's II. ehrgeizige Pläne durch Stiftung des „Fürstenbundes" den Bundesstaat in einen Staatenbund zu verwandeln trachtete; aber er trug damit nur zur letzten totalen Erschütterung des ohnehin morschen Gebäudes bei.

Der Pariser Frieden hatte auch die transatlantischen Interessen geregelt, namentlich in den nordamerikanischen Kolonien, und selbst in Canada Englands Herrschaft anerkannt und bestätigt, vorbehaltlich der freien Mississippi-Schiffahrt und der Mississippi-Gränze. Vergeblich war versucht worden, das Gleichgewichts-System auch auf die überseeischen Gebiete auszudehnen; Englands Suprematie wurde jenseits immer entschiedener.

[1]) Nur kam schon 1738 das Königreich Neapel an einen Bourbon.

§. 7.

In einer Zeit der politischen Demoralisation, wo keine politische Tugend innerhalb der Staaten, blüht auch keine politische Moral außerhalb. In der Zeit des schnödesten Materialismus und der unvernünftigsten Verkennung der wahrhaften Staatsinteressen werden die Staaten natürlich nicht von inneren Sympathien gelenkt. So hatte sich der Wiener Hof unter dem Ministerium Kaunitz an das ehedem so feindliche Frankreich angeschlossen; fast alle Bündnisse wurden, nach dem System des Gleichgewichts, nur zwischen solchen Staaten geschlossen, die, weil von einander entfernt, sich wenig schaden konnten, keine Konflikte hatten, aber zusammen die Kräfte anderer paralysirten: so zwischen

Frankreich und Polen, Schweden und die Türkei, Portugal und England. Die Totalität aller damaligen Verhältnisse führte im Ganzen zu der, bis auf die Gegenwart bestehenden, völkerrechtlichen Aristokratie der fünf Großmächte, von welchen Rußland die jüngste war.

Frankreich nahm hierbei gleichsam den alten Platz Spaniens ein, Rußland den von Schweden; die Seeherrschaft war von Spanien und den Niederlanden, die sie von der Hansa ererbt hatten, auf England übergegangen. Oesterreich mußte seinen Einfluß mit Preußen theilen, und suchte sich dafür nach seiner herkömmlichen Weise an den Grenzen des Reichs (in Flandern, Italien ꝛc.) zu entschädigen.

Auch die speziellen Lehren des Völkerrechts hatten sich in dieser Periode analog mit dem äußeren Völkerrecht entwickelt; (darüber vergl. unten die Einleitungen zu den einzelnen Dogmen).

Die folgende Periode reicht bis zur französischen Revolution; Alles ging einer gewaltsamen Auflösung entgegen. Die Prinziplosigkeit hatte den Gipfel erreicht; die Friedensschlüsse, die zwar immer mit dem Gelöbniß ewiger Treue und Dauer begannen, glichen nur noch Waffenstillständen, die Bündnisse den Löwengesellschaften; „im Namen der heiligen Dreieinigkeit" wurde das, durch künstlich genährte Unruhen zerrüttete (und von Preußen noch 1790 garantirte) Polen [1]) getheilt. Ein ähnliches Spiel trieb Rußland in der Türkei, wo es sich allmälig das Protektorat über die erst widerspänstigen und dann halbsouveränen Grenzstämme erwarb (z. B. über die Donau-Fürstenthümer 1774 im Frieden zu Kutschuk-Kainardje, Art. XIV.). Ebenso suchte sich dieselbe Macht durch Subsidien und Garantien in Deutschlands innere Politik zu mischen (z. B. im Teschener Schluß des bairischen Erbfolgekriegs, 1779), was durch die egoistischen Zwiste der Reichsstände regelmäßig gelang.

Den Westen Europa's hielt unterdessen die Eifersucht um die Seeherrschaft gebunden und paralysirt. Mit der Ausdehnung der englisch-ostindischen Handelsgesellschaft über Bengalen (1765) war England das erste Handelsvolk der Welt geworden; es beherrschte die Meere um so sicherer, als Frankreich seit dem unglücklichen Kriege, der mit dem Frieden von Paris schloß, sehr zurückgedrängt war. Nun erhob sich eine Gelegenheit zur Ausgleichung: Nämlich in dem Kampfe der nordamerikanischen Municipalstaaten für Unabhängigkeit von Englands räuberisch-despotischer Colonialpolitik hatte Frankreich dieselben unter der Hand unterstützt, und, trotzdem es im Pariser Frieden mit der Abtretung Kanadas auch die übrigen nordamerikanischen Besitzungen Großbritanniens bestätigt (freilich nicht garantirt) hatte, 15 Jahre später dieselben als selbstständige Macht anerkannt; (1778, zwei Jahre nach der Unabhängigkeitserklärung der neuen Union). Darüber entspannen sich zunächst — höchst interessante — diplomatische Debatten, in welchen Frankreich merkwürdigerweise schon die theoretischen Prinzipien aufstellte, daß die „Anerkennung" sich nur auf die vollendete Thatsache beziehe, und daß jede Intervention in innere Angelegenheiten fremder Staaten unerlaubt sei. („Nulle Intervention!") Natürlich, das Recht der Occupation wurde durch das der Entsetzung aufgehoben. Eine Legitimität ließ sich da kaum fingiren. [2])

Im Jahr 1783 wurden alle diese Verhältnisse definitiv geordnet; (auch zwischen Großbritannien und Spanien, welches letztere die Partei Frankreichs ergriffen hatte, und nun Minorca wieder erhielt, u. a. m.) Im Ganzen gingen die Verträge von Versailles, 1783, auf die früheren Kolonialbestimmungen, zum Beispiel die von Utrecht, zurück; doch kam durch die Restitutionen von Seiten Englands mehr Gleichgewicht in die Vertheilung der Seemacht, und das

Auftreten eines neuen Seestaates zweiten Ranges trug zur Erweiterung der Rechte des neutralen Handels bei. (Vergl. namentlich die Verträge Nordamerika's mit Frankreich und mit Preußen, 1778 und 1785, Frankreichs mit England, 1786). Auch hatte sich schon seit 1780 unter Rußlands Aegide die „bewaffnete Neutralität" gegen Englands Anmaßungen in seinen Seekriegen erhoben, welcher in den nächsten Jahren fast alle europäischen Mächte beitraten, und deren Grundsätze über Seerecht, namentlich in Bezug auf die Freiheit des neutralen Seehandels in Kriegszeiten und auf den Begriff der Kontrebande, eine dauernde Geltung erhielten. (S. u. Kap. XII.)

Während dessen suchte eine aus Preußen, England und dem holländischen Erbstatthalter (Oranien) bestehende Tripelallianz den continentalen Status quo auf den meisten Punkten zu bewahren, durch Interventionen für die schwächeren Staaten, Schweden, Dänemark und die Pforte, gegen Rußland, ja selbst für die belgischen Privilegien gegen Joseph's II. Neuerungen, für den Erbstatthalter gegen die patriotisch-republikanische Partei; also überall, und auch in inneren Verfassungsfragen, für das conservative Element, mit welchem sie auch noch den Schluß dieser Periode überlebte. Ihre Einwirkungen waren kräftiger im Centrum Europa's, als an dessen Endpunkten; denn wenn sie auch die Frieden von Werelä und Jassy (1790 und 92) vermittelt hatten, so wurden darin doch die russischen Eroberungen bis an das schwarze Meer (und die der Krim) nur bestätigt. (Zu erwähnen ist hier auch der Kongreß von Reichenbach 1790, und der Friede Oesterreichs mit der Türkei zu Szistowe, 1791).

Auch mußte (1781—85) eine französische Intervention zu Fontainebleau über Joseph's II. Ansprüche auf freie Schelde-Schifffahrt und auf Aufhebung des Barrièrenvertrags von 1715, zu Gunsten Hollands nach dem Inhalt der westphälischen und Utrechter Friedensverträge vermitteln. Joseph II., dessen Dynastie bekanntlich Spaniens Erbe in den katholischen Niederlanden war, unterlag daselbst noch den Bestimmungen, welche mehr auf die spanische Herrschaft berechnet, seiner Regierung aber, namentlich in Bezug auf den Seeverkehr und auch durch das Besatzungsrecht der Holländer in den belgischen Festungen doppelt nachtheilig waren. Seine Festungen konnte er eher befreien, als den Fluß, dessen Mündung nach positivem Vertragsrechte dem eifersüchtigen Nachbar gehörte. Erst lange nachher wurde die Flußfreiheit allgemeines Rechtsprinzip in Europa. [3])

[1]) Die zweite und dritte Theilung Polens fallen zwar der Zeit nach in die folgende Periode; aber sie sind doch nur die letzte und extremste Ausartung dieser Periode. Ungefähr in demselben Sinne haben wir den deutschen Fürstenbund (1785) schon im §. 6 erwähnt.

[2]) Vergl. Wheaton's Hist. du Dr. des G. etc. p. 217—220. Flassan, Diplomatie française, vol. VII., p. 168; dagegen Gibbon's Mémoire (in Gibbon's Miscellaneous Works, IV. pag. 246.)

[3]) Vergl. Schöll, Histoire abrégée des Traités de Paix, Vol IV., pag. 59—89. Flassan, Hist. de la Diplom. française, VII., 339 et suiv. — Linguet, Annales politiques, Nr. 88 et 89 — für das Naturrecht des Flusses; dagegen, im französischen Interesse, Mirabeau, doutes sur la liberté de l'Escaut. — Vergl. auch in H. B. Oppenheim, Der freie deutsche Rhein. Geschichtliche und staatsrechtliche Entwickelung der Gesetzgebung des Rheinstroms (Stuttgart, bei Cotta 1842) die Einleitung.

§. 9.

Die Idee eines künstlichen Gleichgewichts in der Politik ist uralt, und schon auf das Mannichfaltigste angewendet worden; aber diese bestimmte Anwendung der bisher geschilderten Periode war das erste allgemeine und rein politische System der internationalen Beziehungen für ganz Europa gewesen. Seine Grundsätze hatten sich analog mit denen des inneren Staatsrechts aus den Zeiten des Absolutismus und des Ancien régime entwickelt. — So wirkte auch umgekehrt das neue Staatsrecht der Revolution auf das Völkerrecht reformirend ein.

Den reformatorischen Grundsatz der Trennung von Kirche und Staat vollendete die französische Revolution, indem sie den Begriff der Kirchengewalt ganz auflöste. Die Autonomie der menschlichen Vernunft ist aber zunächst ein kosmopolitisches Prinzip, dem die „Rundreise um die Welt" zu prophezeien war. Darum erregte die französische Propaganda die Furcht des alten Systems. Man frug sich: wenn des Nachbarn Haus brennt, ob man denn nicht zur eigenen Sicherheit dessen Hausrecht verletzen dürfe? — und folgerte daraus eine Erweiterung des Rechtes der Intervention, welche zu den Coalitionen der 90er Jahre führte.

Die Pillnitzer Convention, 1791, erklärte die Lage des französischen Königshauses für einen Gegenstand des gemeinsamen Interesses aller europäischen Souveraine, wobei activ eingeschritten werden müsse. Selbst die Anerkennung der neuen Verfassung von Seiten des Königs Louis XVI. änderte Nichts an der Sprache der europäischen Diplomatie. Fast alle Continentalmächte und selbst England, welches nie eine Einmischung in seine innern Angelegenheiten provocirt oder geduldet hätte, und dessen republikanische Regierung des siebzehnten Jahrhunderts von dem streng monarchischen Frankreich anerkannt worden war, schloß sich an, indem Burke und Pitt Frankreich für ausgestrichen aus der Reihe der europäischen Länder, und folglich außer dem Völkerrecht (exlex) erklärten. [1])

So fand Frankreich Gelegenheit, sein — früher ausgesprochenes — Princip der Non-Intervention für sich selber geltend zu machen. Aber die starre Abgeschlossenheit der einzelnen Staaten, diese abstrakte Selbstständigkeit, welche die Theorie vorauszusetzen scheint und die in praxi wegen des engen Zusammenhangs des Völkerrechts mit dem innern Staatsrecht niemals besteht, mußte doppelt unmöglich erscheinen in dem Momente vulkanischer Regungen, in welchem Weltideen mit einander rangen, und einzelne Nationen wenigstens über ihren natürlichen Egoismus zu allgemeineren Tendenzen hinausgingen. — Die Theilung Polens, dieses ängstigende Schreckbild der französischen Nation, mußte in dem Aufgebot der Massen und in den Siegen des französischen Kaiserthums eine furchtbare Nemesis erwecken! — Auch die Theorie von den Naturgrenzen, (S. unten Kap. VII. vom Staatseigenthum,) die vor dem Begriff der Nationalität als unhaltbar verschwindet, und die damit zusammenhängende Sehnsucht Frankreichs nach dem linken Rheinufer war das Erbstück einer materialistisch berechnenden Gleichgewichtspolitik, welches sich in des jungen Frankreichs Händen gewaltsam gegen die eigenen Vertreter dieser Politik wandte. Darauf wies Mirabeau schon 1786 hin. [8])

Das berühmte Decret des französischen Nationalconvents vom 19. November 1792 war nur die gerechte Nothwehr gegen den übergreifenden Absolutismus. Zwar versprach dieses Decret nicht, wie die Gegner vorgaben, jeder Meuterei Unterstützung und Schutz, sondern nur dem klar und bestimmt ausgesprochenen Willen der Nationen; Jene aber fürchteten schon die Contagiosität der Ideen, und wollten den europäischen Congreß (die »Civitas maxima« des Völkerrechts) nur mit absoluten Herrschern besetzen. Die Collision war unvermeidlich, und das alleinstehende, von allen Bundesgenossen verlassene Frankreich zeigte der erstaunten Welt zum ersten Male die volle Kraft und Unüberwindlichkeit einer freien, selbstbewußten Nation, dem Kamaschendienst gegenüber. Wie nun der europäische Absolutismus, der den Verrath der französischen Dynastie an ihrem Volke verschuldete, damit das entgegengesetzte Extrem einer Hinrichtung des Königs verursacht hat, so war eben dieselbe Politik Schuld daran, daß sich der Freiheitsbegriff der Revolution nicht bis zur Idee der Nationalität entwickeln konnte und einer Universalherrschaft nachstürmte, deren erste Triumphe ganz Europa erschütterten und namentlich im deutschen Reich den letzten Rest des Mittelalters zerstörten.

[1]) Mirabeau meinte richtig, dieses Loch (ce vide sur la carte de l'Europe) bedeute einen Vulkan. — Vergl. auch Mackintosh, Vindiciae Galliae, 1791; dann Burke's „Betrachtungen über die französische Revolution," (in's Deutsche übersetzt von Friedrich von Gentz), Payne's Replik zur Vertheidigung der Revolution; und die Debatten im englischen Parlamente selbst zwischen Pitt, Burke und Fox.

[2]) Vergl. auch Posselt's europäische Annalen, Band III. S. 110, S. 237 und folgende.

§. 10.

Auch positivrechtliche Gründe wurden für den Krieg gegen Frankreich angeführt; zum Beispiel die Aufnahme Venaissin's, welches doch freiwillig von der päbstlichen Herrschaft abgefallen war, in das französische Staatsganze. (Eben hierin lag die Differenz der Prinzipien!) Ferner: die gewaltsame Oeffnung der Schelde und die Verletzung der holländischen Neutralität bei der Unterstützung der belgischen Aufstände; — und auch, daß die Aufhebung aller Feudallasten (in der vierten Augustnacht 1789) die, 1648 bei der Cession an Frankreich noch bestätigten, Rechte mancher deutschen Reichsstände an dem, ehemals zu Deutschland gehörigen, Elsaß gekränkt habe. Dieser letzte Punkt gehörte eigentlich gar nicht in das Völkerrecht, zumal die französische Regierung (den 28. Oktbr. 1790) volle Entschädigung bot; er war also gewiß kein Casus belli. Oesterreich verlangte dagegen die Wiederherstellung jener drückenden Privilegien, oder, wie ein geistreicher Schriftsteller sich ausdrückte: „die Wiedereinsetzung der Leibeigenschaft, einer demüthigenden Ungleichheit, und das Recht des Hochwilds, nach wie vor, wie in Deutschland, die Felder des Landmanns zu verwüsten." [1])

[1]) Ueber die Unterhandlungen vor dem Kriege und die Kriegserklärungen, vergl. Thiers Hist. de la révol. franç., vol. I. (Notes et Pièces justificatives), Ségur Hist. de Frédéric Guillaume II. vol. II. (s. Preußens Deduction v. 25. Juni 92). Ferner s. Parliamentary History of England, vol. III., die letztere namentlich über Chauvelin's, des französischen Gesandten, Vertheidigung auf Lord Grenville's Noten: unter andern auch die berühmte Erklärung von White-Hall, November 1793. Außerdem das berüchtigte Manifest des Herzogs von Braunschweig u. s. w.

§. 11.

Die Krisis dieser Periode ist durch die Verletzung jedes völkerrechtlichen Instituts bezeichnet. Die Grundlagen wankten; natürlich blieb Nichts feststehen. Der Rastatter Gesandtenmord, der den Bruch nur unversöhnlicher machen sollte, bildet die Analogie zu dem damals aufkommenden Verfahren zur See. Die Rechte der Neutralität wurden von den kriegführenden Mächten schon deßhalb nicht geachtet, weil Jeder Partei ergreifen sollte und mußte — an einem Kriege, der in allen Meeren geführt ward. — England begann damit, widerrechtlich ganze Küsten zu bloquiren, um im Verein mit seinen Verbündeten das revolutionäre Frankreich auszuhungern. Diesem abenteuerlichen Plane gegenüber erließ der französische Convent das Decret vom 9. Mai 1793, in welchem Frankreich, seinem alten Princip der consequenten Retorsion getreu, alle Rechte des neutralen Seehandels aufhob. So steigerte man sich gegenseitig, erst zu den englischen Verordnungen vom 8. Juni und 6. November 1793, bis zuletzt das siegreiche Frankreich ein europäisches Kontinental-System aufstellte, von welchem die Konkurrenz der kontinentalen Industrie mit den englischen Fabriken datirt. Diesem System war selbst Rußland eine Zeit lang scheinbar beigetreten; und nur Schweden und

Dänemark hatten nach Kräften die Rechte ihrer Verträge und der (seitdem aufgelösten) Neutralité armée zu behaupten gesucht, während die nordamerikanische Union diesen Zweck durch spezielle Akte wirklich erreichte. [1])

[1]) Vergl. über diese ganze Verwickelung: Wheaton, l. c., p. 284—329, und s. u. die Lehre v. der Kontrebande zur See.

§. 12.

Unterdessen hatte das siegreiche Frankreich sein Gebiet nach den sogenannten „Naturgränzen" und vielfach noch darüber hinaus arrondirt. Der Sturmwind der Revolution hatte die kleinen Staaten weggefegt, das deutsche Reich aufgelöst, und hier einen Rheinbund, dort einen schweizer Bundesstaat (nicht mehr einen Staatenbund), hier italienische Fürstenthümer und dort das Königreich Holland, unter des kaiserlichen Frankreichs Protektorat oder Mediation erstehen lassen. Alles sollte sich wieder zur fränkischen Universalmacht gliedern; sogar die päbstliche Hierarchie konnte nicht selbständig daneben bestehen; ein umgekehrtes Reich Karls des Großen über dem Papstthum war projektirt, und Rom für die zweite Hauptstadt der Welt erklärt. Da nun die Herrschaft der Idee dergestalt zum Triumph der Masse (der materiellen Uebermacht) entartet war, so scheiterte sie an den Naturgewalten auf Rußlands Eisfeldern, welchen sich die Geister der gekränkten Nationalitäten verbanden. Diese zweite, bedeutendste Wiedergeburt des Völkerrechts ging, wie die erste Geburt desselben, auf Deutschlands Ebenen und aus Deutschlands Verwirrungen hervor. Die Pariser Friedensschlüsse und der Wiener Kongreß sollten die höhere und durch selbständige Bündnisse vermittelte Einheit der europäisch-christlichen Welt begründen. (Noch hatten Amerika und der Orient nur sehr geringen Theil an den Entwicklungen.)

Das innere Staatsrecht hatte eine analoge und nicht

minder kritische Durchgangsperiode zu bestehen gehabt: an die Stelle der Republik war der universale Despotismus getreten, der namentlich in Frankreich Alles, auch das Individuellste und Freieste, verschlang; und diesem extremen Despotismus gegenüber erhob sich dann die Vermittelung des constitutionellen Schematismus, dem die Fürsten nothgedrungen huldigten, weil sie in den Zeiten der Verzweiflung an das Volksthum appellirt hatten; zum Beispiel Friedrich Wilhelms III. „Aufruf an mein Volk", in der Proklamation von Kalisch, den 25. März 1813 im Namen Preußens und Rußlands v. General Kutusow erlassen). Aber der Konstitutionalismus ward bis jetzt noch nicht in das Völkerrecht hineingebildet, in welchem immer nur absolute Staaten vorausgesetzt werden.

§. 13.

Die Verbündeten hatten einen gemeinsamen Krieg unter gemeinsamem Oberbefehl geführt, nicht zur Eroberung, sondern zur Abwehr, nicht gegen Frankeich, sondern gegen den einen Mann, in welchem sich die feindselige Idee verkörpert darstellte; nur Napoleon Bonaparte wurde geächtet; die Bourbons wurden wieder eingesetzt; die alten Grenzen wurden mit Maß und Bescheidenheit wieder hergestellt. England und Rußland gewannen ein entscheidendes Uebergewicht. Wie sich nun die mit dem Wiener Kongreß abgeschlossene Periode von der ihr vorhergegangenen dadurch wesentlich unterschieden hat, daß in ihr die Tendenzen unverhüllt auf den Kampfplatz traten, während früher nur die Besitzesfrage den handelnden Mächten bewußt war; wie ferner in den Revolutions- und Koalitions-Kriegen die Partei der Freiheit mit den Waffen des Absolutismus gefochten hatte, und die Fürsten-Allianz den Enthusiasmus der erwachten Völker zu Hülfe gerufen hat: so gab auch die, auf der Wiener Tafelrunde begrünbete, Völker-Aristokratie der Großmächte, mit ihren untergeordneten Bundesgenossen, einen sittlich-politischen Zweck vor. Der Friedensbund der drei östlichen Großmächte [1]) nannte sich die „heilige Allianz," in dem unbestimmten Gefühl, einer Willkür gesteuert zu haben: und er hatte doch keinen höheren, rechtlichen oder sittlichen Inhalt, als eben den Frieden selbst; nach 25jährigem Streiten den Frieden für das ermattete, todtmüde Europa. Darum erreichte er auch nichts, was über das Gesetz der Ausgleichung hinausging, und fiel bald wieder in die alte materielle Gleichgewichtspolitik zurück, welche auf gegenseitiger Schwächung und Eifersucht, statt auf der inneren Kraft der Nationen beruht. Die Völker schienen umsonst mit ihrem Blute den neuen Bund besiegelt zu haben. Nicht einmal ihr natürlicher Bestand, die äußere Integrität ihrer Grenzen ward gerettet. — Weil aber die Findung des Völkergesetzes und die Vertheilung des Staaten-Besitzes (Lex ferenda) eines theoretischen Prinzips bedurfte, so erfand der Sachwalter der Bourbons, der Vertreter der „Restauration" Talleyrand die „Legitimität;" und die neue Kirche wurde auf den alten Fels des Gottesgnadenthums (jus divinum) gebaut. Dieses dürre Recht des Faktums, das sich selber aufhebt, weil es nur sich selber setzt, sah sich in der neuen Welt zuerst schüchtern um, und schloß sich alsbald ängstlich an die Souveränetäten an, deren Vollmachten es in Jura propria verwandelte. Nichts ist diesem sogenannten Prinzip gefährlicher, als der historische Fortschritt; denn es erbaut eine starre Stabilität und sieht in jedem Wechsel einen feindlichen Widerspruch. Eine Opposition ist da nicht denkbar, nur ein Vernichtungskrieg. Während die Legitimität die Bourbons rettete, die somit nicht als Besiegte, sondern als siegreiche Fürsten einer besiegten Nation erschienen, und die Bedingungen der Sieger nicht annahmen, sondern mit diktirten, hatte sie die weitere Folge, daß jeder nationale Gedanke gefährlich erschien, und absichtlich, zum Beispiel, deutsche Gränz-Provinzen den Nachbaren überlassen wurden, andere deutsche Lande zwar in der deutschen Staatenverbindung, aber unter fremdem Scepter verblieben, und, — während starke Mittelreiche geschaffen wurden, und das Gleichgewichtssystem auch im Innern Deutschlands zur Untergrabung der nothdürftig geschaffenen und oberflächlichen Einheit realisirt werden sollte — verblieb Polen, unter heuchlerischen und in sich nichtigen Garantien, seinen bisherigen Unterdrückern. Das neue Völkerrecht schlug in einen allgemeinen Fürstenbund gegen die Volksrechte um. Dafür wurde aber das Recht der Souveränetät (zum Beispiel vom Gesichtspunkt der formellen Gleichheit aus) und die diplomatische Taktik (zum Beispiel das Gesandtenrecht) weiter entwickelt. Die volksfeindlichen Grundsätze des neuen Völkerrechtes ließen natürlich die Einigkeit der östlichen Mächte leichter zu, als die der westlichen. (Noch im Jahr 1842 berechtigten z. B. diese Prinzipien Rußland zu Protestationen gegen die freimüthigen Reden des Posener Provinziallandtags).

[1]) Die „heilige Allianz" wurde von den Kaisern von Rußland und Oesterreich und dem Könige von Preußen persönlich am 26. September 1815 zu Paris abgeschlossen; „um im Sinne des Evangeliums, gleichsam nach himmlischer Vollmacht drei Zweige einer und derselben Familie („der christlichen Nation") zu beherrschen;" im zweiten Artikel der betreffenden Urkunde „bekennen" sie, „daß die christliche Religion, zu welcher ihre Völker gehören, in der That keinen andern Souverain hat, als denjenigen, dem allein alle Macht angehört, weil in ihm allein alle Schätze der Liebe, der Wissenschaft und unendlichen Weisheit sich finden, nehmlich unsern Herrn und göttlichen Erlöser, Jesum Christum, das Wort des höchsten, das Wort des Lebens." —

Wie dieser schwache und wohl kaum aufrichtig gemeinte Versuch, das völkerrechtliche Staatensystem auf die christliche Religion zu gründen, an Gewaltthätigkeit und Inhumanität gescheitert ist, das lehrten die nächsten Ereignisse, welche den Namen der heiligen Allianz zum Schrecken der Völker machten.

§. 14.

Den positiven Inhalt der Wiener Kongreßakte (vom 9. Juni 1815) und der damit zusammenhängenden Verträge bilden hauptsächlich folgende Bestimmungen:

1) Frankreich wurde ungefähr auf die Grenzen von 1792 zurückgeführt.

2) Norwegen und Schweden [1]) unter Bernadotte, (trotz der „Legitimität" !), Belgien und Holland unter Oranien, werden als starke Mächte zweiten Ranges vereinigt, trotz Norwegens und Belgiens Widerstand, wovon das erstere sich wenigstens eine selbständige und freie Verfassung wahrt. (Dafür besteht auch die skandinavische Einheit länger, als die niederländische, und sucht sogar noch weiter um sich zu greifen).

3) Die Schweiz wird von ihrer einheitlichen Mediationsverfassung erlöst, der alten Verwirrung einer losen und ungleichen Staatenverbindung wieder preisgegeben, und so als neutrale Macht constituirt. (Die Schweiz, die natürliche Festung Europas, hätte gleichsam die Pässe zu vergeben, durch welche man in das Innere der Centralmächte eindringen könnte; sie wäre ein zu gefährlicher Feind, ein zu nützlicher Bundesgenosse: daher das völkerrechtliche Statut ihrer Neutralität.)

4) Deutschland erhält eine Bundesverfassung; schon der erste Pariser Frieden verhieß ein „lien fédératif." (S. u. v. den Staats-Unionen, 2. Theil, Kap. VI.) Diese Organisation hing zugleich mit der Länderverthеilung in Deutschland zusammen. Die meisten kleineren Reichsfürsten blieben oder wurden mediatisirt, bis gegen 40 Souverainetäten; an den Ost- und West-, selbst an den Südgränzen lagerten sich die stärkeren Mächte, im Westen, den man etwas spät zu fürchten begann, sogar in Bundesfestungen, (s. u. v. d. Staats-Servituten); nur an den friesischen Gränzen erhielten das dänische und das holländische Fürstenhaus einen Antheil

an der Bundesverfassung, der wirklich später zu Konflikten Anlaß genug gab, indem diese Fürsten neben der formellen Erfüllung der Bundespflichten auf Denationalisirung ihrer deutschen Ländertheile ausgingen. Außerdem conservirten auch die beiden deutschen Großmächte ihre Stellung als europäische Mächte dadurch, daß sie einzelne Provinzen nicht in den deutschen Bund aufnehmen ließen. Da sich nun die deutschen Bundesfürsten gegenseitig die vollste Integrität ihrer Bundesländer garantirt hatten, so liefen sie alle bei jeder kriegerischen Neigung einer der vier europäisch-deutschen Mächte, Oesterreich, Preußen, Holland-Luxemburg, und Dänemark-[Schleswig]-Holstein, (früher auch bei England-Hannover) die größte Gefahr; während die anderen Staaten keinen Krieg einseitig beginnen oder durch Separatfrieden beendigen durften. Die ängstliche Vermittelungssucht hat auch hier ein Zwitterding von Bundesstaat und Staatenbund geschaffen, mit ungleichen Berechtigungen, ohne Energie nach Außen, ohne Handelseinheit, ohne Nationalgesetzgebung, mit wenigen und zweideutigen Verheißungen und noch weniger Erfüllungen für das Volk, dessen verschiedenste Parteien unzufrieden waren und nach einer mehr innerlich durchdringenden Rechts- und Staats-Einheit strebten. Wie in dem Concert Européen. so waren auch im deutschen Bund nur die Fürsten vertreten: er bildete eine „heilige Allianz“ in nuce, „zur Aufrechthaltung der Ruhe und Ordnung,“ nicht des Rechtsbestandes, also ungefähr der inneren „Legitimität“; hier, wie dort „zur Unterstützung für jeden Fall der Gefahr“, — nicht bloß der erlittenen Rechtsverletzung. Innere Territorialstreitigkeiten, besonders die Beschränkung Sachsens, die Vergrößerung, resp. Entschädigung Preußens und Württembergs, Baierns und Badens staatsrechtliche Streitigkeiten, beschäftigten, namentlich in Bezug auf die sächsische Frage, die europäische Diplomatie, die keine Gelegenheit zur schwächenden Vermittelung vorübergehen ließ. (Metternich selbst erklärte die Gebietsveränderung Oesterreichs und Preußens für eine mehr europäische, als deutsche Frage.)

5) Polen bleibt vernichtet; aber eine getrennte Verfassung Russisch-Polens (des Herzogthums Warschau) wird garantirt, Aehnliches für die österreichisch- und preußisch-polnischen Provinzen, („qui obtiendront une réprésentation et des institutions nationales.“) Lange war die polnische Territorial-Frage zu Wien gegen die sächsische in der Schwebe erhalten worden. Man vergl. Talleyrands interessante Note v. 19. Dezbr. 1814 über das moderne Gleichgewicht. Vielleicht blieb auch die Stadt Krakau, des Gleichgewichts halber, neutral und frei (?) unter dreifachem Protekorat.

6) Die aufregende Frage über die fürstliche Rangordnung ist natürlich bei dem Prinzip der Gleichheit aller Souveräne unter einander nicht durchgehends zu lösen; dafür setzte der Wiener Kongreß eine Rangordnung der Gesandten auf historischen Grundlagen fest. (S. u. v. d. Gesandten.)

7) Anerkennenswerth waren die, vom Wiener Kongreß zur Errichtung von Spezial-Verträgen aufgestellten und auch alsbald ausgeführten Grundsätze über Flußfreiheit (S. u. das Flußrecht im Kap. VII. v. Staatseigenthum) und gegen den Sklavenhandel. (S. u. das Durchsuchungsrecht). Die vernünftigsten Ansichten über Flußrecht hatte zuerst die französische Regierung am Rhein und anderen, kleineren Gränzflüssen (z. B. dem Etsch) realisirt; die Vernichtung des Sklavenhandels lag dazumal vorzugsweise im brittischen Interesse [2]).

[1]) Finnland verblieb dem russischen Reiche.

[2]) Literatur des Wiener Kongresses: Akten des Wiener Kongresses; 1815—19. 8 Bände. Von J. L. Klüber.

Uebersicht der diplomatischen Verhandlungen des Wiener Kongresses, 1816. 3 Abtheilungen. Von demselben. Die Kongreßakte, und was damit zusammenhängt, s. in den Quellensammlungen von Klüber, Guido v. Mayer, u. A. m.

Raisonnirende Schriften von de Pradt, Bignon u. A. m. — Ferner siehe Dr. A. F. H. Schaumann, Geschichte des zweiten Pariser Friedens für Deutschland; Göttingen 1844. Und Hans von Gagern, der zweite Pariser Frieden; Leipzig 1845. (2 Theile.)

§. 15.

Am meisten hatten die drei Selbstherrscher des östlichen Europa's in den Pariser und Wiener Verträgen gewonnen, Rußland am Herzogthum Warschau, späteren Königreich Polen, das zum Theil durch Preußens Abtretungen im Tilsiter Frieden (1807) angewachsen war; Preußen konnte im deutschen Bund durch seine neuen Erwerbungen in Sachsen und am Rhein dem präsidirenden Oesterreich die Stange halten, welches letztere dafür seine Hände nach Oberitalien ausstreckte. Diese dreifachen Richtungen erklären auch den verschiedenen Einfluß dieser drei Kontinentalmächte, welche, in der „heiligen Allianz" zu den oben bezeichneten Zwecken vereint, die nächste Zukunft Europa's leiteten und eine vorübergehende Aristokratie des völkerrechtlichen Staatensystems bildet. Es bezeichnet diese Verbindung „der Gerechtigkeit, der christlichen Liebe und des Friedens" (und nebenbei auch der Unterstützung auf jeden Fall!), daß zu ihrer Unterzeichnung erfolgreiche Einladungen an alle europäischen Fürsten ergingen, außer an den Sultan (auf den jedoch später gleichfalls das Restaurationsprinzip der Legitimität mit Glück angewandt ward!) und an den Papst (der zu Wien schon seine eventuellen Protestationen gegen jegliche Beschränkung seiner ewigen Befugnisse eingelegt hatte); und daß England erklären mußte, einem System nicht beitreten zu können, welches gleichsam die zukünftige Verpflichtung zu Verträgen in blanco enthielte, zu denen es von seinem Parlament nicht ein für allemal autorisirt werden könne. —

Die Erhaltung des Friedens und Gleichgewichts (von den drei Ostmächten und England schon zu Chaumont, den 1. März 1814, auf 20 Jahre speziell verabredet) machte noch manche Territorialbestimmung und manche Verabredung nöthig, zunächst den Generalrezeß der Territorialkommission zu Frankfurt am Main, vom 20. Juli 1819, hauptsächlich für deutsche Verhältnisse, deren innerer Ordnung (?) die Karlsbader und Wiener Ministerialkonferenzen bestimmt waren, für allgemein europäische Verhältnisse die Kongresse von Aachen, Troppau, Laibach und Verona. Ueberall traten schon die Tendenzen und Konsequenzen des „zwischen den Souveränen gestifteten Bandes christlicher Bruderliebe“ stärker und deutlicher hervor. Wie jene Berathungen für Deutschland nur den an sich vagen und willkürlichen Begriff der „Souveränetät“ weiter ausdehnten und demgemäß anwendeten, so haben die Kongresse eine, diesen Absichten entsprechende, Norm der Interventionen zu begründen gesucht. Der erste Schritt dazu bestand in der, zu Aachen abgegebenen und an alle Höfe erlassenen Erklärung [1]) des Inhalts, daß Frankreich nunmehr in das Concert Européen aufzunehmen sei, weil — seine königliche Gewalt zur Erhaltung des aufgestellten völkerrechtlichen Systems die genügenden Garantieen biete. Zugleich wurde zu Aachen (am 15. November 1815) das Prinzip der „heiligen Allianz“ noch einmal bestätigt und das System der Kongresse zur Herstellung der beabsichtigten Heilsordnung protokollarisch specifizirt.

Zu Troppau und Laibach erwirkte Fürst Metternich dem beantragten Interventionsrecht der Großmächte die allgemeine Anerkennung, und suchte zunächst in Neapel und in Spanien dieses Prinzip durch Präcedentien unumstößlich zu machen. Dieser Grundsatz hebt die Unabhängigkeit der kleineren Staaten ganz auf [2]), während er unter den stärkeren Mächten nur der Intrigue ein unendliches Feld eröffnet. Aber, indem er in seiner bestimmten Anwendung das formelle Recht der Souveränetät einseitig beschränkte, hat er nicht die Ansprüche der Humanität gefördert; denn gerade gegen Ideen wurde er gerichtet. Der Satz: Qui jure suo utitur, neminem laedit, ward, den Völkern gegenüber, im inneren Staatsrecht von einer ganz incompetenten Instanz, selbst verbrieften und besiegelten Rechten zum Trotz, suspendirt [3]).

Zu Laibach (1821) wurde dem österreichischen Kabinet die, alsbald mit seltener Energie und Raschheit ausgeführte, Unterdrückung der neapolitanischen und piemontesischen Konstitutionen wirklich bewilligt, und dieses Benehmen noch nachträglich in der „öffentlichen Erklärung" der drei Mächte vom 12. Mai ausdrücklich als „uneigennützig" und „gerecht" bezeichnet; auch die Besetzung der „insurgirten Provinzen" nach ihrer Pazifikation durch österreichische Truppen sollte den uneigennützigen Zweck erreichen helfen. Da aber der Zweck nach mehreren Jahren noch nicht erreicht war, so wurde der Termin dafür zu Verona (1822 und 1823) verlängert. Wie aber der Wolf, der nur todte Schafe zu fressen gelobt hatte, bald die kranken für todt und die gesunden für krank erklärte, so lag nun die Politik nahe, Verschwörungen zu wittern, zu erfinden, um sie unterdrücken zu können. Weil nämlich jede einzelne Regierung stark genug sein soll und muß, ihre Unterthanen im Zaum zu halten, so wollte man ganze Verschwörungen [4]) entdeckt haben, die sich weit über die Gränzen einzelner Länder erstreckten, und mit ausländischen Plänen zusammenhingen (Carbonarismus, Propaganda). Was der französischen Revolution gegenüber vereinzelt geschehen war, bildete nun ein System. Schon das Beispiel eines Aufstandes schien gefährlich genug, um Sicherheitsmaßregeln zu provoziren[5]). Obgleich England, wie schon erwähnt, in einer Note vom 19. Januar 1821 (zunächst von Castlereagh an alle seine Gesandten gerichtet) diesen Grundsätzen seinen Beitritt verweigerte[6]), ja eine förmlich mißbilligende Protestation dagegen einlegte, welche bald darnach vom Ministerium Canning in Bezug auf Spanien (den 28. Jan. und 31. März 1823) noch stärker ausgesprochen ward, so spielte doch Frankreich in Spanien den Mandatar des Veroneser Congresses gegen eine Verfassung, welche 1812—14 von England und Rußland ausdrücklich anerkannt, von der bourbonischen Dynastie gewaltsam aufgehoben worden war. Das Londoner Kabinet entschädigte sich für den in Spanien eingebüßten Einfluß, wie der Hund in der Fabel für das geraubte Fleisch, durch eine Intervention in Portugal 1826, freilich in einer guten Sache und angeblich laut alter Verträge. Zu Verona beschäftigte man sich auch mit Griechenlands Erhebung, aber ohne die Frage zu lösen. Mit der, von Oesterreich am kräftigsten unterstützten „Legitimität" des Sultans kamen die Interessen des Christenthums und namentlich die der russischen Kirche in Konflikt. Die Anerkennung des Fait accompli ward eingeschränkt, weniger durch bewaffnete, als durch diplomatische Interventionen. Denn das europäische Gleichgewichtssystem, welches Polen verschlungen und Deutschland geschwächt, überall aber den Anspruch der Nationalitäten im Diplomatenrath überstimmt hatte, fing nun auch an, den Orient zu unterwühlen. Jede Seemacht fürchtete den Einfluß der anderen in dem neuen hellenischen Staate; keine wollte der anderen diese Beihülfe zur Beherrschung des mittelländischen, und etwa gar der, zum Theil geschlossenen, türkischen Meere, vergönnen. Die gemeinsame Intervention von Rußland, England und Frankreich wurde von jedem einzelnen der drei Theilnehmer mit einem andern Zwecke verfolgt und war im Ganzen ebensowohl gegen das aufstrebende Griechenthum und die Revolution, als gegen die Türkei gerichtet. Endlich wurde — zu schließlicher Pazifizirung und Einzäunung des siegestrunkenen, aber todtmüden Volkes — ein unmündiger deutscher Prinz auf den Thron des verstümmelten Griechenlands gesetzt, einmarschirend an der Spitze bairischer Soldtruppen, mit Verheißung repräsentativer Formen. Damit waren aber die unendlichen Provisorien noch lange nicht beendigt, mit welchen eine europäische Macht stets den muthmaßlichen Einfluß der anderen zu befehden sich bemühte. Das diplomatische Richteramt zwischen Hellas und Konstantinopel hatte der Fuchs der Fabel ausgeübt [7]. — Im Ganzen war Rußlands Einfluß, zumal im Orient, am meisten gewachsen, da ja auch der Frieden von Adrianopel (1829) im Norden der europäischen Türkei zwei rumänischen Fürstenthümern und einem slavischen (Serbien) die Halbsouveränetät verlieh, deren Garantie in Rußlands Protektion liegen sollte.

[1]) Vergl. den Vertrag mit Frankreich vom 9. Oktober 1818 und das Hauptprotokoll vom 15. Novbr.

[2]) Vergl. in Welcker's „Wichtige Urkunden über den Rechtszustand der deutschen Nation“ (1844) Nr. IV.: eine Note des neapolitanischen Ministers des Auswärtigen (Herzogs von Campochiaro) an den Fürsten von Metternich, vom 1. Oktober 1820, wegen dreimaliger Zurückweisung des neapolitanischen Gesandten, und Rechtfertigung (!!) des Königs beider Sizilien wegen Annahme und wiederholter Beschwörung der Konstitution seines Reiches. Hier wird selbst auf den Inhalt der Verfassung eingegangen, um die Annahme des Gesandten und die Wiederherstellung des alten, freundlichen Einverständnisses auszuwirken.

[3]) Vergl. Bignon, du congrès de Troppau, ou Examen des prétentions des monarchies absolues à l'égard de la monarchie constitutionelle de Naples. (Paris 1821.) S. auch Chateaubriand, le congrès de Vérone. (Paris 1838, 2 Voll.) eine zwar unzuverlässige und höchst einseitige Darstellung.

[4]) Man vergl. die österreichischen und russischen Circular-Depeschen kurz nach jener öffentlichen Erklärung von Laibach.

[5]) S. Rotteck's Artikel: Intervention (völkerrechtlich).

im Staatslexikon v. R. u. W., VIII. B.; und vergl. die Circular-Depesche v. 8. Oktbr. 1820.

[6]) Seltsamerweise behauptete Chateaubriand, der Minister des Auswärtigen, der Majorität der französischen Deputirtenkammer gegenüber, (am 25. Febr. 1823,) von dieser Note v. 19. Jan., daß sie Oesterreichs Verfahren in Neapel gutgeheißen; da dieselbe doch ausdrücklich die Grundsätze, welche jenes Verfahren gestattet, desavouirt, das Verfahren selbst aber nur wegen seiner relativen Ungefährlichkeit geduldet zu haben vorgiebt. Chateaubriand stützte die „Restauration Spaniens" auch auf Englands berühmte Deklaration von White-Hall, die im Novbr. 1793 gegen Frankreich gerichtet war, außerdem auf die Verletzung französischer Interessen (in Bezug auf die Sicherheit der Grenzen, des Seehandels, der Konsuln) in Spanien, und meinte auch, alle Völkerrechtslehrer, welche vom Standpunkte des Naturrechts ausgehen, wie Grotius, Pufendorf, Bacon, gestatteten die Intervention im Namen der Humanität, und zwar als eine heilige Pflicht; Andere hingegen, welche die Strenge des Civilrechts auf das Völkerrecht anwenden, läugneten dieselbe; aber im vorliegenden Falle wäre die Intervention Frankreichs striktestes Recht! — (Vergleiche auch F. J. Buß, Geschichte der Staatswissenschaft II., pag. DCCXCII. und folgende; und Foy's und Benjamin Constant's Reden gegen Chateaubriand).

[7]) Vergl. des baierischen Staatsraths v. Maurer Schrift über die provisorische Verwaltung Griechenlands vor König Otto's Volljährigkeit, (in 3 Bänden: „das griechische Volk 2c." 1835.) Ferner Joh. Ludwig Klüber's pragmatische Geschichte der nationalen und politischen Wiedergeburt Griechenlands 2c. 1835. Thiersch's de l'État actuel de la Grèce, 1833, u. a. m. Noch im Jahr 1841, bei Gelegenheit des Aufstandes auf Kandia, erklärte der ultramontan-legitimistische Graf Montalembert in der französischen Pairskammer, daß die hohe Pforte der eigentliche Träger und Erfinder der Legitimität sei. (Vergl. auch Kandia's Hülferuf v. 13—25. Mai 1841.)

§. 16.

Ein gewisser Umschwung in den bisherigen Allianzen und Kombinationen wird durch die französische Juli-Revolution (1830) bezeichnet, welche zunächst im Innern Frankreichs eine etwas vollständigere Repräsentation des

Bürgerstandes, sowie die Beseitigung ultramontaner und aristokratischer Einflüsse zur Folge hatte, in der auswärtigen Politik aber durch die französisch-englische Allianz einen Kampf der Tendenzen und ein daraus ersprießendes Gleichgewichtssystem politischer Ideen erschuf, welches sich eine Zeit lang auf die Behauptung: »Nulle Intervention« stützen mußte [1]). Jetzt bekam die europäische Diplomatie momentan eine ganz andere Gestalt [2]). Das Feldlager von Europa theilte sich auf einmal in Rechts und Links ab, und zwar durch die eigene Schuld der östlichen Kabinette, welche, unter dem Vorgeben, ein neues Völkerrecht zu gründen, die Gebrechen des alten Gleichgewichtssystems noch um eines vermehrt und die Indifferenz gegen das Volksthum nur durch den blinden Vernichtungseifer gegen dasselbe ersetzt hatten. Die „ewigen Verträge" von Paris und Wien konnten nun den Abfall Belgiens nicht mehr aufhalten; und nur der vereinigten Diplomatie gelang es in langwierigen Londoner Konferenzen (1831—39), durch 24 Artikel die Neutralität Belgiens [3]) und seine dauernde Trennung von Frankreich zu retten; wobei sich selbst der deutsche Bund an Luxemburg Verkürzungen seines Gebietes gefallen lassen mußte, die zu heiklen bundesstaatsrechtlichen Fragen Anlaß gaben. In den Bürgerkriegen der pyrenäischen Halbinsel schloß eine Quadrupel-Allianz des compakten Westens (Convention vom 22. April 1834) jeden fremdartigen Einfluß der östlichen Kabinette aus. Aber gerade bei allen diesen Ereignissen zeigte es sich, wie unmöglich das Prinzip der Nichtintervention durchführbar wäre. Frankreich selbst intervenirte am meisten, zum Beispiel auch in Ancona, um einer Dazwischenkunft Oesterreichs zuvorzukommen. Im Ganzen hatte indessen das Ministerium Casimir Périer's einem Bruch des Concert Européen vorzubeugen gewußt; während die ehrgeizigen Pläne des Ministeriums Thiers (im Juli 1840) in der „orientalischen Frage" beinahe eine Reaktion zu Gunsten des alten Systems veranlaßt hätten.

Obzwar sich in dieser Periode bei den meisten europäischen Kompromissen und Kongressen Englands Stellung fast bis zum Schiedsrichteramt gesteigert hatte, hielt Rußland doch seine feste Hand über dem Osten Europa's, zumal es sich im letzten russisch-türkischen Kriege nicht blos das Protektorat über die Donaufürstenthümer, sondern auch die Vorhand im schwarzen Meer vollends gesichert hatte und in fast allen Vasallenreichen der Türkei und selbst in Griechenland verbündete Parteien zu erhalten verstand. Dafür machte England in China, Indien und Persien Fortschritte; und Frankreich schien die Aufgabe der Unterwerfung der Raubstaaten an der nordafrikanischen Küste zugetheilt zu sein. Mit Frankreichs derartigen Bestrebungen erhob sich denn auch wieder die alte Eifersucht der Kolonialpolitik in der Südsee, z. B. wegen der Marquesas-Inseln, Otaheiti und anderer Besitzungen mehr,[4]) welche die beiden westlichen Seemächte auseinander hielt, deren kurze segensreiche Verbindung die europäische Anerkennung so vieler vom Volke gegründeten Regierungen (Frankreich, Belgien, Spanien, Portugal) zur Folge gehabt hatte. Einen anderen völkerrechtlichen Kollisionspunkt zwischen England und Frankreich bildeten die Verträge von 1831, 1833 und 1841 über das Durchsuchungsrecht zur Verhinderung, resp. Aufhebung des Sklavenhandels, deren Befugnisse England angeblich zur Zerstörung fremden Seehandels mißbraucht haben sollte.

[1]) Vergl. Heiberg, das Prinzip der Nicht-Intervention, 1842.

[2]) Optimistische Schriftsteller hatten dem bisherigen Zustand der Dinge schon ewige Dauer prophezeit, z. B. K. S. Zachariae in seinen „vierzig Büchern vom Staate," 4ter Band 1. Abtheilung, Buch XXVIII., erste Ausgabe im J. 1829, S 240—247, der in den europäischen Kongressen, auf denen größtentheils, z. B. in Verona, Mehrheit der Stimmen wirklich entschieden

habe(?!), die Grundlinien eines „aristokratischen Völkerstaates" erkennt.

³) Vergl. Arendt, La neutralité de la Belgique, Bruxelles chez Muquardt, 1845.

⁴) Vergl. Bülau's Neue Jahrbücher der Geschichte und Politik, Juni 1844, S. 481—500: „Ueber die Besetzung Otaheiti's, die Marquesas-Inseln, und die evangelischen Missionen," von Prof. Pütter in Greifswalde.

§. 17.

Die großen epochemachenden Umwälzungen bleiben, wie wir schon gesehen haben, nicht auf den einzelnen Staat beschränkt, ja nicht einmal auf das innere Staatsrecht im Allgemeinen, sie ergreifen auch das Staatensystem und wirken umgestaltend auf die völkerrechtlichen Anschauungen. Freilich ist die Unabhängigkeit der einzelnen Staaten die erste Voraussetzung einer selbstständigen Entfaltung des Völkerrechts, aber auch die wirkliche Unabhängigkeit gewisser Staaten und ihre volle Geltung im Staatensysteme werden oft erst durch innere Fortschritte und Reformen bedingt. Die Tendenz des modernen Völkerrechts geht außerdem weit über die bloßen Beziehungen von Staat zu Staat hinaus, um unter den civilisirten Staaten für alle Angehörigen derselben eine Reihe weltbürgerlicher Rechte festzustellen und dieselben immer mehr auszudehnen. Ferner bedingt die wechselseitige Verschlingung der Interessen eine gewisse Propaganda der politischen Ideen. Daher in der Politik die Wechselwirkung zwischen staatsrechtlichen und völkerrechtlichen Fortschritten oder Rückschritten. — Wie z. B. England anerkanntermaßen an der Abschaffung des Sklavenhandels ein sehr positives Interesse hatte, so treten Frankreich und England in der eben (§. 16) geschilderten Periode in ihrem eigenen Interesse auch nach Außen für ganz andere Prinzipien ein, als die östlichen Großmächte. Diese fürchteten die Freiheit auch an ihren Grenzen und reklamirten, so weit sie es vermochten, bei allen Nachbarstaaten gegen jede freiheitliche Bewilligung. England und Frankreich dagegen glaubten Bundesgenossen zu gewinnen, wenn sie, besonders in den Staaten zweiten Ranges, die constitutionellen Grundsätze schützten und stützten.

Die Herrschaft des constitutionellen Systems in Frankreich war, wie die nächstfolgende Zeit beweisen sollte, eine Grundbedingung des europäischen Friedens gewesen.

Die innere Zerfahrenheit, welche der Revolution von 1848 vorarbeitete, zeigte sich schon einige Jahre vorher auch auf völkerrechtlichen Gebieten. In der Machtsphäre der östlichen Großmächte die offene Verletzung ihres eigenen Rechtsbodens durch die Einverleibung Krakau's in den österreichischen Kaiserstaat (November 1846); im Westen Europa's die Lockerung der französisch-englischen Allianz und Frankreichs Hinneigung zu den östlichen Kontinentalmächten, welche sich namentlich (1845—1847) auch bei Frankreichs Verhalten zum Schweizerischen Sonderbundskriege verrieth. Die Bundesreform der Schweiz und die beginnenden italienischen Einheitskämpfe gingen eigentlich der Februar-Revolution einleitend voraus. —

Auf den Trümmern der kurzlebigen französischen Republik bestieg ein Napoleonide, wiederum in direktem Widerspruche gegen die Grundverträge von 1815, den Thron, und zwar, mit einer lächerlichen Nachäffung altlegitimistischer Fiktionen, als Napoleon III. (statt Napoleon II.). Die allgemeine Anerkennung des neuen Kaiserthums ging noch rascher von Statten, als das 1830 bei der Orleans-Dynastie der Fall gewesen war.

Das machiavellistische Schaukelspiel, welches Napoleon III. im Innern zwischen den Stichwörtern der verschiedenen Parteien betrieb, wandte er auch auf die auswärtigen Beziehungen an, indem er bald die bisherigen Grundlagen des Friedens anerkannte, bald mit der Wiederbelebung der bonapartistischen Traditionen drohte. Doch hielt er um jeden Preis die westmächtliche Allianz aufrecht.

Auf sie gestützt, brach er im Krimkriege (1854—56) die russische Suprematie, und warf sich hier für die nächste Zeit zum Schiedsrichter Europa's auf. [1])

Das 1864, gelegentlich der Niederwerfung Polens, aufgetauchte napoleonische Projekt eines neuen Völkerkongresses gehört derselben Richtung an. Gegen solche Vorschläge sträubt sich natürlich bei jeder einzelnen schwebenden Frage der davon in seiner Souverainetät bedrohte Staat.

[1]) So zum Beispiel zwischen Preußen und der Schweiz in der Neuchateler Angelegenheit, welche, nach dem unglücklichen royalistischen Aufstande vom 3. September 1856, auf Pariser Konferenzen, unter französischer Leitung und Vermittelung, durch den Vertrag vom 26. Mai 1857 (ratifizirt am 16. Juni d. J.) — natürlich zu Gunsten der schweizerischen Unabhängigkeit — geschlichtet ward.

§. 18.

Der Pariser Frieden vom 30. März 1856, zu dem Napoleon III. auch das am Kriege unbetheiligte Preußen, aber nicht minder das aufstrebende Piemont, das ihm Hülfstruppen gestellt hatte, zuzog, ordnete nicht blos die Angelegenheiten der Türkei, sondern fixirte auch das neue Verhältniß der Großmächte zu einander; — welches, so wie seine schiedsrichterliche Stellung, näher zu bezeichnen, Napoleon dem besiegten Feinde billige Friedensbedingungen bewilligte.

Immerhin hat der Frieden von Paris die Türkei, unter der Voraussetzung gewisser innerer Reformen, in das europäische Völkerrecht aufgenommen, (und folglich auch — gemäß der Convention der fünf Großmächte mit der hohen Pforte vom 15. Juli 1840 — deren Dependenzien, z. B. Aegypten), er hat Rußlands Protektorat in den Donaufürstenthümern aufgehoben, d. h. gleichsam durch ein Gesammt-Protektorat ersetzt, und den bisher getrennten Rumänen ihre spätere Vereinigung (1859) unter einem selbstgewählten Fürsten ermöglicht; ferner hat er die Donaumündungen nach den Regeln der Flußschifffahrtsakte von 1815 (s. unten Kap. VIII. §. 11 und §. 12) dem Welthandel eröffnet und das Schwarze Meer (durch Ausschließung aller größeren Kriegsschiffe „neutralisirt." [2])

Außerdem wurde durch die „Erklärung" des Pariser Kongresses vom 16. April 1856 eine humane Reform des Seekriegsrechtes angebahnt, der fast alle Land- und Seemächte, freilich mit Ausnahme der nordamerikanischen Union und mit bedeutenden Vorbehalten von Seiten Spaniens und Mexiko's, allmälig beitraten.

(Vergl. des Grafen Walewski, Ministers der auswärtigen Angelegenheiten, desfallsigen Bericht an den Kaiser vom 12. Juni 1858, im Moniteur vom August 1858).

Speziell wurde noch für alle künftigen Zwistigkeiten mit der Pforte die Vermittlung der Kongreßmächte vorbehalten. (Art. 8 der Friedensurkunde). — Eine ähnliche Erklärung mit der allgemeinen Tendenz, für alle Zwistigkeiten der Kongreßmitglieder zu gelten, wurde am 14. August 1856 unterzeichnet.

[1]) S. Art. 7. des Vertrags v. 30. März 1856.

[2]) Auch die Befestigung der Alands-Inseln in der Ostsee wurde Rußland untersagt. (S. das 3te Annexum zum Friedensinstrument.)

§. 19.

Die Herstellung des Königreichs Italien (durch den Krieg von 1859 und die darauf folgenden Annexionen) ist die bedeutendste Thatsache dieser Epoche. Schon macht Italien Ansprüche, als sechste Großmacht in Europa mitzuzählen. — Mit dieser ganzen Entwickelung ist nicht nur die praktische Geltendmachung und Anerkennung des Nationalitätsprincips im Allgemeinen verknüpft, sondern auch die Aufhebung der weltlichen Herrschaft des Papstes und die Erschütterung seiner Stellung überhaupt. — Auch die Annexion

Savoyen's und Nizza's und damit die Auflösung der schweizerischen Besatzungsrechte in den nördlichen Distrikten Savoyens (Chablais und Faucigny) machten einen Riß mehr in die Wiener Congreßakte von 1815. (Diese Distrikte waren durch Art. 92 der Wiener Kongreßakte und das Protokoll vom 3. November 1815 der schweizerischen Neutralität und ihrer Garantien theilhaftig geworden).

Die Anerkennung des neuen italienischen Staates wurde, durch französische Bemühungen zumal, bald auch bei den reaktionärsten und orthodoxesten Höfen durchgesetzt, und selbst Oestreich scheint nicht lange mehr damit zögern zu können.

§. 20.

Den stärksten Hebel zur Anerkennung faktisch bestehender Staaten bildet das Interesse des stets wachsenden Welthandels. Seitdem England durch Aufhebung der Kornzölle (1846) und der Navigationsakte (1850) die Bahn der Verkehrsfreiheit betreten, ist es ohne Unterbrechung konsequent darauf fortgeschritten. Endlich hat auch Napoleon den französischen Vorurtheilen die Reform der Schutzzölle abgerungen. Seitdem (1860) mehren sich überall die Handelsverträge auf liberalster Grundlage, als wesentliches Element eines dauerhaften Weltfriedens, und erzwingen sogar Gewerbefreiheit und Freizügigkeit in den Ländern, wo diese Grundrechte des Privatlebens bisher noch nicht durchweg bestanden haben. [1])

Auch der europäische Traktat über die Ablösung des Sundzolls (S. unten Kap. VII §. 7) vom 14. März 1857 ist nachträglich in diesem Zusammenhange zu nennen.

Beiläufig sind hier noch die gemeinsamen Expeditionen der westlichen Seemächte in China, Japan und Cochinchina zu erwähnen, welche dem Handelsverkehr der civilisirten Welt theils neue Wege eröffneten, theils die alten sicherten. China ist seit dem Frieden von Nanking (1842) für die westlichen Seemächte offen und hat den Engländern feste Stationen einräumen müssen. Japan wurde 1858 zuerst durch die Nordamerikaner gewaltsam eröffnet.

[1]) Die Schweiz wird sogar durch die vertragsmäßige Verpflichtung, auch den französischen Bürgern jüdischer Confession überall volle Gewerbefreiheit einzuräumen, zur Umänderung eines Artikels ihrer Bundesverfassung genöthigt. Uebrigens hatte die französische Diplomatie schon unter Louis-Philippe zu demselben Zwecke Unterhandlungen mit der Schweiz und anderen Nachbarländern (z. B. Piemont) zu führen.

§. 21.

Die sogenannte „Lokalisirung" der napoleonischen Kriege hatte nicht weniger zur Zerrüttung des bisherigen Concert Européen beigetragen, als eine allgemeine Betheiligung gethan hätte. Immerhin hatte bis zum italienischen Kriege Oesterreich gegen Rußland den Westmächten sekundirt und Preußen Rußland passiv zur Seite gestanden. Die, während und kurz nach dem italienischen Kriege bethätigte, russisch-französische Allianz wurde durch den unglücklichen polnischen Aufstand gelöst, nach welchem die Westmächte der Vernichtung der, 1815 dem russisch-polnischen Königreiche garantirten, nationalen Selbstständigkeit ebensowenig durch ihre Proteste Einhalt zu thun vermochten, als das 1831 den französischen und englischen Protestationen, Kaiser Nicolaus gegenüber, gelungen war. Preußen hatte dabei seine Stellung zur polnischen Frage und sein Verhältniß zu Rußland, durch die berüchtigte Februar-Convention von 1863, wiederum in der alten Weise marquirt. —

Die Losreißung Schleswig-Holsteins gehört noch der Tagesgeschichte an und ist daher in ihren völkerrechtlichen Resultaten hier nicht vollständig zu registriren. Obgleich in dieser Sache das positive Recht der Legitimität zufällig einen Moment lang mit den nationalen Forderungen im Einklang zu stehen schien, hatte doch der Areopag der Großmächte aus angeblichen Zweckmäßigkeitsrücksichten dieselben auf das Entschiedenste gekreuzt. Der Londoner Traktat vom 8. Mai 1852, [1]) im Gefolge des für Deutschland so schimpflichen Berliner Friedens vom 2. Juli 1850, verletzte in der rücksichtslosesten Form jedes Gebiet des öffentlichen Rechtes. Die deutschen Großmächte, welche bald im Namen des deutschen Bundesrechts, bald als europäische Großmächte für das dem Bunde angehörige Holstein und das davon unzertrennliche Schleswig intervenirt, aber auch diese Herzogthümer preisgegeben hatten, ließen in dieser Sache alle die Kalamitäten und Demüthigungen, welche aus diesem ihrem Doppelcharakter für die deutsche Nation entspringen müssen, zur traurigsten Erscheinung kommen. Endlich 1863 (im November) beim Tode König Friedrichs VII. von Dänemark ergab sich den deutschen Mächten die günstige Gelegenheit, das Londoner Protokoll zu kündigen und die Herzogthümer von der neuen dänischen Dynastie zu trennen, ohne einen allgemeinen Krieg zu risquiren. Auf welchen Umwegen das geschah und wie bennoch Londoner Konferenzen stattfanden, um wenigstens das Recht des Auslands zur Einmischung zu konstatiren, welches glückliche Zusammentreffen äußerer Zufälle und fremder Zerwürfnisse dießmal dem deutschen Rechte zu Statten kam, das gehört der Geschichte an. Ein Jahr nach seiner Thronbesteigung trat der Protokollkönig, Christian IX., die Herzogthümer den Eroberern ab, welche aber über ihren eigentlichen Besitzestitel daran unter sich nicht einig sind. Der Streit hierüber führte zur Gasteiner Convention (August 1865), in welcher sich momentan die preußische Auffassung des unbedingten Eroberungsrechtes überwiegend geltend machte, und sich gleich auch in ihren häßlichsten Consequenzen als Länderschacher und Menschenhandel (an Lauenburg) bethätigte. Gegenwärtig (Frühjahr 1866) ist in dieser Sache wieder Alles in Frage gestellt und sogar das Bundesrecht wieder angerufen worden.

[1]) Vergl. K. Lorentzen, der Londoner Traktat v. 8. Mai 1852. (Berlin 1863).

§. 22.

Während Europa einige Menschenalter hindurch an Koalitionen, Eroberungskriegen, mißglückten Revolutionen, an staats- und völkerrechtlichen Experimenten aller Art laborirte, reifte Amerika sicher und stetig, unter dem wohlbewährten Schutze des republikanischen Princips, einer Weltstellung zu, welcher die Rückwirkung auf Europa nicht lange fehlen wird.

Die romanischen Kolonien Südamerika's, deren Abfall von der spanischen Herrschaft längst gedroht hatte, waren um so weniger festzuhalten gewesen, je verderblicher der von der heiligen Allianz in Spanien beschützte Absolutismus (Siehe oben über den Kongreß zu Verona und die französische Intervention in Spanien) ihnen erscheinen mußte. [1])

Der damalige Antagonismus Englands gegen die Pläne der heiligen Allianz verschaffte ihnen, allerdings erst nach der wirksamen Initiative der nordamerikanischen Union, [2]) die Anerkennung und den Schutz des Ministeriums Canning. [3]) In diesem Zusammenhange entstand unter Monroe's Präsidentschaft (auf des greisen Thomas Jefferson's Rath und Henry Clay's diplomatisches Betreiben) die berühmte und wirkungsreiche Monroe-Doktrin, deren oberster Grundsatz lautet: „Keine Einmischung Europa's in die Angelegenheiten des nord- und südamerikanischen Festlandes; Amerika gehöre den Amerikanern."

In der Eröffnungsbotschaft der ersten Session des 18ten Kongresses der Vereinsstaaten vom 2. Dezember 1823 sprach der Präsident es geradezu aus, es handle sich hierbei nicht blos um die territoriale Integrität Nordamerika's, sondern um den Schutz des republikanischen Systems, ja um ein neues Völkerrecht. [4])

Die praktische Anwendung dieser Lehre sehen wir jetzt,

nach Beendigung des großen nordamerikanischen Bürgerkrieges, an dem, mittlerweile durch Napoleon versuchten Abenteuer, in Mexiko eine Monarchie zu begründen, [5]) — einem Abenteuer, das auf die Niederlage der republikanischen Prinzipien und den Sieg der Sklavenhalter-Partei im Norden berechnet in diesem Falle kein vereinzeltes Unternehmen geblieben wäre. —

Drei Jahre nach Abschaffung der Leibeigenschaft in Rußland fiel auch die Sklaverei auf dem großen transatlantischen Kontinente.

Während des vier Jahre lang dauernden Bürgerkrieges bis zu dessen glorreicher Beendigung hat die eilige Anerkennung der südstaatlichen Rebellenverbindung als kriegführender Macht durch Frankreich und England [6]) und überhaupt deren Konnivenz mit der Rebellion eine Reihe von völkerrechtlichen Kontroversen hervorgerufen, die in das praktische Seekriegsrecht gehören und daher bei den betreffenden Materien näher erörtert werden müssen.

[1]) Auf dem Kongresse von Verona erklärte Welligton ausdrücklich, die spanischen Kolonien in Südamerika gingen durch die Wiederaufrichtung der unumschränkten Gewalt Ferdinands VII. unrettbar verloren; die Großbritannische Regierung aber sei durch ihre vielfach verschlungenen Handelsbeziehungen zu deren Anerkennung genöthigt.

[2]) Siehe K. F. Neumann, Die Monroe-Lehre und das Kaiserthum Mexiko (in Oppenheim's Deutschen Jahrbüchern, Tom. VII. von 1864.)

[3]) Canning sagte im Parlament: „Ich gebe zu, daß der Einzug einer französischen Armee in Spanien eine Mißachtung war für Großbritannien. Glaubt Ihr aber, wir hätten dafür nicht unsere Revanche genommen? Ich sah auf Spanien unter einem andern Namen. Ich sah auf die Macht Spanien's und seine Indien, und dort habe ich eine neue Welt in's Dasein gerufen.

[4]) Vergl. Elliot, American Diplomatic Code, T. II. p. 650. Foreign State papers T. V., p. 250 & p. 890. — Vergl. auch Henry Wheaton's Elements of the international law, 1846,

T. I. p. 118—121. (Die zweite französische Ausgabe dieses Werkes ist 1852 zu Paris erschienen.)

[5]) Die Intervention in Mexiko beruhte ursprünglich auf einem Vertrage mit England und Spanien, abgeschlossen zu London am 31. Oktober 1861. Doch sagten sich die vorsichtigeren Bundesgenossen schon am 13. Februar 1862 (durch die Convention zu Soledad) von dem mexikanischen Kriegszuge los.

[6]) Die Anerkennung der Rebellen als kriegführender Macht schloß in diesem speziellen Falle und nach den bestimmten Versicherungen der betreffenden Mächte nicht die Anerkennung der Rebellen als Staat ein, wohl aber in praxi eine Erklärung, sich neutral verhalten zu wollen. — Siehe das englische Order in council v. 13. Mai 1861, die französische Deklaration v. 10. Juni 1861, und die preußische Depesche v. 13. Juni 1861. Ferner Lord Russell's Note an Adams v. 28. August 1861. — Vergl. auch Dr. H. Marquardsen, der Trentfall (Erlangen 1862) Kap. I. und II.

Kapitel IV.

Die Wissenschaft des Völkerrechts und ihre Geschichte.

§. 1.

Die naturrechtlichen Anschauungen sind älter, als die wissenschaftlichen Begründungen des Völkerrechts. Der Glaube an allgemein bindende Sittengesetze steht in der alten Welt noch in gar keiner Beziehung zu den Verhältnissen von Staat zu Staat, selbst wenn er die engen Schranken des Bürgerthums in dem einzelnen Staate überschritten hat. So liegt weder ein Völkerrecht, noch irgend eine dialektische Begründung eines allgemeinen Rechts in Cicero's: »Ipsa caritas generis humani, (quae nata a primo statu, serpit sensim foras, cognationibus primum, — — deinde totius complexu gentis humanae,) quae animi affectio Justitia dicitur.«

§. 2.

Die katholische Wissenschaft bringt es noch weniger zu einem wahren Völkerrecht, als zu einem Naturrecht. Erst in der Casuistik ging der Katholizismus über sich selbst hinaus; sie, die Alles ergriff und mit ihren Formeln durchdrang, wandte die errungenen Normen auch auf die Collisionen zwischen Völkerindividuen an; so in den Traktaten des Dominicaners Francisco Victoria und seines Schülers Dominico Soto [1]), ferner bei Francisco Suarez (1538—1617), de legibus ac Deo legislatore, der auf das eigenthümliche Bestehen von völkerrechtlichen Sitten und Gewohnheiten aufmerksam gemacht

Vergl. auch Hugo Grotius, de jure belli ac pacis, prolegom. in fine: »Juris Romani scientiam profitentium tria sunt genera;« (er meint die strengen Exegeten, diejenigen, welche sich an die Glossatoren anschließen, und diejenigen, welche mit philosophischer Bildung [humaniores literae] zu Werke gehen.) — — Von der ersten Klasse sagt er: »Sed et quae vere juris sunt gentium, saepe tractant promiscue et indiscrete cum his, quae juris sunt Romani, ut ex titulo de captivis et postliminio apparet.« — — »Secunda classis juris divini et historiae veteris incuriosa, omnes regum populorumque controversias definire voluit ex legibus Romanis, assumtis interdum canonibus.« — Die dritte Klasse bezeichnet er unter Anderem so: »Scholasticam subtilitatem cum legum et canonum cognitione conjunxerunt, ita ut a controversiis etiam populorum ac regum non abstinerent, Hispani Duo, Covarruvia et Vasquius« (de Vasquez). — »Historias magis eidem legum studio inserere aggressi sunt Galli: quos inter magnum obtinent nomen Bodinus et Hotomannus. —« [2]).

[1]) S. De Justitia et Jure, 1560, von Domenico Soto, der auch gegen die Sklaverei der Indianer die Bemühungen des Las Casas unterstützt haben soll.

[2]) Jean Bodin, ca. 1530—90, »de republica lib. VI.« Er ist noch wichtiger als sein »Heptaplomeres,« in welchem er gleiche Duldung und Berechtigung für alle religiösen Glaubensbekenntnisse beantragt. — Zu diesem und dem nächsten Paragraphen vergl. v. Kaltenborn, die Vorläufer des Hugo Grotius, Halle 1848.

§. 3.

Die Wissenschaft des Völkerrechts entstand natürlich nicht früher, als das positive Völkerrecht selbst. [1]) Zwar hatte die praktische Gesittung des Seehandels schon viel früher völkerrechtliche Sitten geschaffen, welche auch schon in einzelnen Gesetzsammlungen niedergelegt worden waren;

aber noch fehlte es an den eigentlichsten Grundlagen. Es galt zunächst, das Wesen des Staats, wenn auch nur in seiner äußeren Erscheinung, richtig aufzufassen, dann aber das Völkerrecht vom Staats- und vom Privat-Recht zu trennen, und das Naturrecht, d. h. die allgemeinen Grundbegriffe des Rechts, von der Kirche (dem Jus canonicum) zu befreien, aber auch dasselbe über die fesselnden Definitionen des römischen Rechts hinauszuführen. Alle diese Aufgaben, sogar die letzte, konnten nur mit dem Geist der Reformation gelingen. Selbst der Italiener Alberico Gentili (1551—1611, schrieb über Natur- und Völkerrecht, Gesandtschaften u. s. w.) hing der neuen Lehre an.

[1]) Für dieses ganze (IV) und das folgende (V.) Kapitel vergl. Dr. August Bulmerincq, die Systematik des Völkerrechts von Hugo Grotius bis auf die Gegenwart, Dorpat 1858, ein recht verdienstliches Werk. Vielfach ist auch, namentlich was die neueren Autoren des Völkerrechts betrifft, Prof. von Kaltenborn's Kritik des Völkerrechts (Leipzig 1847) zu benützen.

[2]) S. u. Kap. V. §. 8.

§. 4.

Der eigentliche Begründer der Wissenschaft des Völkerrechts aber, dessen zeitgemäßes Werk der theoretischen Entwickelung seines Gegenstandes den ersten Anstoß gab, war Hugo Grotius [1]), ein Holländer (ca. 1583 bis 1645). Staaten, wie Holland und Schweden [2]), hegten und förderten damals die neue Wissenschaft besonders im eigenen Interesse. Religiöse Toleranz, Anerkennung der Selbständigkeit der neu aufblühenden, protestantischen Staaten und Schutz für den Seehandel waren die Lebensbedingungen dieser Staaten und die leitenden Gedanken der neuen Wissenschaft. Unter ähnlichen Umständen hatte das Völkerrecht, seit dem letzten Viertel des darauf folgenden Jahrhunderts, der neuen Staatenverbindung in Nordamerika viel zu danken.

Außer einer praktischen Schrift für die Freiheit der

Meere (Mare liberum, seu de Jure quod Batavis competit ad commercia Indicana, 1609, welcher im Jahre 1635 der Engländer Selden mit seinem Mare clausum, sive de dominio maris libri duo, im Nationalinteresse seines Staates entgegentrat,) ist, von Groot's zahlreichen Schriften, für unseren Zweck hauptsächlich sein Jus belli ac pacis zu erwähnen, dessen erste Ausgabe 1625 erschien, die zweite 1632, später auf französisch von J. Barbeyrac, 1720 mit Zusätzen und commentirt von B. ꝛc.

In diesen drei Büchern des J. B. ac P. sollen alle Rechtsverhältnisse, die in Krieg und Frieden vorkommen, durchgegangen werden; aber das geschieht ohne prinzipiell scharfe Trennung des Völkerrechts von den anderen Rechtsgebieten; zum Beispiel wird das Eigenthums- und Besitzes-Recht bei Gelegenheit der Gründe eines gerechten Krieges (casus belli) besprochen. (Selbst bei dem scharfsinnigen Vattel findet sich noch eine bedeutende Gränzverrückung zwischen den verschiedenen Gebieten; und sogar ein praktischer Diplomat der neuesten Zeit verwechselt noch eben so häufig das Völkerrecht mit dem Staatsrecht, als mit dem Naturrecht. S. des Freiherrn von Gagern „Kritik des Völkerrechts", 1840. S. 22 und folgende, S. 16, 20, ꝛc.)

Groot's Naturrecht ist mehr Billigkeit, als strenges Recht; denn sein Menschenrecht enthält noch viel Jus divinum im aparten Sinne. Wie der Staat von der Kirche, so hat sich die Jurisprudenz erst von der Theologie zu befreien gehabt; und auch Groot belegt noch seine Hauptsätze besonders gerne mit Bibelstellen, aber auch, nach der Sitte jener Zeit, eben so oft mit Citaten aus den classischen Schriftstellern. In der philosophischen Einleitung begründet er das Naturrecht für die Rechtsverhältnisse der einzelnen Menschen, und wendet die hier gewonnenen Resultate alsdann analog, aber ohne dialektische Vermittelung, auf das Völkerrecht an; gerade als wollte der Rechtsphilosoph die Grundsätze des Eigenthumsrechtes unmittelbar im Familienrecht wiederfinden (was die Polygamie und Sklaverei der Kinder gäbe) oder die Grundsätze der Familie im Staat (das Patriarchat). So gelangte natürlich Grotius eben so wenig zu einem Staatensystem, als seine Zeit; aber in der Petitio principii liegt bei ihm schon die Selbständigkeit der Staaten. Natürlich ist in ihm der Geist der Neuzeit noch nicht consequent ausgesprochen. So sagt er lib. II. cap. XV. §. XII.: „Cum omnes Christiani unius corporis membra sint, quae jubentur alia aliorum dolores ac mala persentiscere, sicut id ad singulos pertinet, ita et ad populos, qua populi sunt, et ad reges, qua reges, pertinere. — — — Quod foedus jam olium initum fuit et princeps ejus creatus consensu communi Romanus imperator.“ — — — Gründe zur Kriegführung findet er nur in direkten Rechtsverletzungen.

[1]) Vergl. de Burigny's Biographie des Hugo de Groot, 1755 aus dem Französischen in's Deutsche übersetzt.

[2]) Das waren zugleich die freien Staaten jener Zeit. Schweden stellte den, durch die Parteiumtriebe der Anti-Remonstranten aus seinem Vaterlande vertriebenen de Groot als Geschäftsträger in Paris an.

§. 5.

Im Allgemeinen sucht er die untersten Axiome seiner Rechtslehre nicht im Staate, sondern in der menschlichen Natur, als einer sozialen (appetitus societatis, — „societatis custodia, humano intellectui conveniens, fons est ejus juris,“ — — —), deren Grundregeln und rechtliche Normen von selbst klar wären („si modo animum recte advertas, per se patent“). Dann entwickelt er das positive Recht aus dem Nutzen und der allgemeinen

Uebereinstimmung (communis consensus); folglich setzt er einen stillschweigenden Vertrag voraus, der auch auf das Völkerrecht angewandt werden kann, da nach ihm keine menschliche Gemeinschaft, also auch nicht die der Staaten (magna illa universitas) ihres eigenen Rechtes entbehren dürfe.

Die Uebereinstimmung der Völker in bestimmten Rechtssätzen sucht er nun bald a priori aus der menschlichen Natur, bald a posteriori aus den Schriftstellern aller Zeiten und Länder zu beweisen; — nur denkt er seltsamerweise am wenigsten daran, dieselben aus der Verwirrung des Bestehenden zu sichten. Natürlich, „Jus illud, quod, inter populos populorumque rectores intercedit, sive ab ipsa natura profectum, aut divinis constitutum legibus" (H. Grot.), wurde um so mehr mit dem abstrakten Naturrecht des bloßen moralischen „Sollens" zusammengeworfen, mit welchem es auch an allen Gebrechen desselben gemeinsam litt, als für das Völkerrecht kein authentischer Gesetzeskodex und keine oberste Gerichtsbehörde besteht. Die erste Unterscheidung war also eine noch rein äußerliche; man übersetzte gleichsam das Naturrecht in das Völkerrechtliche. Groot's Leges naturae, die er aus der „Sociabilitas" und dem „Dictatum rectae rationis" herleitet, sind obligatorisch, unveränderlich, denn Gott selbst könne seinen Willen nicht ändern, (folglich sind sie auch unhistorisch!) und nothwendig, — nothwendig im Gegensatz zum positiven „Jus voluntarium!" [1])

[1]) Seltsamerweise theilt er auch dieses ein in Jus divinum et humanum; jenes ist a Deo constitutum, z. B. die Mosaische Gesetzgebung.

§. 6.

Grotius's Hauptschüler war, neben vielen anderen noch unbedeutenderen, zum Theil späteren, Commentatoren, Samuel von Pufendorf (1631 bis

1694, Prof. zu Heidelberg); sein Werk hieß de Jure naturae et gentium (französ. v. Jean Barbeyrac). Er schrieb auch sonst viel Naturrechtliches, z. B. de officiis hominis et civis, brachte einen ausdrücklichen Staatsvertrag und des Hobbes unbedingte Unterwerfung in das Naturrecht; er polemisirte gegen Spinoza, Leibnitz gegen ihn; Pufendorf läugnete, mit Hobbes, alles positive Völkerrecht, aber aus anderen, geistloseren Gründen, als Spinoza.

So stand das Völkerrecht jener Zeit noch dem Positiven direkt gegenüber; es verhielt sich (naturrechtlich) abstrakt zum Historischen, und verstieg sich um so höher in die Wolken, je schlimmer Alles auf Erden aussah; — denn Grotius schrieb zur Zeit des dreißigjährigen Krieges. (Pufendorf unterschied auf Erden nur einen Naturzustand und accessorische Zustände, im II. Buche seiner „Pflichten des Menschen und Bürgers.")

§. 7.

Leibnitz sogar ist nicht ganz frei von dieser Richtung, da, nach ihm „Justitia nihil aliud, quam caritas sapientis" ist. Und dennoch hat Leibnitz zuerst der Praxis den Weg in die Wissenschaft gebahnt, und die selbstgegebenen Gesetze der Völker gesammelt, in seinem Codex Juris Gentium diplomaticus, I. Band, 1693; nebst einer Vorrede: De actorum publicorum usu et de principiis juris gentium. Statt der projektirten zwei folgenden Bände erschien nur noch im Jahr 1700 als Nachtrag eine Mantissa Codicis Juris Gentium diplomatici. Außerdem sind von G. W. v. Leibnitz die „Monita quaedam ad Pufendorfi principia" zu erwähnen, seine Schriften (im Jahr 1701) über die neue preußische Königs-Krone, für dieselbe gegen des Papstes Protestation, ferner die unter dem Namen Caesarinus Fürstenerius schon früher herausgegebene Schrift:

De Jure suprematus ac legationum Principum Germaniae (über die fürstlichen Hoheits-Rechte 2c. in Deutschland). Wo das Staatsrecht einmal, wie in Deutschland, auf genealogische Quellen reducirt war, und die Kriege aus den fürstlichen Erbschaften entsprangen, sank das Völkerrecht zu Titel- und Präzedenz-Streitigkeiten herab, denen selbst ein Leibnitz dienen mußte [1]). Wenn Leibnitz das wahre Völkerrecht bedauernd vermißte, so war es, weil ihm die gesetzliche Anordnung eines Staatensystems zu fehlen schien und er diesen Mangel eben für eine zeitliche Unvollkommenheit hielt, welcher durch den Fortschritt der Menschheit abgeholfen werden würde. Analog dieser Anschauungsweise dachte er auch an die Wiedervereinigung der verschiedenen christlichen Konfessionen zu politischen Zwecken.

[1]) Vergl. L.'s Biographie von Guhrauer, 1843, Band II., S. 67. und K. Biedermann, Deutschland im 18. Jahrhundert, 1858, T. II. (das Kap. über L.) Leibnitz arbeitete, als praktischer Staatsmann und Diplomat, auch an der Guelfischen Genealogie.

§. 8.

Während Pufendorf's unklare und oberflächliche Begründungen [1]) an Thomasius neuen Succurs erhielten, verstärkte sich die praktische Seite der Wissenschaft in Deutschland später durch Wolf, Dümont, Moser, bedeutender noch durch Émeric de Vattel aus Neuchatel, u. A. m. und in England durch Zouch (Juris et Judicii fecialis, etc. ca. 1650), John Selden, Léoline Jenkins u. A.; ferner durch die Holländer Cornelius van Bynkershoek, Wicquefort, etc. Aber selbst auf dieser Seite ward der Dualismus des Naturrechts (welches, der Geschichtsphilosophie baar, ein leeres Ideal abstrahirte) nicht so rasch überwunden. Samuel Rachel in Kiel (1676: De Jure naturae et gentium Diss. duae), einer der wichtigsten Antagonisten Pufendorf's, beantragt noch ein Collegium feciale (Völkertribunal); obgleich er weislich das Völkerrecht nur in J. G. proprium et commune zerlegt, d. h. in solches, wie es aus speziellen Verträgen, und das, welches aus den Rechtssitten der Völker hervorgeht. Wolf, Leibnitz'ens Schüler [2]), fordert eine Civitas maxima, (einen allgemeinen Staatenstaat, gleichsam einen zukünftigen Contrat social des Völkerrechts).

[1]) Vergl. z. B., sein J. G. lib. I. cap. I.

[2]) Chr. Frdr. v. Wolf's: Jus Gentium methodo scientifica pertractatum, in quo J. Gent. naturale ab eo, quod voluntarii, pactitii et consuetudinarii est, accurate distinguitur. 1749. De Vattel, le droit des Gens, ou Principes de la loi naturelle, appliquée à la conduite et aux affaires des Nations et des Souverains, première Éd. 1758, schließt sich an Wolf's äußere Ordnung und seine Hauptkategorieen an; auch V. ist sich in der Opposition, die er gegen die verderbte Diplomatie und den Macchiavellismus seiner Zeit erhebt, noch seiner practischeren Richtung kaum bewußt (vergl. den Anfang seines II. Buchs).

§. 9.

Aus diesen Ansichten entsprangen die Forderungen einer höchsten Instanz über den Staaten, wie selbst Heinrich IV. von Frankreich sie für möglich hielt, zur Begründung eines „ewigen Friedens," Projekte, welche bis auf die neueste Zeit herabgehen, welche, je nach der Mannichfaltigkeit der Grundansichten, von verschiedenen Schriftstellern verschieden begründet wurden, von dem frommen Bernardin de St. Pierre [1]), von J. J. Rousseau, dem Feinde historischer Kultur, von Bentham, dem Vertreter des Eudämonismus, bis zu Imm. Kant's naturrechtlichem Probleme und Krause's erträumtem „Menschheitsbund." Während sich der Eine an das Gewissen der Fürsten wandte, vertraute der Andere auf die Kraft und das Recht der Völker; Bentham erwartete Heil von zweckmäßigeren diplomatischen

Mitteln, einer deutlicheren Aktensprache bei Unterhandlungen u. s. w.

Kant selbst erkannte in dem „ewigen Frieden" ein an sich unerreichbares, also hohles Ideal [2]). Er hielt den ewigen, d. h. an sich unverbrüchlichen, Frieden nur für möglich unter der Bedingung, daß alle Völker republikanisch frei, und durch eine Föderativ-Verfassung mit einander verbunden, weder stehende Heere, noch Staatsschulden, weder Interventionen, noch Besitzesstreitigkeiten über freie Länder freier Volksstämme duldeten.

Kant und Fichte [3]) gründen das Völkerrecht, statt auf das Recht des Staates und der Staaten, auf ein allgemeines „Weltbürgerrecht." Erst in Hegel ist dieser Standpunkt des puren Individualismus im Recht überwunden und mit dem objektiven Recht des Staates auch das Recht des Krieges motivirt. Freilich hat Kant insofern völlig Recht, als der ewige Friede nur dann realisirt werden könnte, wenn im Innern der Staaten schon aller Kampf und Zwiespalt aufgelöst wäre; wenn die Menschen nicht blos gleich berechtigt, sondern gleich weise und glücklich in gleichem Verhältnisse zu ihrem Vaterlande stünden, das jedem anderen Staate an Macht gleich wäre: kurz, wenn die Idee an der Materie keinen spröden Stoff mehr umzugestalten fände, wenn die Weltgeschichte stille stünde! Aber so lange es Nationen gibt, gibt es auch mehrere und an Inhalt und Charakter verschiedene Staaten, gibt es ein Recht des Staats über seine Gränzen hinaus, gibt es Kollisionen und Konflikte dieser Rechtsansprüche, muß der Staat sich selber Recht nehmen; und die, dem Geiste der Geschichte am meisten entsprechende Art des Rechtsschutzes ist diejenige, welche den vollständigsten Sieg, die glänzendste Entscheidung verspricht, welche von ganzen Massen das Opfer des materiellen Lebens für ihr geistiges Leben erheischt, und welche eben nur von den Massen ausgeführt werden kann. So lange es keinen höheren Rechtsorganismus gibt, als den Staat, wird sich der Staat keinem äußeren Gerichte beugen dürfen! Wohl aber waren den Diplomaten- und Fürstenkriegen jener Zeit gegenüber auch jene Probleme höher berechtigt.

¹) Vergl. »Projet de traité pour rendre la paix perpétuelle. Par l'Abbé de Saint-Pierre; Utrecht 1713.«

²) Vergl. Kant's „zum ewigen Frieden," und seine „Metaphysischen Anfangsgründe der Rechtslehre" §. 53 und ff. —

³) Siehe Fichte's „Angewandtes Naturrecht" 1797, S. 249.

§. 10.

Vattel, selbst ein praktischer Diplomat, der in seinem Werke Wolf's mathematische Methode ablöst, hielt dennoch die Welt seiner Zeit für unfähig jenes gedachten Völkerrechts; aber er glaubte an eine zukünftige Lösung des traurigen Zwiespaltes zwischen Vernunft und Wirklichkeit, an einen zukünftigen Social-Vertrag, statt des Hirngespinstes eines ursprünglichen. Darum näherte er sich schon mehr der Praxis, und sein Werk gilt bei praktischen Streitigkeiten vielleicht heute mehr, als zu seiner Zeit. (Er sagte, Anf. des liv. 2: »Nos maximes vont paraître bien étranges à la politique des cabinets, et le malheur du genre humain est tel, que plusieurs de ces raffinés conducteurs des peuples tourneront en ridicule la doctrine de ce chapitre. N'importe, proposons hardiment ce que la loi naturelle préscrit aux peuples.«) Der Dualismus dieser Anschauungsweise liegt besonders in den damals ganz allgemein verbreiteten Untersuchungen über Quellen und Entstehung des Völkerrechts, welches bei V., je nach dem verschiedenen Ursprung der Gesetze, eingetheilt wird in interne et externe, nécessaire et volontaire, parfait et imparfait, arbitraire et conventionnel, (expressum et tacitum), etc. — Die wahre Theorie, wie die wahre Praxis kennt nur zweierlei Quellen: Gewohnheit und Vertrag, und nur eine subsidäre Quelle, die Natur der Sache, die zum Theil aus Analogien, zum Theil aus der historischen Nothwendigkeit, und zum Theil aus der Entwickelung des Begriffes des bestimmten Rechtsinstitutes selbst zu erkennen ist. (Die „unveränderlichen (?) Grundsätze des philosophischen Völkerrechts", welche Pölitz (1828) in seinem „Praktischen (!) Völkerrecht ꝛc." nach der berühmten Schlußdeklaration (vom 15. November 1818) des Aachener Kongresses als possitive Quelle der Wissenschaft angibt, können nichts Anderes enthalten, als die eben angeführten Momente, in Uebereinstimmung mit dem positiven, aber frei zu entwickelnden Rechte.

§. 11.

Das, noch immer unerfüllte, Streben nach einem praktisch geltenden Völkerrecht z. B. in Vattel, der das Naturgesetz für verbindlich erklärt, [1]) oder in Wolf, der (Prolegom. §. 13—15) der Völkergesammtheit das Zwangsrecht gegen die einzelnen Staaten zuschreibt, scheiterte theoretisch an der Voraussetzung einer Staateneinheit oder Universalmonarchie. Aber der zweite Schritt war geschehen (von Pufendorf's unphilosophischer Verzweiflung an dem formellen Dasein eines Völkerrechts weg) und so ward der dritte Schritt möglich: die praktische Arbeit der Bynkershoek (de foro legatorum, 1721, u. a. m.) und Wicquefort (l'ambassadeur et ses fonctions, 1679,) deren Werke besonders das Gesandtenrecht und das Recht der bindenden Verträge als die ersten Erfordernisse eines praktischen Völkerrechts betrafen. Dazu kam die praktische Anschauungsweise eines J. J. Moser, der sich ausdrücklich davor verwahrt, wohlgemeinte Hirngespinnste zu Tage zu fördern,

„wie etwa der Abbé de Saint-Pierre“ [2]). Von Moser und Georg Friedr. von Martens (1785—1821) datiren eine Menge Kompendien, Lehr- und Handbücher des Völkerrechts bis zu Klüber (1819 und 21), F. Saalfeld (1833), Wheaton's Elements of the international law, 1836, Oke Manning, Commentaries, on the law of nations, (London 1839), R. Phillimore, Commentaries upon international law (London 1854) und A. W. Heffter's Völkerrecht der Gegenwart (Berlin, seit 1844 in mehreren Ausgaben.) Neuere Kompendien von Travers Twiss (Oxford 1861) und Halleck (New-York 1861).

Auch kamen vollständigere Quellensammlungen heraus, von Dümont, Wenck u. A. m., welche nicht mehr, wie Leibnitzens Codex, zugleich die Prinzipien enthalten sollten; die bedeutendste Sammlung von Martens (fortgesetzt von Murhard). — Ferner s. das Staatsarchiv von Aegidi und Klauhold (Hamburg, seit 1862 in monatlichen Lieferungen erscheinend). Siehe auch L. Neumann, Recueuil des traités et conventions conclus par l'Autriche avec les puissances étrangères depuis 1763 jusqu'à nos jours. (6 Voll. Leipzig) u. A. m.

[1]) Vergl. sein Droit des Gens, Préliminaires: §. 7. Ce droit contient les préceptes, que la loi naturelle donne aux états, pour lesquels cette loi n'est pas moins obligatoire que pour les particuliers.

[2]) Vergl. J. J. Moser's „Versuch des neuesten europäischen Völkerrechts in Friedens- und Kriegszeiten 2c.,“ 10 Bände 1777—1780. In M.'s Schriften sind meistens nur praktische Fälle nach einem losen Schematismus zusammengestellt und erörtert; so auch in seinen zahlreichen Kompilationen und Deductionen über die öffentlichen Verhältnisse Deutschlands, welche damals schon auf der Gränzscheide zwischen Staats- und Völkerrecht standen.

§. 12.

Unterdessen ist das internationale Privat- und Strafrecht (s. u. Buch IV.: Einleitung) von Wächter,

Foelix, Schäffner, Bar u. s. w. und noch mehr von amerikanischen Schriftstellern (Burge, Kent, Story u. A. m.), hier aber durch die praktischen Einwirkungen der Föderativ-Politik, oft im Zusammenhang mit anderen, der prinzipiellen Entwickelung dieser Disziplin eigentlich fremden Lehren, ausgebildet worden. — Vielleicht bereiten auf diesem Gebiete die Eisenbahnnetze, die kosmopolitische Verbreitung der Literaturen und deren Beschützung durch übereinstimmende Staats-Verträge (zur Erzielung eines „international copyright") die Wechselwirkung der industriellen Thätigkeiten auf Weltausstellungen und durch Handelsverträge, welche den Verkehr immer mehr erleichtern, eine noch höhere und weitere Entwickelung vor. Namentlich hat die Wissenschaft erst die Grundsätze festzustellen, wonach, bei dem täglich steigenden und sich verdichtenden Weltverkehr, jedes Rechtsverhältniß und jedes richterliche Urtheil überall seine ursprüngliche Geltung behält. Die Collision der Gesetze ist selbstverständlich, je nachdem die verschiedenartigsten Rechtsverhältnisse und Rechtsbeziehungen zwischen verschiedenen Ländern durchgeführt werden sollen, von einer sich immerwährend steigernden Mannigfaltigkeit.

Kapitel V.

Methode, Hülfswissenschaften, Quellen und Literatur des Völkerrechts.

§. 1.

Die wissenschaftliche Behandlung des Völkerrechts sucht die Grundsätze des Völkerrechts in den bestehenden Gesetzen und Rechtssitten, und deren angemessene Entwickelung nach ihrer inneren Nothwendigkeit durch eine Rechtsphilosophie, die, weit entfernt, sich dem Historischen feindlich gegenüber zu stellen, aus der Geschichte die Bestätigung ihrer Wahrheiten ermittelt. (S. oben in Kap. I. u. IV.) Folglich ist die Geschichte die erste Hülfswissenschaft des Völkerrechts; und zwar nicht blos die Geschichte des Völkerrechts selbst, sondern die pragmatisch-politische Geschichte überhaupt, — der wiederum unendlich viele Hülfswissenschaften dienen. Außer der Rechtsphilosophie, welche mehr der belebende Geist, als ein spezielles Hülfsfach des Völkerrechts ist, dienen ihr noch einzelne Theile der Jurisprudenz. Zunächst bietet das allgemeine Staatsrecht dem Völkerrecht die nöthigen Stoffe, z. B. bei der Frage: was ist die Souverainetät? (S. unten Kap. VI.) Ferner ist das spezielle Staatsrecht einzelner Länder nothwendig für die Anwendbarkeit der Grundsätze des Völkerrechts, z. B. für die Frage: Wer ist hier Souverain? oder ist dieser Staat nur halbsouverain? —

Zur Kritik und zum Verständniß der Staatsverträge, z. B. Handels- oder Subsidien-Verträge, gehören noch allgemeine statistische und politische Kenntnisse. —

Andere Gebiete des menschlichen Geistes stehen mehr in einem mittelbaren Verhältniß zum Völkerrecht, z. B. die Ethik, deren herrschende Auffassungsweise immer auch auf die theoretische Gestaltung des Völkerrechts eingewirkt hat (cfr. Kap. II.), die aber zur Erkenntniß des positiv bestehenden Völkerrechts höchstens als ratio legis latæ wichtig ist.

§. 2.

Ehedem hat man auch dem Privatrecht einen großen, und zwar direkten Einfluß auf das Völkerrecht vergönnt; aber die privatrechtliche Auffassung verhält sich zum Völkerrecht ebenso auflösend und desorganisirend, wie etwa die Vertragsidee zum Staatsrecht. [1]) Das philosophische Privatrecht hat also nur bedingte Wichtigkeit für das Völkerrecht; das römische Recht ist wichtig zum Verständniß und zur Beurtheilung der älteren Völkerrechtslehrer, denen es für die einzige und ausschließliche Raison écrite galt, deren Anwendung sie darum natürlich auch im Völkerrecht versuchten.

[1]) Ueber das wahre Verhältniß des Privatrechts zum Völkerrecht siehe ob. Kap. I. in fine, und die Darstellung des Hugo Grot. in Kap. IV. §. 4.

§. 3.

Aber auch eine praktische Bedeutung hat das Studium des Privatrechts, zunächst der in den verschiedenen Staaten geltenden Privat- oder Munizipal-Rechte [1]), zur Normirung des Verkehrs mit diesen Ländern. Mit Staaten, deren Privatrecht noch nicht ausgebildet genug ist, um der Person den vollen Rechtsschutz zu gewähren (wie z. B. die Barbareskenstaaten), ist auch kein ausgebildeter völkerrechtlicher Verkehr möglich; denn nur in einigen Ausnahmsfällen (wie z. B. für die Christen im Orient) kann dem

Ausländer mehr Recht und Sicherheit verschafft werden, als dem Inländer zusteht. Zur Anwendung von Retorsion und Repressalien (siehe unten den dritten Theil) und zur Beurtheilung der Gränzen der Exterritorialitäts-Privilegien gehört die Kenntniß des Privatrechtes der einzelnen Länder ebenso wohl, wie zur Ausbildung des internationalen Privatrechts.

[1]) Diesen Ausdruck amerikanischer Juristen finde ich in dieser Anwendung ganz passend.

§. 4.

Ein verwandtes und mit der Wissenschaft des Völkerrechts in genauester Wechselwirkung stehendes Fach ist die Kunst der Diplomatie, d. h. der politischen Unterhandlung zwischen den Beamten und Agenten des völkerrechtlichen Verkehrs, dem „diplomatischen Corps," deren Regeln in den Cours de Diplomatie, Manuels des Consuls, etc., enthalten sind, nebst Regeln für die Interpretation alter und die Abfassung neuer Urkunden. [1])

[1]) Siehe F. Combes, Histoire générale de la diplomatie européenne, 1854. Und Charles de Martens et F. de Cussy, Recueil manuel et pratique des traités, conventions et autres actes diplomatiques, sur lesquels sont établis les rapports et les relations existant aujourdhui entre les divers États souverains du globe depuis l'année 1760 jusqu'à l'époque actuelle. (7 Voll. Leipzig bei Brockhaus.)

§. 5.

Die Quellen des (positiven) Völkerrechts sind hauptsächlich die Staatsverträge. Eben so wichtig sind aber auch viele Thatsachen, aus denen man rechtliche Folgen ziehen kann, z. B. die stillschweigende Anerkennung einer Souverainetät durch Unterhandlungen mit derselben. Demnach liegen in gewissen politischen Thatsachen schon völkerrechtliche Grundsätze stillschweigend involvirt. Ferner gehören die Protokolle und Aktenstücke der Kongresse, Ministerialkonferenzen ꝛc. hierher. Die diplomatischen Observanzen, die Comitas gentium, („Courtoisie," u. A. m.), z. B.: das Gesandtschaftsceremoniel, bilden ein Jus Gentium non scriptum et imperfectum. Die Völkerrechts-Sitte überhaupt (das J. G. consuetudinarium) gilt und wird erkannt nach Analogie des civilen Gewohnheitsrechts: nämlich nicht durch die Menge oder durch eine bestimmte Anzahl von Thatsachen, nicht, wie Viele glauben [1]), durch die Bedingungen einer präsumirten und stillschweigenden Einwilligung aller Staaten; sondern aus dem, gewissen Thatsachen innewohnenden Rechtsbewußtsein, aus dem wohlverstandenen Geiste des Geschehenen, dem Rechtsbewußtsein in den Präcedentien. Diese zu erkennen und cum grano salis von dem geschehenden Unrecht abzusondern, ist eine der schwierigsten und gefährlichsten Aufgaben der Wissenschaft. Daß Ersitzung und Verjährung auf die Gewohnheiten des Völkerrechts nicht unmittelbar einwirken können, versteht sich schon deßhalb von selbst, weil diese Institute 1) für das öffentliche Recht gar nicht, und 2) für Rechtssätze überhaupt nicht existiren. Auch die unvordenkliche Verjährung (Præscriptio immemorialis), welche als ein eigenes Rechtsinstitut des Mittelalters entstand, weil die Gränzen des öffentlichen und Civilrechts noch nicht gezogen waren, kann für das Völkerrecht nur gelten, in so fern sie eine unbestrittene Anerkennung eines bestehenden Zustandes enthält [2]).

[1]) Zum Beispiel: Hugo Grot. de J. B. u. P., prolegom. §. 7., Vattel, Prélimin. §. 21., Martens, Einl. in das positive europäische Völkerrecht, §. 2. 40. 60 ꝛc. Aber Präsumtionen und Fiktionen können keine Rechte begründen, wo das nicht Stipulationen oder Thatsachen thun. S. J. L. Klüber's europ. Völkerrecht 1821, §. 3.

[2]) Die Schriften über Verjährung siehe in Ompteda's Lit. des

Völkerrechts, II. 512, in Kamptz neuer Lit. §. 150, u. Klüber's Völkerrecht §. 6., Noten.

§. 6.

Einen Theil des Gewohnheitsrechts im Völkerrecht bildeten gewisse mittelalterliche Seegesetze, deren Inhalt früheren Verträgen zu Grund lag, später aber größtentheils durch neue Verträge modifizirt oder abgeschafft wurde. Jedenfalls enthalten sie eine wichtige Quelle zur Geschichte des Völkerrechts. Zum Beispiel: Die älteste und bedeutendste Sammlung von solchen Coutûmes und Statuts ist das Consolato del mare, welches im dreizehnten Jahrhundert zu Barcelona in Romanischer (Alt-Catalonischer) Sprache abgefaßt worden sein soll, und namentlich im mittelländischen Meer, besonders an dessen westlichen Küsten, die verbreitetste Autorität besaß, so daß es nach und nach fast in allen Sprachen der anwohnenden Völker erschien [1]).

[1]) Siehe dieses, und die anderen Rôles de Jugements, die Seegesetze von Oléron und Wisby, die Assisen des Königreichs Jerusalem, das hanseatische Seerecht und viele andere mehr, in Pardessus' berühmter Collection des lois maritimes antérieures au dix-huitième siècle, 5 Voll. Paris 1828.

§. 7.

Die Literatur des Völkerrechts siehe in v. Ompteda's „Literatur des gesammten, sowohl natürlichen, als positiven Völkerrechts," 2 Bde., 1785; v. Kamptz, Fortsetzung des O.'schen Werkes, Berlin 1817; und in Klüber's Anhang („Bibliothek für das Völkerrecht"), zum europ. Völkerrecht 1821 [1]). Außerdem werden wir die wichtigsten Schriften bei den einzelnen Lehren anführen. Das Bedeutendste über die Geschichte des Völkerrechts steht in Robert Ward's Enquiry etc, 1795, in Schöll u. Koch: Histoire abrégée des traités etc., Tome I—XV. 1818, und in Wheaton's Histoire etc. 1840.

Die wichtigsten Sammlungen der Verträge und Urkunden sind von Leibnitz, 1724 und 1747, von Jean Du Mont, 1726—1731, von F. A. Wenck, (codex jur. Gent. recentissimi, 1735—1772), in 3 Bänden, 1781—1795, und von Martens, Recueuil etc., vom Jahr 1761 bis heute, nebst den Suppléments); ferner ist Lünig's „teutsches Reichsarchiv," 25 fol. Bände 1710—1722 zu erwähnen, Flassan's Histoire de la diplomatie française, Koch's Schriften über die französische Diplomatie, u. A. m.; für England die Sammlungen von Jenkinson (Graf Liverpool), die bis zum Jahre 1784 gehen, (in 3 Bänden), u. A. m. in Menge.[2]) Zu spezielleren Studien sind noch Biographien, Memoiren, Gesandtschaftsberichte, genealogische Tabellen 2c. zu benutzen.

Die wichtigsten Systeme und Lehrbücher siehe oben Kapitel IV. (Die nicht weiter angeführten, z. B. Mably, Martens, Saalfeld, Pölitz, Schmalz (1817), haben sich durch ihren Inhalt oder den raschen Lauf der Ereignisse überlebt. Die Compendien des Seerechts, siehe unten; ebenso des internationalen Straf- und Privatrechts Literatur, siehe im Buch IV. Kapitel XIII. §. 15. und oben Kapitel IV. §. 12.

[1]) Vergl. auch in Robert v. Mohl's Geschichte und Literatur der Staatswissenschaften. (Erlangen 1855) Band I. S. 337—347: die (neuere) Literatur des Völkerrechts.

[2]) Vergl. auch §. 11 des vorigen Kapitels.

Zweiter Theil.

Die absoluten Rechte der Staaten.

Kapitel VI.

Die Souveraineтät.

§. 1.

Aus dem Wesen des Staates folgt sein Recht nach Außen; aus dem allen Völkern gemeinsamen Rechte, dem allgemeinen Staatenrechte, folgt gerade die Möglichkeit und Nothwendigkeit der Beziehungen zu einander, der auswärtigen Kollisionen und ihrer Ausgleichung. Zwei Kontrahenten müssen auf gleichem Rechtsboden stehen: dem Privatmann gegenüber erscheint der Staat (resp. der Fiscus) bei Rechtsstreiten als Privatperson; im Völkerrecht hingegen streiten Staaten als solche mit einander, Staaten als Rechtssubjekte, aber nicht als Privatpersonen, als Subjekte und darum als Einheiten. Somit ist das Völkerrecht (äußeres Staatsrecht) aus dem innern Staatsrecht zu entwickeln, um so mehr, als die Wechselwirkung zwischen innerem Staatsrecht und auswärtiger Politik täglich inniger wird, so daß große Staaten in der Regel ein Interesse daran haben, auch nach Außen diejenigen Prinzipieen zu vertreten und zu verbreiten, auf welchen ihre innere Organisation begründet ist.

Der Inbegriff derjenigen Eigenschaften und Merkmale, aus denen das Wesen des Staates besteht, der Komplex der absoluten Rechte des Staates, d. h. der Rechte des Staates an sich, ohne welche er nicht gedacht werden kann, die so nothwendig und ewig sind als der Staat selbst, die nicht gegen irgend einen Dritten, den oder jenen, geübt werden, sondern von selbst gegen Alle bestehen, ist die Souverainetät.

§. 2.

Die Verschiedenheit der Verfassungsformen (Monarchie, Republik u. s. w.) bezieht sich nur auf die verschiedene Organisation der Behörden, welche die Souverainetät des Staates sichtbar vertreten. Diese sichtbare Vertretung verhält sich zum souverainen Staat wie jede zeitliche Form zur ewigen Idee. Die einzelnen Staats-Hoheitsrechte sind nur Ausflüsse der Souverainetät, in ihrer Mannichfaltigkeit überall dieselben. Seien sie nun getrennt (nach der „Theilung der Gewalten") oder vermischt; mögen nun die Rechte des Volkes in Einer Hand vereint und sogar einer Familie zu Erbrecht übertragen sein, oder von der Majorität des Volkes stündlich ausgeübt werden: der Staat ist souverain; und alle einzelnen Hoheitsrechte verhalten sich zur Souverainetät, gerade wie alle einzelnen Rechte des Menschen, das Eigenthums-, Familien-, Erbrecht u. s. w., zu seinem Leben, aus dem sie alle fließen und welches so sehr das Recht der Privatperson ausmacht, daß es diesen Namen (eines Rechtes) kaum mehr verdient. So ist der Staat eine moralische Person, deren Einzelrechte alle aus seinem Leben, der Souverainetät, fließen; nur als Souverain kann der Staat sich in Verträgen verpflichten; die Souverainetät ist sein erstes und höchstes Recht, und seine erste Pflicht, als Selbsterhaltungspflicht; (daraus folgt auch das Kriegsrecht.) Aeußerlich aufgefaßt, besteht der

Staat aus einer innerlich zusammenhängenden Reihe von Menschen, welche auf festen Sitzen unter einem Rechtsgesetz organisirt sind, d. h. aus Volk, Vaterland und Regierungsbehörde. Um Nomaden kümmert sich das Völkerrecht nicht; sie sind Stämme ohne Staat, noch kein Volk, und können, weder rechtlich noch faktisch, neben festen Staaten bestehen. Das Völkerrecht setzt also (souveraine) Staaten voraus, die als untheilbare Einheiten organisirt und vertreten sind. Diese Einheit — die einer ewigen sittlichen Persönlichkeit — kann nicht nach den Grundsätzen des Gesellschafts- oder Korporationsrechts (Societas oder Universitas) aufgefaßt werden, da sie — der Idee nach — schlechthin unauflöslich, eine ewig lebende Person ist. Diese Voraussetzung bringt ihr Wesen mit sich. Darum sind auch ihre Gesetze nur scheinbar aus der Willkür der Paziszenten hervorgegangen, und selbst die Staatsverträge, diese völkerrechtlichen Gesetze der Souverainetäten, so willkürlich ihr Abschluß und Zweck oft erscheint, gehorchen in ihrer Entwickelung nothwendigen Gesetzen. Die speziellen Verträge setzen, als leges scriptae, gewöhnlich die lex nata (non data), d. h. das Rechtsbewußtsein ihrer Zeit fest. [1])

[1]) S. u. von den Verträgen. Die Kontrakte bilden nur den Gegenstand des Privatrechts, das ihre Form und Auslegungsweise a priori angibt; hingegen dem Völkerrecht sind die einzelnen Verträge der eigentlichste gesetzliche Inhalt. Analog diesem Verhältniß ist das, im Privatrecht durch den staatlichen Organismus der Gerichtsbehörden überwundene Faustrecht im Völkerrecht stets das letzte und gründlichste Mittel der Selbsterhaltungspflicht.

Cfr. überhaupt de Vattel's Droit des Gens, Préliminaires, §. 6.

§. 3.

Die Souverainetät, als höchste Autorität (Staatshoheit, Suprematus, potentatus, summa potestas, summitas imperii) als absolute Gewalt des Staates — (»Princeps per se absolutus et liber«; daß „man nur Gott

Rechenschaft schuldig" sei! u. s. w.: woher es oft kam, daß die Staatsklugheit über die Staatsweisheit, der Vortheil über das Recht gesetzt ward;) — die Souverainetät begreift in sich: 1) die politische Unabhängigkeit von jedem anderen Staate, das Recht der unbedingtesten Selbstständigkeit; — und 2) — was davon nicht zu trennen ist, — die Machtvollkommenheit, d. h. die Kraft und das Recht, zu den inneren und äußeren Zwecken des Staatslebens über die Kräfte des Staates zu verfügen.

Beispielsweise: die Landeshoheit, (Jus territoriale), welche im westphälischen Frieden (I. P. O. VIII., 1. und I. P. M. IX., 62) den deutschen Reichsständen eingeräumt ward, begründete noch keine Staatshoheit (Souverainetät), da sie im Inneren nur neben den Reservatrechten des Kaisers und vorbehältlich der Gerichtsbarkeit des Reiches bestand (I. P. O. VIII., 2; I. P. M. IX., 63), und aus diesem Verhältniß auch eine Beschränkung des äußeren Staatshoheitsrechts folgte, indem das den Reichsständen zugestandene Vertragsrecht und die Subsidiengewalt, welche natürlich auch das Recht zu Separatkriegen und -Friedensschlüssen enthielten, doch gegen Kaiser und Reich gar nicht gerichtet werden durfte, ohne daß, nicht ein spezieller Allianzvertrag, sondern die ganze Grundlage ihrer rechtlichen Existenz aufgehoben und zerstört worden wäre. [1]) Wohl aber bedeutet jener Schritt eine Auflösung des einheitlichen Reichs zum losen Bundesstaat. [2])

Im Gegensatz zu jenen inneren Beschränkungen der Landeshoheit des westphälischen Friedens bestimmt die Rhein-Bunds-Akte (art. XXVI.), deren Kontrahenten sich (in der Rhein-Bunds-Akte art. II. und III.) vom Reich und seinen Gesetzen losgesagt hatten, die Souverainetätsrechte als „Gesetzgebung, oberste Gerichtsbarkeit, Oberpolizei, Konscription oder den Milizenzug und das Recht der Auflagen." Diese Rechte, die eigentlich alle schon aus dem ersten, der unbeschränkten Selbstbestimmung des Staates in der Gesetzgebungsgewalt, folgen, sind freilich ohne äußere Staatshoheit nicht denkbar; aber gerade die äußere Staatshoheit war zu (Rhein-) Bundeszwecken, durch das Protektorat des Kaisers von Frankreich, der selbst den jedesmaligen Praeses des Bundes zu ernennen hatte, und durch die Pflicht des gemeinsamen Handelns, beschränkt, wenn gleich nicht aufgehoben [3]). Jene Definition war mehr staatsrechtlich, als völkerrechtlich, weil eben die Souverainetät der Rheinbundsstaaten von der einen Seite bestritten und von der andern nur zum Schein anerkannt war. — Völkerrechtlicher Definitionen bedarf es überhaupt nur selten in solchen Fällen; in denjenigen Ländern, welche seit jeher einer unbestrittenen Staatseinheit genossen, bestanden die Kämpfe um die Souverainetät nur aus inneren Verfassungsfragen, zu welchen ja die Erbfolgestreitigkeiten auch gehören, oder aus einzelnen Besitzesfragen, deren Entscheidung an der Spitze des Schwertes hing.

Ein so unbedingtes Recht die Souverainetät ihrem Begriff nach ist, so unprinzipiell Leibnitz'ens Unterscheidung zwischen Suprematus und Potentatus (je nach der Macht des Staates) auch befunden werden mag [4]), so gibt es doch bloße Scheinsouverainetäten, quasi regna; — das historische Recht der Souverainetät aber beruht auf der Vollkraft der eigensten Selbsterhaltung und Selbstbestimmung, welche nur ganze Nationen besitzen. [5])

[1]) Vergl. Pütter's Geist des westphälischen Friedens, 1795. S. 456—458; und v. Meiern's Acta pacis Westphal. V. 507—540.

[2]) Noch nicht ein Staatenbund, wie der deutsche Bund: denn jeder deutsche Unterthan war Reichsbürger und genoß als solcher bestimmte, nicht zu schmälernde Rechte; während die Bundesbeschlüsse nicht unmittelbar als Landesgesetze gelten.

[3]) Siehe u. v. der Union der Staaten; und vergl. über den Rheinbund P. A. Winkopp's Zeitschrift „der rheinische Bund,"

(in 23 Bänden zu je 3 Heften, 1806—12), besonders Heft 1, 25, 31, 49 rc.

[4]) Vergl. Leibnitz'ens Caesarinus Fürstenerius 1677, wo auch das Jus educendi militem et participandi negotia publica Europae der größeren deutschen Fürstenthümer, als der wahre Supremat, von der „Territorial-Superiorität" unterschieden wird.

[5]) Vergl. v. Gagern's Kritik des Völkerrechts 1840, Kap. IX., pag. 62: „Souverainetät, Unabhängigkeit und natürliche Gleichheit der Nationen."

§. 4.

So wie eine gewöhnliche Stipulation die menschliche Freiheit nicht aufhebt, sondern nur momentan beschränkt, da sie gerade der Ausfluß seiner Selbstbestimmung ist; so vernichten auch Allianzen und spezielle Verträge, z. B. Concordate über die Kirchengewalt, Handelsunionen, spezielle Lehnspflichten, Staatsservituten, Verträge über aktive und passive Neutralität u. s. w., keineswegs die Souverainetät, wenn nicht in einem solchen Akt ein wesentlicher Bestandtheil der Staatshoheit unwiderruflich vergeben, gleichsam im Keim erstickt ist. Solche halbsouveraine Staaten, États mi-souverains, [1]) sind in der Regel nur in der Ausübung äußerer Staatshoheitsrechte, etwa des Kriegsrechts, oder überhaupt der diplomatischen Thätigkeit beschränkt. Die Beschränkung der inneren Staatsgewalten bietet dem völkerrechtlichen Verkehr nur ein abgeleitetes, erst vermitteltes Interesse; durch dieselbe erscheint der fremde Staat, welchem das entzogene Recht ertheilt ist, als ein Faktor der inneren Staatsgewalt: wie es überhaupt zur Natur der „beschränkten Souverainetät" gehört, daß ein dritter Staat oder ein fremder Fürst, also irgend eine physische oder moralische Person (Behörde), welche dem Auslande angehört, staatsrechtlich einen Theil des Staatsorganismus — nach H. Grot. (I. III. §. 21. und II. XV. §. 7.) eine Partitio oder Imminutio summi imperii — ausmachen. Ist hingegen diese fremde Theilnahme am Staate eine wechselseitig bedingte, so gehört sie mehr in die Lehre von der Unio civitatum, (siehe unten), und nicht in die der einseitig beschränkten Souverainetäten. Die Beschränkungen der Souverainetät werden aus der Art der Uebereinkunft deduzirt und striktest interpretirt; denn die rechtliche Vermuthung ist natürlich für die Freiheit des Staats, wie beim Privateigenthum gegen die Servituten und Reallasten. (Præsumtio pro libertate dominii!) Für dritte Staaten, die nicht an diesem (Un=) Rechtsverhältniß Theil nehmen, ist natürlich der Besitzstand entscheidend; sie unterhandeln und vertragen mit dem beschränkten oder halbsouverainen Staat, so weit es demselben vergönnt ist; nicht weiter, denn: Nemo plus juris in alterum transferre potest, quam ipse habet! Jede Handlung des beschränkenden oder des beschränkten Staates, welche diesem Satze zuwiderläuft, ist ipso jure nulla. Folglich kann die das Verhältniß begründende Uebereinkunft füglich keine geheime sein. Eine Uebereinkunft aber wird es in der Regel sein müssen, schon nach der Analogie, daß im Kriege nicht die Besetzung eines Punktes, sondern erst die Abtretung im Friedensschluß ein definitives Recht darauf gibt. Ihrer Entstehung nach kann eine solche Uebereinkunft entweder die theilweise Unterwerfung eines schwächeren Staates unter einen stärkeren bedeuten, oder auch aus der bedingten Losreißung einer Provinz eines früher ungetrennten Staates hervorgehen; etwa wie im Lehnrecht bald der Lehnsherr und bald der Vasall den primitiven Besitz hatte. — Im Ganzen widersprechen solche Verhältnisse dem Wesen des modernen Staates und die Geschichte räumt allmälig mit ihnen auf.

[1]) Siehe J. J. Moser, Beiträge zum Völkerrecht in Friedenszeiten, Th. I. S. 508.

§. 5.

Beispiele. Eine im Mittelalter sehr verbreitete Halbsouverainetät war die feudale, aus welcher namentlich die Beschränkung des Kriegsrechtes und die Verpflichtung zu gemeinsamer Kriegsführung folgte, (also ein einseitiger Subsidientraktat;) so waren zu Zeiten Dänemark, Polen und Ungarn dem deutschen Reich lehn- und zinspflichtig; Neapel bis 1788 und Parma bis 1796 dem Papste, (der noch jährlich gegen das Ausbleiben des Lehnszinses dieser beiden Staaten, nach seiner Weise, protestirt). Neuere Lehns-beziehungen bestanden zwischen dem ersten französischen Kaiserthum und den von Napoleon constituirten Fürstenthümern, Neuchatel, Lucca, Benevento, Pontecorvo, u. A. m. Weniger lehnrechtlich verpflichtet, als tributar, sind die Nebenreiche der Pforte, Aegypten, die Barbareskenstaaten u. s. w. Freilich gilt ein Krieg zwischen dem Pascha von Aegypten und der Türkei in Konstantinopel für Empörung; aber das ist nur eine einseitige Auffassung, die nicht immer bei den Großmächten Bestätigung fand. Die Eroberung Algiers durch die Franzosen galt dem Sultan und seinen Beschützern nicht für einen Casus belli; [1]) die französischen Verhandlungen und (Kriegsdrohungen) mit Tunis wurden stets direkt geführt, und Sardinien nahm bei seinen, aus älteren Verträgen entspringenden, Kollisionen mit Tunis (März 1844) die Vermittelung der Pforte nur bedingt an.

Ueberhaupt aber bedeutet ein Tribut nicht jedesmal eine direkte Abhängigkeit; z. B. Hollands, Dänemarks und Schwedens früher bezahlter Tribut an die afrikanischen Raubstaaten, wofür die skandinavischen und holländischen Handelsschiffe von der Piraterie derselben verschont blieben. [2]) Hingegen dürfen die meisten halbsouverainen Staaten nicht unabhängig Krieg erklären und führen: so z. B. Karthago nach dem zweiten punischen Kriege, welches zu jedem Kriege des Consenses der Römer bedurfte und selbst nur eine bestimmte (geringe) Anzahl von Schiffen halten durfte. (Viele Allianzen enthalten wechselseitige Beschränkungen ersterer Art. Ueber das Besatzungsrecht s. u. bei den Staatsservituten.

Scheinbare Allianz- oder Besatzungs-Verträge können freilich mittelbar ähnliche Folgen haben, wie die auf direkte Beschränkung der Souverainetät ausgehenden).

In einem, dem alten Karthago ähnlichen Zustande befand sich die Republik Polen nach dem Allianzvertrage mit Rußland von 1793. (Art. 6—8 und art. 11).

Die moderne Form der Halbsouverainetät ist das Protektorat, eine Folge der aristokratischen Form des heutigen Staatensystems, in welchem die Großmächte gemeinsam über die Geschicke der kleineren Staaten in Europa entscheiden: so daß die Staaten dritten Rangs, z. B. Griechenland, vielfach nur Scheinsouverainetäten sind; während die Mächte zweiten Rangs, z. B. Belgien, sich im besten Falle durch Bündnisse, Neutralitätsverträge und durch die Eifersucht des Gleichgewichtssystems unabhängig erhalten. — Besonders wichtig war Napoleon's I. Protektorat des Rheinbunds und Mediation der helvetischen Konföderation. Der Kaiser, nicht Frankreich, war Protektor und Mediateur, gerade wie er Kaiser war; während das englische Reich von 1815 bis 1864 „den unmittelbaren und ausschließenden Schutz und die Oberhoheit" über die vereinigten Jonischen Inseln übte, deren Präsident brittischer Bestätigung bedurfte und überhaupt seine wichtigsten Funktionen mit dem Lord Obercommissair theilen mußte. [3]) Eine ganz eigenthümliche Art von Protektion war die russische über die Donaufürstenthümer [4]), seit den Verträgen von Kutschuk-Kainardje (1774), Jassy, Konstantinopel und Adrianopel bis zum Friedensschluß von Paris (1856), gleichsam eine Protektion gegen die türkische Oberhoheit. Ganz dasselbe Verhältniß bestand übrigens für die (Jonische) Sieben-Inseln-Republik, 1802 bis 1807, bis Rußland die schutzbefohlene zu Tilsit an Frankreich auslieferte.

Unter dem überwiegenden Protektorat der drei östlichen Großmächte, d. h. der heiligen Allianz stand die sog. Republik

Krakau [5]) von 1815 bis 1846. Die Protektoren theilten sich dort sogar in die Beaufsichtigung und Kontrolle der Hochschule. Heutzutage sind Rumänien und Serbien, dieses sogar als erbliches Fürstenthum, die einzigen eigentlichen halbsouverainen Staaten in Europa.

Da die äußere Politik der halbsouverainen Staaten ohne Einfluß auf die Gesammtdiplomatie ist, so werden bei ihnen gewöhnlich nur Konsularagenten accreditirt [6]).

Mit den Halbsouverainetäten sind nicht zu verwechseln: einzelne privilegirte Provinzen, wie z. B. die Baskischen Provinzen in Spanien bis zu Espartero's Regentschaft, oder einzelne sogenannte Freistädte, wie z. B. La Rochelle im französischen Mittelalter. Eben so wenig gehören Deutschlands standesherrliche Gebiete hierher, deren ehemalige Fürsten darin noch einige — veräußerliche — Hoheitsrechte, unter der Kontrolle und Ratifikation, sowie innerhalb der Gesetze des souverainen (und enklavirenden) Staates ausüben [7]).

[1]) Englands Widerstreben gegen die Anerkennung der französischen Herrschaft in Algier ging nur zum allergeringsten Theil aus der Achtung für eine, etwa daselbst geltende, türkische Autorität hervor, sondern aus der Eifersucht der Colonial-Politik. Auch vor der französischen Eroberung hielt England daselbst keinen Gesandten, sondern nur einen Consul, dessen Exequatur zuletzt vom Jahr 1829 datirte. Vergl. Lord Aberdeen's Erklärung, z. B. in der Augsb. Allg. Ztg. Nr. 198 von 1844; und im Moniteur (Anfang Juli 1844) Guizot's fälschliche Behauptung, daß ein solches Exequatur keiner Erneuerung bedürfe: während doch auf der anderen Seite der englische Consul (und Missionär) Pritchard auf Otaheiti seine Stelle alsbald nach und ausdrücklich wegen der momentanen Besitznahme dieser Insel durch die Franzosen (März 1844) niederlegte, da ihn seine Vollmacht nur bei der souverainen Fürstin Pomaré accreditirte; (worauf seine Arretirung den bekannten Zwist zwischen England und Frankreich [im Juli bis August 1844] hervorrief.) Siehe unten das Gesandtenrecht.

[2]) Vergl. K. Oskar's I. schwedische Thronrede v. 20. Juli 1844. Der

jährliche Tribut Schwedens (von 20,000 spanischen Piastern) wurde aber erst durch den Vertrag vom 14. September 1845 abgeschafft. Die andern der erwähnten Staaten befreiten sich noch später.

[3]) Vergl. die Konstitution derselben v. 29. Dezbr. 1817 bis 1. Jan. 1818; und des Sultans Anerkennung v. 24. April 1819 zum Pariser Vertrag der Großmächte v. 1815. Wie strenge diese „Oberhoheit" — die Süzerainetät — war, das bezeugen die vielfachen Aufstände der Jonischen „Freistaaten" bis zu ihrer Vereinigung mit der griechischen Monarchie.

[4]) Vergl. auch H. Wuttke über den serbischen Verfassungskampf. in den „konstitutionellen Jahrbüchern v. Dr. K. Weil, Bd. I. 1844.

[5]) Vergl. Pölitz's europäische Konstitutionen, Bd. II.

[6]) Vergl. auch Vattel, droit des Gens, I., XVI. de la Protection; u. Wolf, J. Gent., c. IV. §. 437—439.

[7]) Vergl. Klüber's Staatsrecht des Rheinbundes, §. 198. (Die Erklärungen von Bayern, Württemberg und Baden darüber.)

§. 6.

Die Vereinigung verschiedener Staaten (Unio civitatum) ist entweder eine solche, daß die mehreren Staaten untergegangen zu sein scheinen, um einer neuen Souverainetät Platz zu machen; oder so, daß dieselben nur an gewissen staatsrechtlichen Faktoren gemeinsamen Antheil nehmen. Jenes ist die Einverleibung (Incorporatio), z. B. des Elsaß mit Frankreich, Schwedisch-Finnlands mit Rußland [1]), Belgiens mit Holland; diese Länder bilden alsbald als Provinzen die Theile eines Ganzen. Doch braucht die Verbindung nicht nothwendig eine gleichmäßige (aequalis) zu sein, wie z. B. früher die der königl. sardinischen Staaten, welche völkerrechtlich eine unbedingte Staatseinheit ausmachten, wiewohl nur die Insel Sardinien Landstände hatte und das ehemalige Herzogthum Genua einzelner provinzialständischer Vorrechte genoß. So gut die Privatrechte und Strafgesetzgebungen im Innern eines Reiches verschieden sein können, eben so mannichfaltig können die Verfassungsrechte sein, wie z. B. in den österreichischen Ländern. Die äußere oder völkerrechtliche Staatseinheit wird nothwendig vor der staatsrechtlichen oder inneren Einheit vollendet sein. Können ja selbst bei einer und derselben Verfassung verschiedene Provinzen verschieden gestellt sein, indem dieselben Verfassungsnormen dem einen Theile günstiger sind, als dem anderen; so bei England und Irland, so ehedem bei Holland und Belgien.

[1]) S. das russische Manifest v. 20. März 1808.

§. 7.

Die andere Art der Unio civitatum, welche vorzugsweise auf der Einheit oder Gemeinsamkeit einzelner obersten Regierungsfaktoren beruht, ist entweder eine Staatenverbindung durch Vertrag und Uebereinkommen (ex jure societatis), oder die Verbindung durch ein gemeinsames Fürstenhaus (ex jure imperii). Diese letztere Verbindungsweise beruht mehr auf dem Zufälligen und Persönlichen im Staatswesen, während jene aus der Nothwendigkeit des Gesetzes für alle Zeiten hervorgeht. Diese Unio civitatum personalis (i. e. sub eodem imperante) ist oft eine zufällige und temporaire, insofern nämlich für die verschiedenen, durch die Fürstenwürde geeinten Staaten verschiedene Erbfolgeordnungen bestehen, wie z. B. bei Hannover und England (1714 bis 1837), Dänemark und Schleswig-Holstein bis 1864 [1]). Andernfalls ist sie eine dauernde (perpetua), wie zwischen Norwegen und Schweden [2]), oder wie zwischen Polen und Rußland von 1815 bis zu den neuesten russischen Ukasen, welche vielmehr eine Einverleibung Polens, also eine Vernichtung dieses Staates dekretiren. Die Uebereinstimmung der Erbfolgeordnung (Unio civitatum personalis perpetua) mag oft nur eine zufällige, keine eigentlich grundgesetzliche sein, während die Einheit der beiden Theile an sich beiderseitiges Grundgesetz (Unio realis) sein kann; so eben bei Schleswig und Holstein [3]), welche beide gleichberechtigt in dieser Einigung dastehen. Solche Theile bilden vielmehr einen einzigen Staat, wenn auch mit verschiedenen Verfassungsrechten.

Vielfach ist die Staatseinheit für grundgesetzlich erklärt und in die allgemeine Verfassung aufgenommen worden, ohne daß die Möglichkeit von Erbfolgestreitigkeiten über einzelne Theile dadurch für immer ausgeschlossen wäre. Ob in einem Kollisionsfall dieser Art das Recht der Staatseinheit oder das Privatfürstenrecht überwiegen müsse, ist stets eine Frage des inneren Staatsrechts, welche aber meistentheils gegen das Privatrecht der prätendirenden Fürstenhäuser entschieden werden müßte: denn das öffentliche Recht geht dem Privatrecht und also auch dem Privatfürstenrechte vor; eine Verfassung kann selbst den Rechten Einzelner (Jura singulorum) derogiren, und jeder Nachfolger ist an die constitutionellen Handlungen seines rechtmäßigen Regierungsvorfahren gebunden. (S. u. in fine dieses Kap.) Solche Kollisionen können also keinenfalls nach völkerrechtlichen Grundsätzen entschieden werden, so daß alle Erbfolgekriege unberechtigt erscheinen. Und selbst wenn der, zur verfassungsmäßigen Entscheidung seiner eigenen Angelegenheiten berufene Staat dem fremden Fürsten das Recht verweigerte, so wäre das völkerrechtlich noch nicht als Casus belli zu betrachten; weil die Rechtsverweigerung (Justitiae denegatio), wegen der jedes Staatsglied, jeder Bürger, den äußersten Schutz seines Staates verlangen darf, doch nur dann als Bruch des Völkerrechts angesehen werden kann, wenn ein privatrechtlicher Anspruch der Gegenstand desselben ist: denn kein Staat kann zum Eingriff oder zur letzten Prüfung bei den autonomen Entscheidungen des anderen Staates über dessen Staatsrecht berechtigt sein. Wiederum aber handelt es sich bei einer solchen Entscheidung, welche wirklich ein Privatfürstenrecht des souverainen Regenten eines anderen Staates verletzen würde, nicht um einen Eingriff in das Staatsrecht dieses anderen Staates.

[1]) Vergl. Uwo Lornsen's die Unions-Verfassung Dänemarks und Schleswig-Holsteins, herausgegeben von Beseler, 1841, und die seitdem so zahlreichen Schriften über diesen Gegenstand, bis auf Warnstedt's bekannte Schrift (1864.)

[2]) Vergl. die norwegische Verfassung v. 4. Nov. 1814, art. 6, welche die schwedische Successionsordnung v. 26. Sept. 1810 ausdrücklich für einen organischen Bestandtheil des norwegischen Grundgesetzes erklärt.

[3]) Vergl. Uwo Lornsen, l. c. S. 271—394.

§. 8.

Da die auswärtige Politik auch der freiesten monarchischen Staaten eine besondere Mitwirkung und Zustimmung des Fürsten verlangt, so werden solche Personal-Unionen, selbst die von Schweden und Norwegen, auch bei der größten individuellen Unabhängigkeit der einzelnen Theile, völkerrechtlich als Einheiten erscheinen, weil ihre Politik größtentheils dieselbe sein wird. [1]) So erscheint hier als mittelbare und mehr zufällige Folge, was sich bei den Sozietätsverbindungen der Staaten als nothwendig von selbst versteht. Selbst wenn einer der beiden, personaliter unirten Staaten ohne den andern Krieg führen dürfte, wie Holland ohne Luxemburg und Deutschland mit Luxemburg ohne Holland, so wird die natürliche Praxis der diplomatischen Allianzen diesen Zwiespalt doch nicht leicht entstehen lassen, der ungefähr dem Falle gleich käme, als wenn dieselbe Macht zwei kriegführenden Staaten Subsidien lieferte. Etwas anders stellt sich die Sache freilich, wenn, abgesehen vom Titel (z. B. des Königs von Holland und Großherzogs von Luxemburg, des vorigen Königs von Dänemark und Herzogs von Schleswig-Holstein, des Kaisers von Rußland und Königs von Polen, des Kaisers von Oesterreich und Königs von Ungarn, Böhmen, der noch so viele anderen Titel, zum Theil in partibus infidelium, trägt u. a. m.), die amtlichen oder verfassungsmäßigen Stellungen der Oberhäupter der betreffenden Staaten wesentlich verschieden sind: so war der

Erbstatthalter von Holland zugleich König von England (als Wilhelm III.); der König von England war, als Kurfürst von Hannover, Vasall des deutschen Reichs und als König von Hannover deutsches Bundesglied, wie Luxemburg und Holstein. Daß der eine Staat etwa eine Verfassung hat und der andere nicht, hat für das Völkerrecht eben so wenig unmittelbare Folgen, als daß z. B. Ungarn einer anderen Steuergesetzgebung unterworfen ist, als das übrige Oesterreich.

[1]) Mohl (Geschichte und Literatur der Staatswissenschaften, 1855, Th. I. S. 306) bestreitet diese Ansicht, aber ohne seine entgegengesetzte Meinung zu begründen.

§. 9.

Die für das Staats- und Völkerrecht wichtigste Art der Unionen ist die Realunion durch Bündnisse, ex jure societatis. Der Begriff der Societas gehört eigentlich nicht in das öffentliche Recht; mit Ausnahme gewisser Staatsverträge, welche spezielle Verhältnisse zwischen den Staats-Individuen ordnen. In der Bundesverfassung aber soll auf diesem Wege das Gesetz der Staatseinheit erst begründet, das Staatsrecht völkerrechtlich vermittelt, das Völkerrecht staatsrechtlich aufgehoben werden. Diese inconsequente Form der nationalen Grundlage der Staaten ist das Grundgebrechen aller Bundesverfassungen, sei nun das primitive Gesetz ein staatsrechtliches, — Bundesstaat, oder ein völkerrechtliches, — Staatenbund. Der Mangel, aus dem die Bundesverfassung entstand, wirkt gewöhnlich noch in derselben fort. [1]) Denn entweder conservirt eine zerfallende Nationalität ihre äußerliche Einheit nothdürftig im Bundesstaat; oder ein noch nicht in Staatsformen conzentrirtes Volk sucht die Kräfte seiner verschiedenen Gemeinwesen föderativ zu sammeln, im Staatenbund. [2]) Ganz fremde Völker fühlen niemals das Bedürfniß, erkennen niemals die Möglichkeit einer staatlichen Vereinigung, eines

Bündnisses, welches mehr als Subsidien zu Schutz und Trutz verlange. Für fremde Nationen wäre die Bundesverfassung zu viel; für die Stämme derselben Nation ist sie zu wenig. Ihr nächstes Ziel ist jedesmal die einheitliche Vertretung nach Außen, weil die Parzellen eines Volks-Individuums nicht stark genug sind den centralisirten Nationen gegenüber; aber dieser umfassende Zweck erheischt auch gemeinsames Wirken im Innern, und um dieses schaaren sich dann alle möglichen Schwierigkeiten. Die Föderativ-Verfassungen bestehen sammt und sonders aus einer Centralbehörde und mehr oder weniger selbstständigen Einzelregierungen. Diese verschiedenen Faktoren müßten nun entweder beide stillestehen, oder sich ganz gleichmäßig und in demselben Verhältnisse fortbewegen; was beides den allgemeinen Gesetzen der geschichtlichen Entwicklung widerspricht. So entsteht meistens in der Praxis ein gewisser Zwischenzustand zwischen den streng-theoretischen Normen von Bundesstaat und Staatenbund. Der bloße Staatenbund [3]) muß die einzelnen Bundesstaaten souverain lassen und sinkt alsdann zur einfachen Schutz- und Trutz-Allianz herab; während doch solche Verbindungen fast immer aus dem Bewußtsein und den Anforderungen einer einheitlichen Nationalität hervorgehen, und ein gegenseitiges Einstehen für die äußere Würde und die innere Kraft der einzelnen Theile verlangen, wozu gemeinsame Maßregeln über Diplomatie, Kriegswesen, Finanzen und selbst über Handelspolitik [4]) unumgänglich nöthig sind. Der Bundesstaat hingegen beruht darauf, daß einzelne Staatshoheitsrechte, und zwar besonders die mit der auswärtigen Politik zusammenhängenden, den Einzelstaaten gänzlich abgenommen und einer gemeinsamen Centralbehörde übertragen werden, welche nicht blos, wie beim Staatenbunde, aus revokabeln und mit besonderen Instruktionen versehenen Mandataren der Einzelregierungen besteht, sondern dem Auslande gegenüber eine wirkliche Regierung darstellt.

[1]) Siehe in H. von Treitschke's „Vermischten Schriften politischen und historischen Inhalts" (Leipzig 1864) die vortreffliche Abhandlung über Bundesstaat nnd Einheitsstaat.

[2]) Der Ausdruck Staatenstaat paßt für keines dieser Staatensysteme recht.

[3]) Ein „völkerrechtlicher Verein"; cfr. z. B. die Schlußakte der Wiener Ministerial-Konferenzen v. 15. Mai 1820, art. 1.

[4]) Cfr. deutsche Bundesakte, art. 19 und Schweizer Bundesvertrag vom 22. August 1815, art. 11 und art. 8, über Handelsverträge.

§. 10.

Die Glieder des Staatenbundes, wie des Bundesstaates, garantiren sich gegenseitig ihre Existenz und Integrität: der Staatenbund gegen alle äußeren Angriffe, der Bundesstaat wohl auch meistens gegen innere Gefahren; der Staatenbund garantirt äußerlich Ruhe und Friede, der Bundesstaat die innere Ordnung des Rechts. (Daß der deutsche Bund in dieser Beziehung theilweise auch die Funktionen einer bundesstaatlichen Centralgewalt übernommen hatte, hing mit jener absichtlichen Verkehrung aller Grundsätze des öffentlichen Rechtes zusammen, welche sich in der heiligen Allianz dokumentirte und die z. B. auch in der falschen Definition der deutschen Bundesgesetze über Souverainetät angewendet ward.)

Beide Bündnisse gehen insofern über die Natur der Societas hinaus, als sie, schon um der wechselseitigen Garantie willen, rechtlich schlechthin unauflöslich sind, so daß jeder Austritt, weil die Existenz des Ganzen gefährdend, als Casus belli erscheinen muß, eben weil die Verpflichtungen der Societas dadurch aufgelöst werden, und beim Bundesstaat überdieß als Bruch des Staatsrechtes! [1]) Darum sind auch bei beiden Föderationen Separatkriege und Separatfriedensschlüsse nicht zu gestatten; darum dürfen einzelne Theile des Bundesgebietes nicht willkürlich veräußert werden [2]); darum müssen Schiedsgerichte für die inneren Streitigkeiten bestehen [3]). Der Bundesstaat hat nur eine Diplomatie, die sich aber den verschiedenen, zum Theil sehr heterogenen und doch oft halbwegs selbständigen, Interessen der einzelnen Staatsglieder anzuschmiegen hat. Der Staatenbund hat meistentheils eine Centraldiplomatie und Partikulardiplomatien, die sich gegenseitig paralysiren, um so mehr, wenn in der Centralbehörde größere und kleinere Staaten gleichmäßig vertreten sind. Es fragt sich hier genau nach dem Buchstaben des Grundgesetzes, inwiefern der einzelne Staat Handelsverträge oder andere Staatsverträge abschließen kann. Subsidienverträge einzelner Bundesglieder unter einander oder mit dem Auslande, gehören natürlich in die Kategorie der Verträge über Separatkriege, und widersprechen jedem Bundesvertrage.

[1]) Vergl. Wiener Schlußakte v. 1820, art. V.

[2]) Vergl. Rheinbundsakte art. VII. und Wiener Schlußakte art. VI.

[3]) Vergl. die Bundesverträge des rheinischen und des deutschen Bundes, der Helvétique und der Schweizer Eidgenossenschaft, und die alte und neue Kongreßakte Nordamerika's, sowie die neue Schweizer Bundesverfassung von 1848.

§. 11.

Beispiele. Aus dem deutschen Reich war ein Bundesstaat geworden, der zerfiel. Aus dem Untergang der Nationaleinheit während der französischen Herrschaft und aus dem später erkannten Bedürfniß der Vereinigung der Kräfte war ein Staatenbund [1]), ein bloßes »lien fédératif« [2]) geworden, welches aus den „souverainen“ Fürsten und freien Städten Deutschlands bestand. Das unläugbare Ratifizirungsrecht der Landstände für Staatsverträge (denn das sind natürlich die Bundesbeschlüsse) griff hemmend in die Thätigkeit des Bundes als solche ein. Die Willkür der fürstlichen Kabinette war hier aber um so gefährlicher, als die Leitung und Entscheidung innerer Angelegenheiten nicht den geringsten Theil der Bundesthätigkeit bildete; denn nur zu bald geschah es, daß sich der Staatenbund in einen Fürstenbund verwandelte, daß der Begriff der

„Souverainetät", welcher anfänglich nur die absolute Staatshoheit bedeutete (da art. 13 der deutschen B. A. daneben stehen durfte), bald als absolute Fürstengewalt gedeutet ward, als »Summa rerum,« »in manibus principis legibus soluti«.[3]) Der äußere Geschäftsgang ist dadurch nicht rascher geworden, da alle wichtigen Fragen, wie Jura singulorum, Einstimmigkeit und besondere Instruktionen der Bundestagsgesandten erheischten; denn kein Fürst würde zu Gunsten der Bundesmajorität auf seine Souverainetät resigniren.

Während sich so Bundesrecht und Staatsrecht, Staatsrecht und Völkerrecht kreuzen, liegt ein anderer Widerspruch in dem Verhältniß mehrerer Staaten, welche theilweise dem Föderativbande angehören, theilweise von demselben unabhängig sind, wie z. B. Preußens, dessen Bundeslande sogar mit den östlichen Provinzen, die außer dem Bundesnexus standen, eine unverbrüchliche Staatseinheit bildeten[4]). Dem art. XLVI. der Wiener Schlußakte wäre es schwerlich gelungen, diesen Zwiespalt im Nothfall zu lösen, oder nur im Falle der Kriegführung von Seiten einer deutschen Großmacht die Neutralität des Bundes, d. h. der kleineren Bundesglieder, zu retten.

Natürlich kann ein Bundestag, eine Versammlung bloßer Kommissäre mit Gesandtenrecht, die nicht als selbständiger Körper die souveraine Regierung eines Staates vertritt, weder auswärtige Gesandte, noch eine Flagge halten und überhaupt nicht im Rathe der Mächte eine staatliche Persönlichkeit darstellen.

Zollvereinigungen, wie der preußisch-deutsche Zollverein, (S. u. im Kap.: „Von den Verträgen"), sind bloße Staatsverträge und gehören nicht in die Kategorie der Föderativformen. Kein Kontrahent begibt sich hier seiner unantastbaren Souverainetät auch nur zum kleinsten Theil, mit Ausnahme des — allerdings nicht ganz geringfügigen — Punktes, daß in der Regel die Landstände jedes einzelnen

Staates ein (über einzelne Finanzperioden hinaus) dauerndes und nicht voraus zu berechnendes System indirekter Steuern zu bewilligen haben. Uebrigens erheischt die Gültigkeit eines Beschlusses (auf den Zollvereinskongressen) völlige Einstimmigkeit und selbstverständlich auch die verfassungsmäßigen Konsense der respektiven landständischen Kammern. Es versteht sich ebenso von selbst, daß ein bloßer Zollverein keine völker- und staatsrechtliche Persönlichkeit (durch Gesandte, Flagge u. s. w.) ausmachen kann, noch, wenn auch seine sämmtlichen Mitglieder es wollten, als solche anerkannt werden könnte!

Als Beispiel eines Bundesstaates, wie er nur bei republikanischen Verfassungen der Einzelstaaten denkbar ist, mag Nordamerika's staatsrechtliche Union gelten, welche ein Bundesoberhaupt, eine Bundesregierung, einen festen Bundesgerichtshof, Bundesgesetze, Bundessteuern, Bundeszölle u. s. w. besitzt und neben dem Senat der Staaten auch in einem Bundesparlament die gesammte Bevölkerung repräsentirt sieht. Hier ist eine gemeinsame Handelspolitik und Eine auswärtige Politik, so daß die einzelnen Staaten an sich völkerrechtlich gar Nichts vermögen.

Der Plan einer rein völkerrechtlichen Verbindung aller amerikanischen Freistaaten zu einem Staatensystem auf den übereinstimmenden Prinzipien einer Defensivallianz, z. B. gegen jede Intervention und Kolonisation von Außen, war auf dem Kongresse zu Panama 1826 von Bolivar vorgeschlagen worden. [5])

Literatur dieses Paragraphen:

Für alles Bekanntere oder mehr in andere Fächer der Politik Gehörige verweisen wir, in Bezug auf den deutschen Bund, auf die Lehrer des deutschen Staatsrechts von J. L. Klüber bis zu H. A. Zachariä. Was die völkerrechtlichen Kontroversen, Auseinandersetzung des Völkerrechts und Staatsrechts in Deutschland betrifft, so ist empfehlenswerth: P. A. Pfizer's „über die Entwickelung des öffentlichen Rechts in Deutschland durch die Verfassung des Bundes," 1835; und L. v. Dresch's: „Zur Schlußakte der Wiener Ministerialkonferenzen", 1822; v. Behr's „Ueber die Gränzen der Einwirkung des deutschen Bundes auf die Verfassungen ꝛc. seiner Gliederstaaten" (2 Bde.); und z. B. über das Entscheidungsrecht der Majorität in der deutschen Bundesversammlung oder das völkerrechtliche Bedürfniß der Einstimmigkeit, s. Ad. Dörr's Aufsatz in Wilda und Reyscher's Zeitschrift für deutsches Recht und deutsche Rechtswissenschaft, Halle, Band VII., 2, u. s. w. Für den Zollverein vergl. z. B. Friedr. List's „Zollvereinsblatt"; Nebenius, über den Zollverein, 1835; v. Amsberg, über den Zollverein, 1831; Steinacker, über den Zollverein 1844; und die Kammerverhandlungen der constitutionellen Staaten Süddeutschlands vor ihrem Beitritt, z. B. besonders die Verhandlungen der württembergischen zweiten Kammer über das Verhältniß des Zollvereins zu den Rechten der Verfassung.

Zur Geschichte des Völkerrechts in Deutschland s. Joh. Jak. Moser's „deutsches nachbarliches Staatsrecht" 1774 (besonders über Landeshoheit und Souverainetät in Deutschland.)

Ueber das Bundesrecht der Schweiz s. (das offizielle) »Manuel du Droit public de la Suisse,« T. I. und II., Aarau, 1815 und 1816; Bornhäuser's, (2 Abtheilungen), und Usteri's deutsche Codices und Ludwig Snell's Sammlung. Ferner vergl. die Kritik der alten Schweizer Bundesverfassung von Troxler, „Lösung der nationalen Lebensfrage: Worauf muß die Bundesverfassung der Eidgenossenschaft begründet werden?" 1833, und von K. Sal. Zachariä, 1833: „Ueber den gegenwärtigen politischen Zustand der Schweiz," (abgedruckt aus der „Zeitschrift für Rechtswissenschaft des Auslandes"). Letztere Schriften beziehen sich auf die damaligen Bedürfnisse und Reformpläne. In dieser Beziehung s. auch: H. B. Oppenheim's „über die Licht- und Schattenseiten des Schweizerischen Staatsrechts," in „konstitut. Jahrbücher, von K. Weil," 1843, Band III. Ferner s. die Verhandlungen von 1847 über die Bundesreform u. s. w.

Ueber nordamerikanisches Bundesstaatsrecht s. die Schrift von Robert Mohl, 1824; von F. Bissing, Heidelberg 1836, (nach James Kent's »Commentaries on American law,« etc. Band I., 1826 u. 1832). Hamilton's Federalist und Story's Commentaries on the constitution of the United States, 1833, III. vol.

Ueber Bundesverfassungen überhaupt, Sainte-Croix, Des anciens Gouvernements fédératifs, 1780. Sam. Pufendorf, De Systematibus civitatum, in den Dissertat. academ., 1677. Meermann's Comparaison de la ligue des Achéens, des Suisses et des Provinces unies (der Niederlande,) 1784, (im Haag.) K. Th. Welcker, „Ueber Bundesverfassung und Bundesreform, über Bildung und Gränzen der Bundesgewalt," 1834; und die betreffenden Artikel desselben Autors im Staatslexikon; auch P. Pfizer's Artikel: „Fürstenbund", ebendaselbst IV., 2; ferner F. J. Buss, Vergleichung der modernen Föderativverfassungen, 1844.

[1]) Cfr. Präsidial-Vortrag der Bundesversammlung v. 2. Nov. 1816, Nr. 1, und Bundesbeschluß vom 1. Juli 1824 ꝛc.

[2]) Cfr. Pariser Frieden v. 30. Mai 1814, art. VI.

[3]) Cfr. Wiener Schlußakte, art. 57—59, und die späteren Bundesbeschlüsse gegen das Steuerverweigerungsrecht der Landstände, und gegen die, in einigen Staaten verfassungsmäßige Preßfreiheit u. s. w., ferner die Wiener Ministerialkonferenzbeschlüsse von 1834.

[4]) Noch ärger erscheint es, daß der Theil von Limburg, welcher anstatt des abgetretenen Theils von Luxemburg durch die „24. Artikel" deutsches Bundesland geworden ist, seinem inneren Verfas-

sungsrechte nach, wie z. B. auch in Bezug auf seine Kriegspflicht, zum K. Holland gehört, statt zu Luxemburg, so daß dieses Gebiet kein besonderes Bundeskontingent stellte, sondern ganz Holland für es einen Theil des holländischen Heeres.

[8]) Vergl. oben den letzten §. des Kap. III.

§. 12.

Zerfällt der Nexus der einseitig oder gegenseitig beschränkten Souverainetäten, d. h. wird ein halb-souverainer Staat, eine unterworfene Provinz, oder auch ein Theil eines Bundesstaates selbstständig, so tritt damit eine neue Souverainetät ein. Dies findet natürlich bei allen Theilen eines Föderativstaates Statt, sobald durch die Gestattung eines Austritts der gemeinsame Nexus aufgehoben ist.

Die Frage, wie Souverainetäten entstehen oder untergehen, ist mehr eine faktische, aus der Geschichte zu beantwortende, als eine juristische. Die Frage, wie Staaten entstehen, reduzirt sich auf die viel einfachere und klarere, wie Staaten bestehen, nämlich woraus und wodurch sie bestehen; bei Abwesenheit der nothwendigen Bedingungen gehen sie unter. Länder werden nicht erfunden, sondern entdeckt; sie verschwinden nicht, aber sie werden unterjocht. Freiheit und Souverainetät werden nicht geschaffen, sondern genommen. (Ueber den Ursprung der Staaten durch Kampf oder Vertrag s. Pölitz, Völkerrecht, 1828, S. 95, die Anmerkungen.) Die vielfachen und doch so müßigen Untersuchungen der Theoretiker über diesen Punkt beruhen meistentheils auf Verwechselungen mit der Frage, wie neue Staaten in das alte völkerrechtliche Staatensystem eintreten? welche Frage wiederum einzig aus der Lehre von der Anerkennung zu beantworten ist. (S. u. im Kap. VIII.) Ein Volk, welches sich zur Souverainetät erhebt, erkennt damit seine ursprüngliche Berechtigung an. Und da die völkerrechtlichen Verpflichtungen nicht bloß an den einzelnen Personen oder Behörden haften, sondern von diesen für das Land und das Volk contrahirt sind, welche beide im Zusammenhang mit irgend welcher Regierungsbehörde den Staat bilden, so gelten die völkerrechtlichen Gesetze auch für den neuen Staat: weil 1) ein Volk nicht das Recht hat, die bisher geduldeten Behörden, die bisher gestatteten Regierungsmaßregeln retrotrahendo zu desavouiren; denn der Staat besteht in jedem einzelnen Gliede und in jedem Zeitpunkte als Totalität, und nicht bloß in der vollkommensten Verfassung, sondern in jeder Verfassung als Staat; — und 2) weil nicht einseitig durch innere Verfassungsänderungen Verpflichtungen nach Außen aufgehoben werden können.

Somit ist der neue Staat (die neue Souverainetät) nicht nur im Allgemeinen verpflichtet, die völkerrechtlichen Normen des Ganzen, dessen Theil er einst war, aufrecht zu erhalten, und diese Verpflichtungen zu erfüllen: sondern er hat natürlich auch die, dem entsprechenden Ansprüche, weil die Rechte, wie die Pflichten, auf dem Lande haften, dem Volke zustehen. Denn entweder erkennt der frühere Paziszent den neuen Staat als Souverain an, und dann ist er ihm auch verpflichtet, wie ehedem der alten Souverainetät; oder er erkennt ihn noch nicht als fait accompli an, alsdann muß er ihn noch für einen Theil der alten Souverainetät gelten lassen, ihn trotz allem Widerspruch so betrachten und in diesem Sinne auch noch die früheren Verpflichtungen erfüllen. — Selbstredend beziehen sich diese Regeln nicht auf die rein politischen Verhältnisse, in welchen jede Regierung als eine ganz bestimmte Persönlichkeit auftritt, sondern nur auf die Verpflichtungen und Rechte, welche an dem Lande haften.

Dieselben Normen gelten analog für den umgekehrten Fall, daß ein Staat seine isolirte Selbstständigkeit aufgibt und, freiwillig oder gezwungen, zum Theile eines anderen Staates wird. In diesem Falle, oder wenn eine einzelne

Provinz dem bisher feindlichen Lande einverleibt wird, würden die obigen Sätze wohl auf die meisten Schwierigkeiten stoßen. Durch die Trennung eines Staates in mehrere können sogar staatsrechtliche Normen zu völkerrechtlichen werden: so die deutschen Reichsgesetze, welche zwar die Rheinbundsfürsten in der Rheinbundsakte (art. II.) eigenmächtig aufgehoben haben [1]), gleichsam nach Kriegsrecht; während die deutschen Bundesstaaten dieselben noch als gültig und bindend anerkennen mußten [2]). Doch darf hier nicht unbeachtet bleiben, daß das deutsche Reich in seiner späteren Gestalt schon ein Bundesstaat war; sonst hätten Staatspflichten nicht zu völkerrechtlichen Normen werden können. Jeder Theil trat nun an die Stelle des Ganzen und übernahm seine Pflichten, oder sollte sie mindestens de jure übernehmen, z. B. die Bezahlung der Reichsschulden nach den Grundsätzen der Negotiorum gestio oder der In rem versio, eventuell pro rata.

[1]) Ebenso eigenmächtig sollten, nach der Ansicht der Hofpublizisten damaliger Zeit, die, in der Rheinbundsakte garantirten, „Privilegien und Begünstigungen" der Standesherren aufgehoben werden können. Ueber diesen Streit vergl. Winkopp's Rheinbund, XLIX, L, LIII, LIV, LVII, etc., und K. S. Zachariä's Staatsrecht des Rheinbundes, 1810, S. 3—43.

[2]) Siehe Klüber's öffentliches Recht des deutschen Bundes rc. 1840, §. 47 und §. 44. Note c.

§. 13.

Der im vorigen Paragraphen aufgestellte Grundsatz ist nur cum grano salis anzuwenden. Unbedingt paßt er auf alle die Verträge, deren Anwendbarkeit sich wirklich auf das ganze Land bezieht; z. B. auf Verträge über den Schutz der Ausländer und ihres Besitzthums, über internationale Privatrechte u. s. w. Indessen versteht es sich von selbst, daß eine Provinz, welche z. B. durch Abtretung in einem Friedensschlusse einem andern Staatsganzen einverleibt wird, an dessen Rechten, auch soweit dieselben aus Staatsverträgen resultiren, theilnimmt und die Rechte und etwaigen Privilegien aus den Verträgen der früheren Staatseinheit verliert. So zum Beispiel beim Uebergang Savoyens vom Königreich Sardinien in das Kaiserthum Frankreich. Anders dagegen verhielt es sich mit den italienischen Staaten, welche in das neue Königreich Italien aufgingen; die Handels- und Schifffahrtsverträge beider Sizilien, zum Beispiel, hörten nicht dadurch von selbst auf, daß Victor Emmanuel in die Stelle des Königs Franz II. einrückte und aus getrennten Bestandtheilen eine neue Einheit bildete.

Schwieriger noch und controverser wird die Frage bei denjenigen Verträgen, deren Objekt eine Einheit der Handlung voraussetzt, die nicht in der räumlichen Breite des Gebietes ausgeübt werden, oder die rein von der auswärtigen Politik der Souverainetät abhängen; z. B. über Rangverhältnisse, Staatsanleihen-, Allianz- und Subsidientraktate. Die auswärtige Politik des neuen Staates ersteht natürlich auf ganz neuen Grundlagen; die hierauf bezüglichen Verträge sind für ihn als bonae fidei contractus zu betrachten, und ihre fortdauernde Gültigkeit ist nach der Eigenthümlichkeit der bezweckten Resultate und nach der Natur der Vortheile und der Gegenleistungen zu beurtheilen. [1])

Die Verpflichtung zur Bezahlung der ehemals gemeinsamen Staatsschulden hängt noch von andern Rechtspunkten ab: zunächst davon, zu wessen Vortheil die Schulden gemacht sind; dann aber, auf wen die Activa übergehen, welche in Beziehung zu den in Rede stehenden Passiven sind, z. B. der Staatsschatz, die Amortisationskasse, oder auch die Eisenbahn, der Hafen, für welche die entlehnten Summen verwandt sind; meistentheils wird auch eine juridische Präsumtion begründet sein durch den Besitz der Grundstücke oder Domainen, auf welchen die Schulden etwa hypothekarisch radizirt sein mögen. In der Regel wird der alte Staat persönlich für die Schulden einstehen müssen, die er persönlich contrahirt hat, vorbehaltlich seines Regresses. Noch schwieriger wird die Frage, wo keiner der alte und keiner der neue Staat ist, wenn z. B. ein Bundesstaat sich in mehrere auflöst. Hier wird es denn vornehmlich darauf ankommen, ob alle Provinzialstände, oder die gemeinsamen Reichs- oder Landstände die Staatsschuld bestätigt und ihre Kommittenten dadurch gleichsam zu solidarischer Haft verpflichtet haben; oder ob die Schuld nur von einer gewissen herrschenden Dynastie ausgegangen ist, welcher die Gläubiger zu trauen wagten. In letzterem Falle fragt es sich noch, ob der Absolutismus für alle Staatstheile gleichmäßig die verfassungsmäßige Regierungsform war; wo denn allerdings auch jeder Theil, ceteris paribus, gleichmäßig von dem persönlichen Vertreter der Souverainetät gebunden und verpflichtet werden konnte. Eine Hauptschwierigkeit bei der Theilung solcher (meistentheils solidarischen) Verpflichtungen bietet ferner das Wie der Theilung, die Uebernahme der Quoten. Hiefür kann die Auflösung von Gesellschaften oder Universitates juris schon deßhalb keine Analogie bilden, weil es bei diesen fast immer auf bestimmte, gleiche Antheile oder Aktien einzelner Personen ankommt. — Ein Staat aber ist eigentlich an sich ein untheilbares Ganzes, das wohl Glieder, aber keine Theile hat. Da kann die Uebernahme der Quoten nicht nach den Quantitäten der Territorien, oder nach der Seelenzahl der Bevölkerungen ermessen werden; nicht einmal nach einer proportionalen Durchschnittszahl von beiden: weil es hier weder blos auf die Anzahl — fruchtbarer oder unfruchtbarer — Quadratmeilen, noch auf die Seelenzahl der Provinzen ankommt; und weil staatliche Pflichten, namentlich solche, die in fungibeln Gegenständen (wie Gold) zu erfüllen sind, nicht nach gleichen Kopfsteuern ermessen und entrichtet werden können, sondern nach dem Maßstabe des Reichthums, — also etwa, wie eine gemeinsame Einkommensteuer, von welcher z. B. die abgefallene Provinz nur $\frac{1}{x}$ getragen hätte; diese würde alsdann nach dieser Norm, abgesehen von den anderen Motiven, zu den gemeinsamen Staatsschulden auch $\frac{1}{x}$ zollen müssen.

Jedenfalls bedarf es besonderer Verträge zur Regelung solcher Verhältnisse auf den erwähnten Grundsätzen, wie etwa des deutschen Reichsdeputationshauptschlusses vom 25. Febr. 1803, oder des Vergleichs zwischen Holland und Belgien in Gemäßheit der 24 Londoner Artikel v. 15. Novbr. 1831, art. XVI. bis XXIV., wobei Belgien, das größer und bevölkerter ist, als Holland, mit Recht doch nur einen bei Weitem geringeren Theil übernahm, schon darum, weil Holland die größere Masse der Schulden in die Gemeinschaft eingebracht hatte. Der Reichsdeputationshauptschluß vom 25. Febr. 1803, §. 38, und die darauf fußende deutsche Bundesakte, Art. 15, übertrugen die Reichsschulden entweder nach den Grundsätzen der in rem versio, oder als Ausgleichung gegen die neuen Erwerbungen einzelner Paziszenten, z. B. auf den Rheinoktroi [2]). Ferner vergl. die Streitigkeiten, welche nach art. XXX. der Wiener Schlußakte von 1820 durch Austrägalgerichte zu schlichten waren; z. B. über „die Beschwerdesache der rheinpfälzischen Staatsgläubiger und Besitzer der Partialobligationen lit. D." gegen die Badische Regierung, siehe die Protokolle der Bundesversammlung (v. 1821, Band XI., Seite 125 u. folgende, 161 u. folgende, pag. 173 u. folgende, 227 u. folgende; und überhaupt über diese und ähnliche „Bundesdiadikasien" vergl. Aug. Wilh. Heffter's „Beiträge zum Staats- und Fürstenrecht," 1829, pag. 260 u. folgende [3]).

[1]) Auch hier ist ein bekanntes Beispiel aus der neuesten Geschichte am Platze: Das Besatzungsrecht, welches die Schweiz nach der Wiener Kongreßakte an den neutralisirten nordsavoyischen Distrikten hatte, war zum Schutz derselben gegen eine französische Invasion bestimmt, und hörte also nach der Natur der Dinge von selbst auf, als Savoyen französisch ward. Die völkerrechtliche Contro-

verse dabei konnte sich nur um die Frage drehen, ob die Abtretung dieser Distrikte nicht an sich einen Vertragsbruch involvire?

¹) Vergl. Klüber's öffentliches Recht ꝛc. §. 6, not. c., und §. 45 not. g., u. a. m. Ueber einzelne Streitigkeiten vergl. z. B. (Klüber's) „Geschichte und Rechtsverhältniß der Schlesischen Staatsobligationen aus den J. 1734 bis 1737," Frankfurt 1827; und die „Ausführung der Ansprüche des Herrn Grafen Jakob zu Eltz-Kempenich ꝛc., aus dem Rheinzolle zu Engers." Koblenz, 1842. (Eine gründliche Advokatenschrift des Dr. Longard I. für die ꝛc. Eltz gegen die preußische Krone als theilweise Erbin des Reiches; als Manuscript gedruckt.)

²) Ueber die k. westphälischen Staatsgläubiger s. u. §. 15 ꝛc.

§. 14.

Souverainetät und fürstliche Autonomie sind himmelweit von einander verschieden. Von den realen Staatsverträgen sind die persönlichen oder Hausverträge der Fürsten strenge zu unterscheiden. Alle Ausflüsse der fürstlichen Familienautonomie, die Hausgesetze, Familienpakte, Erbverbrüderungen u. s. w., gehören in das Privatfürstenrecht und eben so wenig in das eigentliche Völkerrecht, als irgend eine andere Privathandlung einer durchlauchtigen Person. Höchstens sind solche Statuten für das Staatsrecht unmittelbar und für das Völkerrecht mittelbar wichtig durch die möglicherweise daraus erfolgenden Veränderungen der Erbfolgeordnung. Insoferne aber dergleichen Handlungen zu Recht bestehenden Verträgen zuwiderlaufen, sind sie ungültig und müssen ihre Folgen annullirt werden: wie z. B. der spanisch-französische Familienpakt, oder wenn z. B. ein deutscher Fürst im Widerspruch mit seiner, vom Bunde garantirten, Verfassung, oder auf anderem, als verfassungsmäßigem Wege (gegen W. S. A. LVI.) die grundgesetzliche Successionsordnung verändern wollte ¹).

Uebrigens unterscheiden sich dieser Art Handlungen, Punktationen und Sponsionen, von den Staatsverträgen durchgehends so, wie die Privatdomainen des regierenden Hauses von dem Obereigenthum des Staates. Das Interesse jener Handlungen bezieht sich direkt nur auf die herrschende Dynastie; dieselbe kann natürlich über ihre Privatdomainen privatrechtlich verfügen und sich z. B. dieselben auch bei Territorialveränderungen reserviren.

(So behielten deutsche Fürsten ihre Patrimonialrechte, Droits seigneuriaux, im Elsaß bis zur französischen Revolution, in welcher ihnen privatrechtliche Entschädigung für die staatsrechtliche Abschaffung geboten ward. Siehe oben Kap. III.)

Ueberhaupt ist bei dem Begriff der Souverainetät das Staatsverhältniß stets festzuhalten, abgesehen von den rein dynastischen Beziehungen.

Zwar enthält die ganze diplomatische Praxis unserer Zeit solche Verwechselungen; selbst die Fragen über Anerkennung und Garantie eines Reiches beziehen sich meistens nur auf die Dynastie [*]). Die Wiener Versammlungen hatten in Bezug auf den europäischen Frieden, wie für den deutschen Bund (z. B. W. S. A. LVII.) die absolutistische Auffassung des Souverainetätsbegriffes dem Gedanken der Staatseinheit und staatlichen Selbständigkeit unterzuschieben gewußt, nachdem sie die Legitimität aus dem inneren Staatsrecht in das Völkerrecht verpflanzt hatten. (Schon der Ausdruck: „die souverainen Fürsten und freien Städte" der deutschen Bundesgesetze enthält eine solche Verkennung.) Vergl. auch Klüber's Oeffentliches Recht des deutschen Bundes, 1840, §. 238, not. b, und H. A. Zachariä's Deutsches Staats- und Bundesrecht, 1841, I., §. 14; und über die verschiedenen Auffassungen der Souverainetät nach Außen und Innen, während der Rheinbundszeit, über die oftmalige Anwendung dieses, absichtlich mißverstandenen, Begriffs gegen wohlerworbene Rechte im Inneren, s. v. Berg's Abhandlung zur Erläuterung der rheinischen Bundesakte, 1808, und Winkopp, l. c. Heft XXXI, 1. und Heft XLIX, 9—10.

Beispiele für die Irrthümer der Theorie liefern unter Anderen, Pufendorf, Jus. nat. et Gent., lib. VII., von Haller, Stahl u. A. m.

Dagegen Klüber's Völkerrecht, 1821, §. 21: „Unmittelbar bezieht sich die Souverainetät auf den Staat, mittelbar auf das regierende Subjekt, welchem vom Staat die Ausübung derselben übertragen ist. Wer zur Vertretung eines unabhängigen Staates berufen ist, heißt Souverain; ihm gebührt die Majestät.“ — — — Und die Erklärung Hannovers auf dem Wiener Kongresse, (Siehe Klüber's Akten des Wiener Kongresses, Bd. I., S. 69): „— — Anderentheils liegt in dem Begriff der Souverainetätsrechte keine Idee der Despotie. Der König von Großbritannien ist unläugbar eben so souverain, als jeder andere Fürst in Europa.“[1]) — — —

Eine andere Verwechselung liegt noch in der Begriffsbestimmung der Souverainetät nach der Macht (Suprematus oder Potentatus) oder gar in einer Rangordnung der Souverainetäten nach der Bevölkerung, wie sie auch von Pölitz, prakt. V. R. ꝛc. 1828, pag. 77, aufgestellt ward, der zum Beispiel das Königreich beider Sizilien und das Sardinische in die zweite Reihe der Mächte von vier bis zwölf Millionen Seelen stellte, und folglich Schweden mit Norwegen, und Portugal, welche nur 1—4 Mill. Menschen enthielten, darunter, während er außerdem noch „Staaten vom vierten politischen Range“ annahm. Dergleichen Aeußerlichkeiten bildeten niemals einen Rechtsboden![3])

[1]) Das Nähere s. u. v. den Verträgen.

[2]) Man vergl. u. Kap. VIII.

[3]) Vergl. auch Frdr. Saalfeld's Handbuch des positiven Völkerrechts, 1833, §. 12—18, und z. B. §. 15: „Eintheilung der Staaten nach der Religion.“ (!)

§. 15.

Beruhet also das Wesen der Souverainetät weder auf dem Rechte des regierenden Hauses, noch auf dem materiellen Inhalt des Landes, (nach §. 12—14), so überdauert dasselbe auch alle Veränderungen: nicht blos die der Verfassung, zu deren wesentlichstem Inhalte das Recht und die Möglichkeit freier Entwickelung gehören, sondern auch den Wechsel der Dynastien, so wie alle Gränzverrückungen. Insoferne ist der Staat unsterblich; »l'État ne meurt pas,« wäre eine noch besser begründete Parömie, als: »Le roi ne meurt pas.« Wenn aber der Staat nicht aufhört zu sein, was für formelle oder materielle Veränderungen auch mit ihm vorgehen mögen, wenn sein Recht mit seinem Bestehen identisch ist, und, als ewig gegenwärtig, auch nicht pausirt: so kommt es begreiflicherweise für seine Rechte und Verpflichtungen nicht auf die Legitimität seiner fürstlichen Dynastie an. Der Nachfolger in der Regierung ist also stets auch der Fortsetzer für alle realen Beziehungen des Staates zu Privatleuten, wie zu anderen Staaten. Darum muß jede Regierung, sei es nun eine revolutionaire oder eine usurpatorische, wenn sie nur einmal unbestritten herrscht, für souverain gelten; und um so mehr, wenn sie in Friedensschlüssen anerkannt oder bestätigt, und stillschweigend oder ausdrücklich vom Volke gut geheißen ist. Nur diejenigen Regierungshandlungen sind an und für sich null und nichtig, welche der gegenwärtigen und anerkannt gültigen Verfassung eines Landes zuwider laufen. Alle anderen Regierungshandlungen aber binden den Nachfolger, als Vertreter des Staates; sie sind berechtigend, wie verpflichtend. Ein staats- oder völkerrechtliches Jus postliminii gibt es nicht; selbst das privatrechtliche Jus postlimini ist ja als lex specialis strictissime zu interpretiren. (S. u. vom Kriegsrecht.) In diesem

Punkte des öffentlichen Rechtes heißt es also wohl: Ubi vis, ibi jus! — (Damit ist der staatsrechtliche Satz, daß tausend Jahre Unrecht noch keine Stunde Recht geben, wohl zu vereinen.)

Selbst was die europäischen Kongresse dieses Jahrhunderts über Legitimität bestimmt haben, könnte hier schon deßhalb nicht einwirken, weil diese Verheißungen nur das Gelöbniß enthielten, das Prinzip der Legitimität in Zukunft möglichst aufrecht zu erhalten, ohne daß sie an den bestehenden Rechtssätzen und ihren Konsequenzen irgend etwas hätten verändern können.

Anmerkung. Die Grundsätze dieses §., wie die des §. 12, sind besonders wichtig für die Lehre von den Staatsverträgen; wir mußten deßhalb zum besseren Verständniß schon manches Vertragsrechtliche hier hineinziehen. Seltsam ist es dagegen, daß L. Dresch's „Ueber die Dauer der Völkerverträge," 1808, (eine zu Landshut gekrönte Preisschrift), neben so vielem Ueberflüssigen, doch gerade über diese wichtigsten Controversen Nichts enthält. Allerdings ist nicht zu läugnen, daß diese Lehren erst durch die Territorialveränderungen der sog. Befreiungskriege eine besonders praktische Bedeutung in Deutschland erhielten. In den Feudal- und Korporationsstaaten des früheren Mittelalters, wo die Staatshoheitsrechte, nach Privilegien zersplittert und vertheilt, mit dem erblichen Grundbesitze Einzelner unauflöslich verknüpft waren, konnten diese Fragen nicht einmal aufgeworfen werden; denn sie hängen mit der Staatseinheit zusammen. Heut zu Tage werden sie durchgängig falsch beantwortet; sei es nun, daß fürstliche Privatinteressen in's Spiel gerathen, oder daß die richtige Theorie noch von einseitigen positivrechtlichen Motiven verdrängt werde. Jenes fand beispielsweise, außer einigen im §. 13 schon erwähnten Fällen, namentlich bei der Uebergehung oder Verletzung der Rechte der ehedem k. Westphälischen Staatsgläubiger und Domainenkäufer Statt, welche ihre Rechte aus einer Regierungsperiode datirten, deren Reich nicht nur einer anderen Dynastie (der Kurhessischen) weichen mußte, sondern auch in mehrere zerfiel, nämlich in Kurhessen und einige Landestheile von Preußen, Hannover und Braunschweig. Aber die Komplikation der Thatsachen hebt die Einfachheit der Prinzipien nicht auf.

Vergl. Klüber's öffentliches Recht des deutschen Bundes, 1840, §. 139 (Justizverweigerung) not. e; und ibidem §. 253, worin auch die hauptsächlichste Literatur dieses Gegenstandes. Der Bundestag, (s. seine Protokolle, besonders die v. 1817, §. 105 und v. 1823, §. 90, 100, 164, v. 1827, §. 27 u. s. w.), erklärte sich zwar für inkompetent, verwarf aber keineswegs das Recht der Beschwerdeführenden. Kurhessen, Hannover und Braunschweig gingen von der Behauptung aus, ihre Ländereien habe Hieronymus Buonaparte nur durch Kriegsgewalt besetzt gehalten, und einzig der geringe preußische Antheil sei im Tilsiter Frieden ordentlich abgetreten worden; also für diesen Theil bestehe wirklich eine fortlaufende Obligation. Andere meinten, jeder Unterthan habe, ehe er sich seiner Regierung unterwerfe oder mit ihr contrahire, nicht blos das faktische, sondern auch das rechtliche Bestehen derselben zu prüfen; diese verfallen aus dem positiven Recht in das Naturrecht, und leisten damit der despotischen Willkür, die sie vertheidigen wollen, den schlimmsten Dienst! [1])

Ein anderes Beispiel für die im vorliegenden Paragraphen aufgestellten Thesen läge z. B. in der Frage, ob nicht die freie Bundesstadt Frankfurt die vom Großherzog von Frankfurt, dem Fürsten Primas, eingegangenen Verpflichtungen und Staatsverträge zu erfüllen hatte, oder von den mit dem Primatischen Reich gemachten Stipulationen die Erfüllung zu fordern hatte. Diese Frage soll im J. 1843, vor einem badischen Obergericht, in Bezug auf einen aus jener Zeit datirenden Vertrag mit Baden zu gegenseitiger Exequirung der richterlichen Urtheile, aufgeworfen und verneinend beantwortet worden sein, weil die Frankfurter Regierung im Jahr 1816 die Bestätigung oder Erneuerung dieses Vertrags für überflüssig erklärt hatte, da Frankfurt ohnehin fremde Urtheile exequire, und ein Gleiches überall von den völkerrechtlichen Aequitas und Reciprozität erwarte.

[1]) Vergl. auch Klüber's Völkerrecht, 1821, §. 255—259, (in II. Theil. II. Tit. Kap. I. Recht des Krieges), und B. W. Pfeiffer: Das Recht der Kriegseroberung in Bezug auf Staatskapitalien, Kassel 1823, und eine Reihe späterer, meistens unbedeutenderer Parteischriften über diesen Gegenstand.

Kapitel VII.

Das Staatseigenthum.

§. 1.

Der Staat als Person hat auch sein eigenes Recht, sein persönliches Recht. Sein Privatrecht ist das innere Staatsrecht, dessen allgemeine Normen das „allgemeine Staatsrecht“ enthält; zu dem positiven Staatsrecht der einzelnen Staaten gehört auch das „äußere Staatsrecht,“ oder der Komplex von völkerrechtlichen Gesetzen und Verträgen, nach welchen dieser bestimmte Staat seine auswärtigen Verhältnisse geordnet hat und leitet. Jedes „äußere Staatsrecht“ ist somit eine Seite der Völkerrechtspraxis wie der Völkerrechtswissenschaft, welche beiden alle jene Seiten umfassen und zu allgemeinen Grundsätzen auflösen. Während nun das „äußere Staatsrecht“ sich mehr auf die Collisionen in Krieg und Frieden, den Inhalt unseres dritten und vierten Theiles, bezieht, so correspondirt das innere Staatsrecht mehr mit dem Inhalte dieses zweiten Theiles, in welchen darum auch die völkerrechtliche Lehre vom Staatseigenthum gehört. Wo Eigenthum, das heißt: als rechtmäßig anerkannter Besitz, Statt findet, sind freilich auch Collisionen gegeben; aber vom völkerrechtlichen Standpunkte aus ist das Staatseigenthum doch das unmittelbarste Recht des Staates, der gar nicht ohne dasselbe gedacht werden kann.

§. 2.

Zunächst ist die Bestimmung des vorliegenden Begriffes eine staatsrechtliche: der Staat hat ein Gebiet; der souveraine Staat ist Herr seines Gebietes. Hier ist von keinem Privateigenthum die Rede, sondern nur von einem sogenannten „Obereigenthum“, das so weit reicht, als die Herrschaft der Gesetze über das geschlossene Gebiet. Auch Privatbesitz oder Privateigenthum kann ein Staat als moralische Person so gut, wie jede physische Person haben; z. B. an Saats-Domainen im eigenen Lande, für welche der Staat sein eigner Unterthan und, nach der Competenz des forum reale, seinen Gesetzen und Gerichten unterworfen ist. Mit demselben Recht kann ein Staat Grundbesitzer in einem fremden Lande sein, dort gleichsam als »forensis« den »Landsassiatus minus plenus« einnehmen, wie jeder andere Fremde auch, und ist daselbst natürlich eben so den Gesetzen und dem forum rei sitae unterworfen. [1]) Verändert eine Provinz den bisherigen Stand ihrer Souverainetät, durch Eroberung, Abfall oder Vertrag, (cfr. Kap. VI., §. 12), so geht der Besitz der in ihr gelegenen Staatsdomainen in der Regel mit ihr über, es müßte denn mit der Erwerbungsart dieser Domainen eine eigene Bewandtniß gehabt haben, welche dieselben dem alten Staate zuschriebe, wenn z. B. der alte Staat schon vor der Eroberung der später wieder abfallenden Provinz die fraglichen Grundstücke in derselben besessen hat, [2]) oder sonst etwa aus besondern Gründen des Obligationenrechtes.

[1]) Früher gab es Ausnahmen von dieser Regel, z. B. hat Oesterreich Besitzungen auf dem Gebiete der freien Stadt Frankfurt, deren Bewohner noch vor Kurzem gewisse Privilegien der Exterritorialität (S. u. Kap. VIII., §. 5) genossen. Dagegen s. den Vertrag vom 6. Dezember 1845 zwischen Frankfurt und Oesterreich.

[2]) Vergl. z. B. Preußen's Convention mit dem Königreich Sachsen über die Lehnsgüter in den abgetretenen Ländern, vom 12. Mai 1834, in Martens, N. Rec., Tom. XVI.

§. 3.

Jede Nation, als Staat, ist absoluter Herr über ihren Grund und Boden. Dieses Eigenthum richtet sich nicht nach irgend einem positiven Rechte, außer dem eigenen Rechte des Staates; also nach dem wirklichen Jus Gentibus commune, nämlich nach dem allgemeinen, rechtsphilosophischen Begriffe des Eigenthums. Hier fällt demnach Jus naturae und Jus Gentium zusammen. Vom höheren, — völkerrechtlichen — Gesichtspunkte aus ist das Staatsgebiet das Eigenthum des einzelnen Staates oder Volkes: im gegebenen Staate handelt es sich aber nicht um ein willkürliches, veräußerliches Recht; das Staatseigenthum fällt mit der Idee des Staates zusammen [1]).

Dieses Obereigenthum, Jus dominii eminens, widerspricht dem Privateigenthum der Privatleute nicht, da der Staat ja aus der Gemeinschaft aller Privatleute besteht. Im Staate sieht der einzelne Bürger seinen Besitz anerkannt, bestätigt, gesichert und, noch über die Gränzen des positiven Gesetzes hinaus, auch völkerrechtlich geschützt. Da handelt es sich nicht mehr um die Grundstücke, das Schiff, die Waaren des Herrn N. N., sondern um preußisches oder französisches oder englisches Gut. (Ueber den Schutz der Schiffe und Waaren s. u. beim Seerecht und beim internation. Privatrecht.) Aber die beweglichen Güter schützt der Staat nur, weil er das ganze Privatrecht und selbst die volle Erwerbsfähigkeit seiner Unterthanen — gleichsam im völkerrechtlichen Prozeß — aufrecht erhält, seien es nun diese oder jene Waaren, um die es sich handelt; das Gebiet hingegen beschützt er als ein bestimmtes, als die Grundbedingung seiner bestimmten Existenz, als sein Staatsgebiet. Dieses Eigenthum (eigentlicher: Imperium) ist so unveräußerlich, wie irgend ein anderes Recht des Staates, dessen Behauptung zugleich seine Pflicht ist.

Der Privatmann kann zwar sein Feld, seinen Acker verkaufen, nicht aber aus der Oberhand des Staates veräußern; der fremde Erwerber, selbst wenn es ein anderer Staat wäre, würde immer quoad fundum realiter subjizirt. (Ueber die Territorialität des Rechts s. u. die geschichtliche Einleitung zum internationalen Privatrecht.)

Dem zufolge ist der Staat nothwendig geschlossenes Gebiet, Territorium clausum. Bei Föderativverfassungen gilt das Bundesgebiet für geschlossen, so daß die einzelnen Bundesglieder kein einseitig freies Verfügungsrecht über ihre Ländereien behalten und selbst Gränzausgleichungen die Bestätigung der Bundesgewalt erheischen [2]).

[1]) S. Vattel, Droit des Gens, liv. I. chap. 20 §. 235, 244 etc. Ferner vergl. J. Rave, über den Unterschied der Oberherrschaft und des Eigenthums, 1766; und A. F. H. Posse, über das Staatseigenthum in den deutschen Reichslanden u. s. w., 1794.

[2]) Vergl. nordamerikanische Verfassungsurkunde v. 1787, I. IV. 3 und 4, und I. VIII. § 10. Ueber gemeinsame Kriegsführung, s. deutsche Bundesakte, 11, und Wiener (Ministerial-) Schlußakte, VI., XXXVI. und XXXIX.; und z. B. vergl. die »Procés-verbaux constatant la délimitation des nouvelles frontières entre le Territoire Sarde et le Territoire Genevois, signés le 19. Juin 1816“, zum sardinisch-helvetischen Traktat v. 12. Mai 1816. (S. im »Journal de Francfort« von 1816, Nr. 177 u. 183.)

§. 4.

Dieses staats- und völkerrechtliche Obereigenthum ist also weder ein abstraktes oder nur ideelles Recht, noch ein Privatrecht, gleich dem allodialen Rechte an den Staatsdomainen, noch eine feudale Oberherrlichkeit über allen Privatbesitz; sondern ganz einfach ein Oberhoheitsrecht der Gesammtheit. Im Mittelalter wurde dieses Verhältniß allerdings als Oberlehnsherrschaft der erblichen Staatsbehörden aufgefaßt, so daß alles Privateigenthum nur als Dominium utile erschien, durch welches die Bürger erst zu Treue, Gehorsam und Steuerzahlung verpflichtet wurden; (aber das Dominium directum des Staates wurde dabei immer leerer und seines Inhaltes entblößter). Das Expropriationsrecht des Staates und die Steuerpflicht dürfen weder aus einem realen Vasallenthum der Unterthanen, noch aus der Vorstellung eines privatrechtlichen Patrimonialstaates hergeleitet werden.

Die Erwerbung von Staatsgebiet kann nur nach allgemeinen Rechtsregeln vor sich gehen; also durch Vertrag, durch erste Occupation [1]) und durch unvordenkliche Verjährung (Antiquitas, vetustas; — cujus contraria memoria non existit). Letztere gibt dem Occupationsbesitz, welcher der regelmäßige ist, eine gewisse Festigkeit, als ein unwiderlegbares Beweismittel einer seit jeher, d. h. seit Menschengedenken, bestehenden Thatsache [2]). (Daß die unvordenkliche Zeit im älteren Deutschland als ein bestimmtes Institut des öffentlichen Rechts erscheint, kann allein daraus erklärt werden, daß damals die Einheit des Reiches die öffentlichen Verhältnisse als privatrechtliche erscheinen ließ.)

[1]) Die Erwerbungsart durch Occupation beschäftigt noch gegenwärtig zuweilen die praktischen Diplomaten in Bezug auf transatlantische Besitzungen. Man vergleiche z. B. die langwierigen Streitigkeiten zwischen England und Nordamerika über das Oregon-Gebiet. Wie weit Entdeckung und erste Besetzung identisch seien oder nicht, ob die Besetzung durch Freibeuter oder Piraten ein Recht begründen könne (weil nämlich die Engländer ihr Occupationsrecht von Franz Drake's Entdeckung, 1580, und dessen Cession an sie ableiten), ob nicht das Flußgebiet dem Besitzer der Flußmündung zufallen müsse, wie das Recht auf die Küsten dem Besitzer der Bay, — alle diese und andere Fragen, welche auch im Genter Friedensvertrag (von 1818, zwischen England und Nordamerika) nicht gelöst wurden, kamen hierbei in's Spiel. Amerika nämlich betrachtet sich, nach den Verträgen von 1803 und 1819, als den Cessionar von Spanien und Frankreich. — Siehe „das Oregon-

Gebiet. Der Rechtstitel der Vereinigten Staaten klar und unbestreitbar. Offizielle Korrespondenz des brittischen bevollmächtigten Ministers in Washington und des Staatssekretairs der Vereinigten Staaten." (In offizieller Uebersetzung 1846 zu Bremen bei K. Schünemann gedruckt.) — 1846 wurde die Differenz durch eine Demarcationslinie ausgeglichen.

Ferner vergleiche unten über Colonisation.

*) S. Wheaton's Elements of international law, Vol. I., S. 206, und vergl. Hugo Grotius: De J. B. ac P., II., cp. IV. §. 1: »Nihil fit a tempore, quamquam nihil non fit in tempore«; und Bynkershoek, de dominio maris, 1702, cap. I.: »Ultra detentionem corporalem dominium non extendi, nisi ex conventione; eam conventionem esse civium in quaque civitate; solam legem civitatis dominia rerum defendere etiam sine possessione corporali; ex vetusta apprehensione — — nihil juris, nisi — — animo et corpore.«

§. 5.

In dem Staatsgebiet wird das Recht des Staates ausgeübt, bis an die Gränzen. Quidquid est in territorio, est de territorio! — Wo die See nicht Länderscheide ist, also bei Land- (oder trockenen) Gränzen, sind die Gränzlinien meistens durch Verträge und Friedensschlüsse gezogen. Diese nennt man „künstliche Gränzen," im Gegensatz zu den sogenannten „Naturgränzen".

Strenge genommen gibt es so wenig natürliche Gränzen, als es eine Linie in der Natur gibt. Die natürliche Gränze der Nation ist da, wo sie aufhört und eine andere zu wohnen beginnt; das entscheidendste Merkmal hierfür mag in der Sprache der Völker gegeben sein, diesem wichtigsten Zeugniß ihrer eigenthümlichen geistigen Existenz. Aber auch die Sprachen gehen allmälig in einander über. Kurz, überall bedarf das reine Naturrecht zur Anwendbarkeit der positiven Bestimmungen. Nur so viel ist gewiß, daß der Strom selten oder nie eine Länder- oder Völkerscheide bildet. Ströme bilden nur die Mitte eines Thales: sie erleichtern den Verkehr; sie verbinden, statt zu trennen.

Die falsche Ansicht, daß der Fluß Naturgränze sei, war am Ende des vorigen Jahrhunderts vielfach, und namentlich oft von den Franzosen in Bezug auf den Rhein, geltend gemacht worden; aber die deutsche Sprache reicht weit über diesen Fluß hinaus. Freilich verstand man damals — ganz im Geiste jener politischen Periode — unter Naturgränzen nicht die Volksgränzen, sondern die sicherndsten Markscheiden der Staaten, welche das eigene Land gleichsam zur natürlichen Festung machen, ungefähr wie rohe Volksstämme sich mit Wüsten zu umgeben suchen. Diese Naturgränzen sind also nur militärische, Arrondirungsgränzen. Diese sogenannten Naturgränzen sind also keine Nationalgränzen, sondern Staatsgränzen im Sinne jener traurigen Zeiten. Doch selbst in dieser Hinsicht verdienten Gebirge eher den Namen von Naturgränzen; aber Gebirge sind selbst bewohnt und viel verzweigt. Somit bildet das Meer die einzige entschiedene und wirkliche Naturgränze. Außerdem kennt man im Völkerrecht weiter keine von der Natur gezogenen Gränzen (limites naturales), sondern nur durch Uebereinkunft bestimmte (limites artificiales) nasse oder trockene Gränzen [1]).

Oft ist ein Staat oder eine Provinz ganz von einem fremdem Staate eingeschlossen, so daß er auf allen Seiten denselben berührt, ein Enclave; eine solche Lage beschränkt an und für sich das volle Staatseigenthum beider Länder keineswegs, noch verhindert sie die Geschlossenheit der Gebiete [2]).

[1]) Vergl. H. B. Oppenheim's „Der freie deutsche Rhein. Geschichte des Rheins" ꝛc. 1842, pag. 103—105, u. s. w.; Posselt's europäische Annalen von 1798, Bd. II. und III.; und M. E. Arndt's Schriften über den Rhein, z. B.: „der Rhein, Deutschlands Strom, nicht Deutschlands Gränze," 1814.

[2]) Zu diesem Paragraphen überhaupt vergl. Schmalz, Europäisches Völkerrecht, 1817, Buch IV. Abschnitt I. Ueber Markscheiden,

Gränzsteine und Gränzkarten, vergl. Klüber's Völkerrecht, §. 133 und ff. Ueber das Flußrecht, s. unten bei den Staatsservituten in diesem Kapitel.

§. 6.

Das Meer ist frei; das heißt: es ist das Eigenthum der ganzen Welt. So wenig es der corporalis detentio unterworfen werden kann, eben so wenig ist eine absolute Seeherrschaft denkbar. Diejenigen Gegenstände, welche nicht dem Privateigenthum anheimfallen können, die res merae facultatis, können nur insoferne eigentliches Staatseigenthum ausmachen, als sie zum Gebiet oder zum unmittelbaren Interesse des einzelnen Staates gehören. Am Meere hingegen haben alle Staaten gleichen Antheil: der Ocean ist res omnium communis, wie die Luft; während der schiffbare Strom nur, wie die Heerstraße, res publica (civitatis) ist.

Aber wo fängt das Meer an? wo hört es auf? Die Flußmündungen gehören noch dem Lande; die Küsten sind selbst noch Land. Auch sie ziehen keine strenge Linie; Ebbe und Fluth wirken auf sie ein. Und was wäre das für ein Besitz, was für eine Sicherheit, wie wäre ein Schutz des eigenen Landes möglich, wenn an den Küsten selbst das Recht des Staates endete; wenn das Land Staatseigenthum, das Landen aber jus commune wäre?! Das Recht der Thatsache muß demnach hier hinzugezogen werden. Der Staat hat seine Kräfte zur Erfüllung seiner höchsten Pflicht, der Selbsterhaltung in Unabhängigkeit, Selbstständigkeit und Gleichheit, zu gebrauchen: das Staatseigenthum geht so weit, als die direkte materielle Einwirkung, corporalis detentio; oder nach einer ganz allgemeinen Parömie: »Terrae dominium finitur, ubi finitur armorum vis!« oder, wie Bynkershoek sagt: »Non ultra quam e terra mari imperari potest!«

Zur Bestätigung dieser Sätze bedurfte es keiner Staatsverträge; sie folgen aus dem Begriff des Staates und sind Völkersitte. Wohl aber gibt es Pacta specialia, welche diesen Grundsätzen für specielle Verhältnisse derogiren. Armorum vis bedeutet heut zu Tage die „Kanonenschußweite“; soweit also gehört die See zur Küste. [1])

Demnach versteht es sich von selbst, daß so weit der innere Raum der Meeresküsten, Buchten, Baien, Sunde, Meerengen, Kanäle, Häfen und Mündungen, wie alle das Land bespülenden Meerestheile, zur Oberbotmäßigkeit des Landes und nicht zum freien Meere gehören, demnach im Kriege gesperrt, oder überhaupt nur gegen Hafengelder geöffnet zu werden brauchen; daß auch soweit der besitzende Staat das ihm beliebige Seezeremoniell, den Schiffsgruß u. s. w. anordnen kann. Es versteht sich ferner von selbst, daß Landseeen einen Theil des Staatsgebietes ausmachen; da sie faktisch von demselben umgeben sind und man doch unmöglich eine natürliche Wegegerechtigkeit aller Völker durch den den Landsee umschließenden Staat annehmen darf; wie ja auch Enklaven nicht ohne besonderen Vertrag eine solche Durchzugsservitut besitzen. [2]) Wo aber ein Landsee von mehreren Staaten umgeben ist, gelten zwischen diesen, je nach den Umständen, entweder die obigen Grundsätze der Meeresfreiheit oder die Normen des Flußrechtes, wie wenn ein Fluß verschiedene Staaten trennt oder durchläuft.

[1]) Grotius, Vattel, Bynkershoek und fast alle Neueren erklären sich für das Prinzip der Kanonenschußweite, das freilich heutzutage durch die unendliche Vervollkommnung der schweren Geschütze keine ganz feste Anwendung findet und jedenfalls eine andere Tragweite hat, als früher. Doch gibt es jetzt Verträge, welche sie auf drei Seemeilen fixiren. Siehe z. B. den Vertrag zwischen England und Nordamerika v. 28. Oktbr. 1818 (art. I.), den englisch-französischen Vertrag v. 2. August 1839 (art. 9. u. 10) und vergl. damit das belgische Gesetz vom 7. Juni 1832. — Als

Grundlage der Berechnung wird gewöhnlich der Stand der Ebbe angenommen.

*) Ueber Etappen-Conventionen s. u. §. 10.

§. 7.

Die wahre Seeherrschaft der Staaten beschränkt sich also auf ihr Seegebiet an Häfen, Mündungen u. s. w. Dieses Recht suchten aber viele Staaten auszudehnen. Das brittische Inselreich will nicht durch das Meer im Innern getrennt sein und behauptet deßhalb ein Eigenthumsrecht an seinen sogenannten »Narrow Seas«: nämlich an all dem Wasser, welches fingirte Linien von den äußersten Vorgebirgen Irlands, Schottlands und Englands zu einander nach jeder Seite hin einzuschließen vermögen; die eingeschlossenen Stellen heißen auch die Königskammern, the King's (oder Queen's) chambers. Schon unter Jakob I. und Karl II. soll der Admiralitätshof den brittischen Schiffen für den darin begangenen Seeraub eingestanden haben. Aehnliches, wie die englischen Königskammern, glaubt Nordamerika zu seiner Sicherheit für die Delaware-Bai behaupten zu müssen. Auch haben die Seegerichte der betreffenden Länder diesen Ansprüchen eine Art von allgemeiner Anerkennung zu verschaffen gewußt. Holland hat früher die »Narrow seas« gelten lassen.

Seltsamerweise spricht ein brittisches Gesetz (9 Geo. II. cap. 35, v. 1736) sogar auf vier Seemeilen weit von der Küste ab die englische Herrschaft und das Eigenthum des englischen Staates an! Doch wird es sich unter allen Umständen von selbst verstehen, daß dieser englische Grundsatz bei Meerengen schon deßhalb unanwendbar wäre, weil die Engländer die Konsequenzen ihres Prinzips doch auch den gegenüber wohnenden Staaten zugestehen müßten, als eine Venia vicissim petita ac data.

Eine andere Art von Einwänden gegen die allgemeine

Meeresfreiheit besteht in den Ansprüchen auf die Schließung eines Meeres; die sogenannten geschlossenen Meere, Maria clausa, haben seit jeher starke Debatten erregt. Natürlich, der atlantische Ocean ist nicht zu schließen; wohl aber die Meerenge von Gibraltar, der dänisch-schwedische Sund, der Bosphorus u. s. w.

Die Schließung der Meerenge von Gibraltar würde das ganze mittelländische Meer für die äußeren Länder zum geschlossenen Meere und für die anwohnenden Völker zum Landsee machen; aber diese Meerenge ist völkerrechtlich frei, da sie nicht durch Armorum vis vom Lande aus zu bestreichen ist. Hingegen bestreichen die Dardanellenfestungen wirklich die ganze Meerenge vor dem Marmorameer, und die Kanonen von Konstantinopel und Scutari den Bosphorus, und schließen somit das schwarze Meer, trotz Rußlands Antheil daran, für alle Völker; was auch allgemein anerkannt war, bis zu dem Vertrag vom 13. Juli 1841, der in vorliegender Beziehung auf den russisch-türkischen Vertrag von Adrianopel, 1829, art. VII., zurückging. Hiermit wurde das schwarze Meer für alle Friedenszeiten geöffnet. [1])

Dänemarks Erhebung des Sundzolls [2]) datirte aus der Zeit (bis 1658), wo Dänemark noch beide Ufer der baltischen Meerenge besaß; so beherrschte es die einzige Fahrstraße aus und nach dem baltischen Meer; wie das 1368 von der Hanse, 1490 von England, 1645 vom deutschen Kaiser und Reich in einem Vertrag über Douanentarife, in den Jahren 1544, 1645 und 1701 von den Niederlanden, 1663 von Frankreich, von Schweden im Jahr 1720, und besonders 1780—1800 von der „bewaffneten Neutralität“, 1807 aber noch speziell von Rußland, in einer Kriegserklärung gegen England, welches das dänische Recht bestritt, ausdrücklich anerkannt worden war. In diesen Verträgen sind meistens bestimmte Abgaben, für die

Erhaltung von Leuchtthürmen, Signalen u. s. w. fixirt [3]).

Der Sundzoll war einzig in seiner Art; er wurde dem Handel immer drückender. Nordamerika und Preußen betrieben lange dessen Ablösung, das erstere endlich in dringender, fast gewaltsamer Weise, und so kamen 1857 allgemeine Ablösungsverträge zwischen Dänemark und allen übrigen Seemächten zu Stande. Die freie Schifffahrt durch Sund und Belt und in das Kattegat begann mit dem 1. April 1857.

Im Ganzen erhielt Dänemark, nach der Kapitalisirung der durchschnittlichen Abgaben der verschiedenen Länder, eine Summe von dreißig und etlichen Millionen Rigsdalers, wogegen es sich aber verpflichten mußte, für die Instandhaltung der Leuchtthürme auf der Schwedisch-Norwegischen Seite die entsprechenden Entschädigungen zu leisten. (Auch über andere Hafen- und Transit-Gebühren enthält der Hauptvertrag entsprechende Bestimmungen.) [4])

Ehedem bestanden noch seeherrschaftliche Prätentionen, z. B. von Seiten der mächtigen Republik Venedig auf das adriatische Meer, welche Venedig thatsächlich geltend machte, wie Genua seine Uebermacht im ligurischen Meere. [5]) In den neuen Weltmeeren behaupteten die ersten Entdecker, dann England an den ostindischen Küsten die weitesten Rechte.

Diese und viele anderen Ansprüche derselben Gattung bezogen sich mehr auf den Besitz und die Abschließung der dortigen Kolonien, mit deren befreitem oder gehindertem Verkehr natürlich die Frage von der Meeresfreiheit daselbst zusammenfällt. (S. u. §. 8.)

In engem Zusammenhang mit den Eigenthumsrechten, welche der Meeresfreiheit beschränkend entgegentreten, steht die Frage, ob durch Avulsion und beziehungsweise Alluvion neues Staatseigenthum erworben oder verloren werden könne? Die privatrechtlichen Grundsätze, z. B. dieser: „Quod vis fluminis de tuo detraxerit et vicino praedio attulerit, palam tuum remanet", mögen schon eher in Bezug auf das Flußrecht anwendbar sein, dessen völkerrechtliche Seiten sich analog den privatrechtlichen entwickelt haben. Aber in Bezug auf die Küsten des Oceans wird hier wohl der Satz: „Casum sentit dominus," gelten müssen; weil sonst demjenigen Staat, dem fremde Gebietstheilchen angespült würden, ein reelles und positives Recht auf seine Küsten und Häfen, und selbst auf den Seehandel und -Verkehr, nebst dem Besitz auf Kanonenschußweite verloren ginge. Zwar sind bedeutende Autoritäten anderer Meinung; z. B. Wheaton, Elements of International Law, 1836, Band I, pag. 217, in Uebereinstimmung mit einem admiralitätsgerichtlichen Ausspruche, s. Robinson's Adm. Reports, vol. V. p. 485: aber in dem betreffenden Falle konnte jener privatrechtliche Satz (Tuum remanet) angewandt werden, weil ihm kein vollberechtigter Gegner als besserer Besitzer widersprach [6]).

[1]) S. Martens, Nouveau Recueil etc., Tom. VIII. pag. 146 u. f. Damit vergleiche man die ersten beiden Zusatzverträge (Annexes) zum europäischen Friedensschluß von Paris, 30. März 1856.

[2]) S. Hermann Scherer, der Sundzoll, Berlin 1845; W. Hutt, on the Sund-dues, London 1839; Lemonius, Verhältniß des Sundzolles, Stettin 1841; H. B. Oppenheim, der Sundzoll (in Honel's Volkskalender, 1846).

[3]) Vergl. Wheaton's Histoire, etc., pag. 105—108; Vattel, I. 23, §. 292; und überhaupt v. Kamptz, Lit. des Völkerrechts, §. 176.

[4]) Vergl. hauptsächlich den Vertrag von Kopenhagen, 14. März 1857, zwischen Dänemark einerseits und Preußen, Oesterreich, Belgien, Frankreich, Großbrittanien, Hannover, Mecklenburg, Oldenburg, Holland, Rußland, Schweden und Norwegen, Lübeck, Bremen und Hamburg andrerseits. Spezialverträge derselben Art sind von Dänemark noch mit Nordamerika, Spanien und Portugal abgeschlossen worden.

[5]) Vergl. z. B. Paolo Sarpi, Del Dominio del Mare Adriatico e sui reggioni per il Jus belli della Serenissima Republica de Venezia, 1676, Venez.

*) Ueber die Literatur des Seerechts in den vorliegenden Beziehungen überhaupt s. die Schriften von Hugo Grotius u. Selden (schon im Kap. IV. erwähnt;) und Alberico Gentili, Advocatia Hispanica, 1613; Theodor Graver, De mari natura libero, pactis clauso, 1728; Bynkershoek, Quaest. Jur. publ., I, cp. 8; und Bynkershoek, De dominio maris, cap. II.; Valin, Nouveau Commentaire sur l'ordonnance de la marine du mois d'Août 1681, liv. V. tit. 1, (erschien im Jahr 1776); Rayneval, La liberté des mers, 1801; und vergl. Ompteda, Literatur, Bd. II., S. 521—530, u. A. m. Ferner s. Ortolan, Règles internationales de la mer, I. S. 116 u. folgende, pag. 175 u. f. Jacobsen, Seerecht, S. 580 u. f. Hautefeuille, Droit des nations neutres, I., 241, u. A. m. Ueber das Strandrecht s. u. beim internat. Privatrecht.

§. 8.

Eine anomale Besitzart des Staates ist sein Verhältniß zu seinen Kolonien. Die Kolonien sind keine Staatsdomainen, wiederum kein reines Staatsgebiet; sie sind gleichsam „Unterthanenlande," wie deren z. B. die Schweizer Kantone bis zu den Veränderungen der französischen Revolution besaßen. Ueber diese Unterthanenlande (die Kolonien) übt nicht ein Fürst, der ganze herrschende Staat übt die Despotie über sie aus; Land und Menschen daselbst sind gleichsam zum Nießbrauch für die europäischen Besitzer bestimmt. Aus dieser Eigenthümlichkeit eines eigentlich der Vergangenheit angehörigen Ausbeutungssystems, ist sowohl das Verhältniß des Mutterlandes zu seinen Kolonien, als auch die aus diesem Verhältniß hervorgehende Stellung der Kolonien zu dritten Mächten zu erklären. [1])

Was jenes Verhältniß betrifft, so entsteht es, wie jeder andere Besitz auch, durch Occupation oder Vertrag: zunächst auf dem herkömmlichsten, natur- und völkerrechtlichen Wege, durch Occupation; nicht durch die bloße Entdeckung, sondern durch Einnahme, Eroberung. [2])

Die Kolonien der alten Völker hatten nur die Aufgabe, den einheimischen Bevölkerungskrisen abzuhelfen, dem Ackerbaustaate das Supplement eines Handelsstaates zu liefern, das Mutterland durch die neuen Kräfte der Töchtergemeinden aufzufrischen und vor Fäulniß zu bewahren. Die Vorsehung knüpfte daran den Zweck, die ausgewachsene Gesittung vorgeschrittener Völker unter den Barbaren, an Szythiens und Galliens unwirthlichen Küsten, zu verbreiten. Durch ähnliche Mittel, auf verwandten Wegen sollte die christliche Weltkultur die Reise um die Welt vollenden. Aber das Christenthum war herrschsüchtiger und intoleranter, als die alten Polytheismen; es führte gegen alles Nichtchristliche den Vernichtungskrieg, und erkannte von dem Menschenrechte des sogenannten Heiden oder Wilden kein Jota an. Erst die heidnisch-kosmopolitische französische Republik hatte in ihren Dekreten vom 16. Pluviose de l'An II. (4. Febr. 1794) und vom 12. Germinal an II. (1. April 1794) die Sklaverei abgeschafft und den Schwarzen in den französischen Kolonien das volle Bürgerrecht verheißen. Aber die Schwierigkeiten, welche die weißen Eigenthümer und Sklavenbesitzer schon den edlen Absichten der Assemblée Nationale, (s. das Decret v. 29. Mai 1791 u. a. m.) entgegengethürmt hatten, verhinderten die durchgängige und allgemeine Ausführung der Conventsbeschlüsse; und das, mit der christlich-europäischen Welt ausgesöhnte Consulat beschloß in einem, den 30. Floréal an X. (20. Mai 1802) vom Corps législatif sanctionirten Gesetze wiederum die Aufhebung aller Bestimmungen seit 1789, und die ausdrückliche Beibehaltung der Sklaverei! Erst die zweite Republik vollendete das Werk der ersten.

Außer dem modernen europäischen Rechtssatze, daß „die Luft frei mache", (s. u. das internationale Privatrecht im Kap. XIII.) außerdem, daß die Kriegsgefangenschaft bei uns längst keine Sklaverei mehr involvirt, (s. u. das Kriegsrecht im Kap. XI.), ging England mit seiner Abschaffung der Sklaverei in seinen Kolonien und seiner allmäligen

Erziehung der Schwarzen zur Selbständigkeit durch die Parlamentsakte 3, 4. Will. IV. cap. 73, v. 28. Aug. 1833, auf einem handelspolitischen Wege praktisch voran, den es eigentlich schon seit den Verträgen der Jahre 1814 und 1815 gegen den Sklavenhandel eingeschlagen uud verfolgt hatte. (S. u. Durchsuchungsrecht, im 3. Theil, Kap. XII.)

Von Anfang an hatten die orthodoxesten Völker, Spanier und Portugiesen, den grausamsten Vernichtungskrieg gegen die Eingeborenen der neuen Welt geführt; Hinrichten, Taufen und das Ausführen der edlen Metalle war ihre einzige Beschäftigung in dem westindischen Archipelagus. Die reformirten Holländer ließen schon mehr den Spekulationsgeist walten: sie wollten nicht bloß wegnehmen und zerstören; sie suchten vielmehr überall neue Seestationen und Absatzwege für die Produkte ihres Handels. Darum nahmen sie nur Oberhoheitsrechte an, und ließen den Eingeborenen (zum Beispiel auf Java, Borneo, Sumatra) ihre Religion, deren Sektenkämpfe sie oft sogar begünstigten, um leichter zu herrschen, und selbst vielfach einen beschränkten Besitz (ein Dominium utile,) eine Art von wohlfeiler Feudalwirthschaft am Boden, mit dessen Früchten sie einen umfassenden Welthandel eröffneten.

Erst die Britten haben das moderne Kolonialsystem vollständig ausgebildet. Wenn sie auch die eingeborenen Stämme nicht so schlau in der Unterwürfigkeit zu erhalten verstehen, als die Holländer, so haben sie für ihre commerziellen Kombinationen eine consequentere Ausnutzung der Kolonien eingeführt, welche hauptsächlich darin bestand, diese blos Naturprodukte produziren zu lassen, und zum ausschließlichen Markte für die Fabrikate des Mutterlandes zu machen. Es gab eine Zeit, wo die brittische Kolonialpolitik keinen höheren Zweck verfolgte, als daß die Kolonieen keinen Hufnagel selber hämmern, keinen Faden salzigen

Wassers selber befahren, und in ihren Baien uud Buchten keine andere Flagge, als die des Mutterlandes, erblicken durften, auf dessen Kundschaft sie mit ihrer ganzen, reichen Produktion ausschließlich reduzirt sein sollten; so daß der eine Theil das Monopol genoß, während der andere dem Zwangspreis unterworfen war. Walpole's Satz: „Was gehen uns Eure Seelen an? baut Tabak!" war jedes Kolonialministers Maxime. — Die geschichtliche Entwickelung des Kolonialwesens entsprach durchweg den Forderungen der Nationalökonomie. Das seit 1846 in England herrschende System der Handelsfreiheit und die damit verbundene Abschaffung (1850) der einst so berühmten und einflußreichen Navigationsakte (S. oben Kap. III. §. 5.) hat auch die kolonialen Zustände gesetzlich verändert. Heutzutage sind den Engländern offene Handelswege wichtiger, als das Besitzesrecht an fernen Küsten. Daraus folgt denn auch schrittweise eine mildere Auffassung des Kriegsrechtes und eine liberalere Behandlung des neutralen Seeverkehrs in Kriegszeiten. —

Zunächst hatte auch in dem Kolonialrecht die Reformation die ersten Fundamente des Völkerrechts gelegt; vor derselben war das Naturrecht der ersten Occupation, d. h. der Eroberung, nicht unbedingt anerkannt. Zwar galten die Länder und Völker der neuen Welt für absolut rechtlos, und wenn die Kirche auch die Neuerungen der Astronomie verwarf, wußte sie doch Columbus' Entdeckung vortrefflich auszubeuten; denn die neu gewonnenen Besitzungen bedurften der Bestätigung, ja gleichsam der Belehnung des Papstes. So verlieh eine Bulle des P. Alexander VI. vom J. 1493 alles Land 100 Meilen westlich von den Azoren den unirten Kronen von Castilien und Arragon, nach einer Demarkationslinie von Pol zu Pol; so daß die Portugiesen durch mehrere, vom Papste bestätigte Verträge, von 1494 und noch aus dem 16. Jahrhunderte, die östliche Hälfte Südamerikas zu besitzen ermächtigt wurden. Im Ganzen bestätigte hierbei der Papst nur die Prioritätsrechte der Entdeckung. Aber „res nullius, vel derelicta" — wenn man die Länder der Ungläubigen nach altem Völkerrecht so bezeichnen will, — „cedit primo occupanti", also erst dem Eroberer, nicht dem Entdecker; darum erkannten auch England, Holland und selbst Frankreich diese päpstlichen Statuten gar nicht an, und ließen es zu zahlreichen Kolonialkriegen kommen, in welchen nicht die vom Papste gesegneten Waffen die Oberfläche dieser Erde gewannen. (In dieser Hinsicht sind unter anderen die Friedensschlüsse des 18. Jahrhunderts, besonders seit dem Utrechter Frieden, bemerkenswerth. Namentlich Heinrich VII. und Elisabeth von England hatten auf neue Entdeckungen ausgesendet.)

Wheaton, Elem. Tom. I. p. 210 u. folg., erwähnt vorzugsweise eines Streites zwischen England und Spanien vom J. 1790 über den Nutka-Sund, in welchem Großbrittanien's Uebergewicht den Prinzipien des Völkerrechts zum Siege verhalf, nachdem Spanien aus dem bestätigenden Artikel VIII. des Utrechter Friedens an der nordwestlichen Küste von Amerika den ganzen Besitzstand aus Jakob's I. von England und Karl's II. von Spanien Zeiten angesprochen hatte, wogegen England das Recht der ersten Kultivirung, gleichsam die ausschließliche Spezifizirung zum Eigenthum als vollgültigen Anspruch erhob. Schließlich kamen beide Mächte über gemeinsame Fischerei- und Landungsrechte an den noch nicht spezifizirten Inseln der Südsee überein, die England aber nicht für seinen Schmuggelhandel mit den spanischen Kolonieen sollte mißbrauchen dürfen; und darum sollte ihm sogar in einer Entfernung von 10 Seemeilen an den spanischen Küsten nicht zu fischen gestattet sein, u. s. w. — Die Differenz zwischen Rußland und den vereinigten Staaten Nordamerika's über die Nordwestpassage und Behringsstraße u. A. m. vom J. 1821 (wo Rußland noch auf seine vorgebliche Entdeckung exclusive Ansprüche stützte,) hatte durch den Vertrag vom 5.—17. April 1824 über gemeinsame Benutzung, jedoch ohne neue Anlagen von Seiten Amerika's zu gestatten, eine ähnliche Wendung und ähnlichen Ausgang genommen [3]).

Zum Beweise, daß diese Grundsätze noch heut zu Tage in Schwang sind, ist, von vielen Fällen beispielsweise, das Besitzergreifungspatent des nordamerikanischen Gouvernements vom 19. Novbr. 1813 gegen die von Eingeborenen ziemlich bevölkerte Madisonsinsel, ist die Besetzung der Marquesasinseln durch die Franzosen, und dagegen die der Sandwichsinseln durch die Engländer vom J. 1843, zu erwähnen.

Schon oben ist erwähnt worden, daß die Gesetze und sonstigen Beschränkungen des Handels, welche dem Mutterlande gelten, dessen Schifffahrtsgesetze und Mauthbestimmungen, auf die Kolonien keine unmittelbare Anwendung finden. Diese haben besondere „Droits municipaux" zu ausschließlichem Handel mit dem Mutterlande, fast alle ungefähr nach der Analogie der alten brittischen Navigationsakte. Nur werden sehr oft in Kriegszeiten, wo das Mutterland seine Kolonien nicht mit dem Nöthigen zu versorgen vermag, Ausnahmen zu Gunsten des neutralen Handels statuirt, der hier gleichsam per mandatum oder doch mit Erlaubniß des Mutterlandes einwirkt, ohne sich den Gefahren einer kriegführenden Partei auszusetzen. Doch ist auch dieser Grundsatz nicht unbestritten, und zwar um so weniger, als er einerseits durchgängig von den verschiedenen Landesgesetzgebungen abhängt, andrerseits von der momentanen Anerkennung der mächtigeren kriegführenden Seemacht. Wirklich trat England diesem Grundsatze während des siebenjährigen

Krieges durch die „Kriegsregel von 1756“ entgegen, indem es die neutralen Schiffe in solchen Fällen nicht als neutrale, sondern als feindliche behandelte, und somit die Kolonien der Feinde, damals der Franzosen, trotz aller Reklamationen der neutralen Holländer, total zu bloquiren versuchte. Nichts desto weniger aber wich dieselbe Macht im Vertrag von 1794 mit der nordamerikanischen Union von der Ansicht ab, daß für Kriegszeiten keine anderen Bestimmungen gelten dürften, als die der Friedenszeiten [4]). — Auch pflegt in Nothfällen das Landen fremder Handelsschiffe in Kolonialhäfen gestattet zu werden. In der Regel ist aber selbst der Transitohandel durch Colonialgebiete völlig untersagt. Ausnahmsweise gestattete eine Verordnung vom 17. Juni 1814 den Holländern einen beschränkten Handelsverkehr mit den englischen Kolonien, die ehedem holländisch gewesen; (nachdem die Theilungsverträge zwischen diesen beiden Mächten in jener Frist gerade die Holländer mehr auf die Inseln der ost- und westindischen Südsee beschränkt und den Engländern mehr das Festland überlassen.) — Handelscompagnieen, das heißt: Privatgesellschaften zur Entdeckung, Besitzergreifung und zum Verkehr mit entfernten Ländern, seien sie auch so bedeutend, wie die ostindischen Kompagnien älterer und neuerer Zeit, können nur staatsrechtliche Monopolien ausüben; obgleich schon manche Staaten zu verschiedenen Zeiten, besonders aber im achtzehnten Jahrhundert, protestirende Erklärungen gegen die völkerrechtliche Ausdehnung dieser territorialen Monopolien abzugeben für nothwendig erachteten [5]).

[1]) Ueber Colonialpolitik überhaupt vergl. Rossi's Économie politique, chap. XXXIV—XXXVI.

[2]) Vergl. oben Note 1) zu §. 4.

[3]) S. Annual Register, vol. LXIV., pag. 576—584.

[4]) Vergl. Madison's »Examination of the British doctrine, which subjects to capture a neutral trade not open in time

of peace," London, 1806, pag. 51—55, pag. 81, 99 etc.; und vergl. M. Hübner, "de la Saisie des bâtiments neutres, ou du droit qu'ont les nations belligérantes d'arrêter les navires des peuples amis," 1759, Vol. I., première Partie, chap. IV. §. 6; und Wheaton's Histoire, pag. 159 u. folg. Vergl. auch unten Kap. XII., §. 11.

[5]) Zu diesem Paragraphen vergl. Rotteck's und Welcker's Staatslexikon, Art. Colonien; v. Steck's Handels- u. Schifffahrtsverträge, 1782; Georg Friedr. v. Martens, Gesetze und Verordnungen der einzelnen europäischen Mächte über Handel, Schifffahrt und Assecuranzen seit der Mitte des 17. Jahrhunderts, 1802; (erster und einziger Theil: Frankreich; besonders s. pag. 243—299, und pag. 323—383;) und Klüber's Völkerrecht, §. 70, 71 ꝛc. Vergl. auch Charles de Martens, Causes célèbres du Droit des Gens, 1827, II. 4e Cause, S. 122—141: "Différents survenus en 1776 entre le Danemarc, l'Angleterre et la Hollande au sujet du commerce avec la Groenlande; und die Verträge zwischen England und Preußen, vom Mai 1826, (Martens N. R. II.), wonach eine brittische Verordnung (Order in council) den preußischen Schiffen den Handel mit den englischen Kolonien gestattete.

§. 9.

Wie das Privateigenthum an unbeweglichen Gütern durch Servituten beschränkt werden kann, so das Recht des Staates an seinem Gebiete durch Staatsservituten. Aber es gibt nur vertragsmäßige Staatsservituten; was im Privatrecht die gesetzlichen Servituten sind, wären im Völkerrecht, wo es keine gesetzgebende Behörde gibt, naturrechtliche Staatsservituten. Zwar kennt das Völkerrecht sogenannte Obligationes imperfectae, deren Nichterfüllung oder Unterlassung, bei den allgemeinen Forderungen der europäischen Civilisation, den zuwider handelnden Staat aus der Reihe der Mitglieder des Concert Européen striche; zum Beispiele: wenn ein Staat sich auf einmal außer allen Verkehr stellte und zum völlig geschlossenen Handelsstaate umschaffen, oder alle Fremden ausweisen wollte. Aber die Zulassung von ehrbaren Fremden ist nur eine venia vicissim petita ac data, kein striktes Recht: sonst dürfte z. B. Rußland keine strengere Controle gegen den Fremdenverkehr anwenden, als England oder Belgien. — Alle Staatsservituten sind bestimmte und genau normirte Beschränkungen der Souverainetät am Gebiete; da gilt die allgemeine Praesumtio pro libertate (dominii und reipublicae)!

Für den Begriff der (Staats-) Servitut, wie für die allgemeineren Grundsätze der Anwendung desselben, müssen die Regeln des Civilrechts und seine Logik gelten; also zwar nicht die Eintheilung in Servitutes rusticae und urbanae u. dergl. m., wohl aber die Normen über das Verhältniß vom Berechtigten zum Verpflichteten. Alle Staatsservituten sind dingliche, reales; persönliche Staatsservituten sind nicht denkbar. Vorrechte, Privilegien, z. B. selbst die exceptionelle Exterritorialität der Besitzungen eines auswärtigen Regenten [1]), Zollfreiheiten überhaupt, oder gar gegenseitig bedingte Abzugsfreiheit (Freizügigkeit) sind schon deßhalb keine Servituten, weil die Servitut nicht nur an sich mehr ist als eine bloße Exemtion (Befreiung von gewissen Lasten), sondern auch — als Servitus continua oder discontinua — ein gewisses Handeln auf der einen Seite voraussetzt. Auch läßt das neuere Staatsrecht eigentlich keine anderen Beschränkungen des Staatseigenthums zu, als gewisse Servituten. Zum Beispiel darf keine Staatsanleihe mehr auf Staatstheilen, Provinzen, pfandrechtlich radizirt werden, sondern nur durch die privatrechtliche Hypothek von bestimmten (Staats-) Domainen etwa gesichert werden. Im Mittelalter war das freilich anders; wo die Souverainität noch als ein Privateigenthum gewisser Familien betrachtet ward und die Staatseinheit noch nicht zu den Grundrechten gehörte, da ging manche Provinz auf diese Weise verloren! [2])

[1]) S. oben Note 1) zu §. 2 dieses Kapitels.

[2]) Vergl. z. B. I. P. O. V. 26 und 27; und Martens, Recueil, VIII., pag. 229.

§. 10.

Staatsservituten können nur ausbedungen werden unter unabhängigen Staaten, oder mit halbsouverainen Staaten nach dem Verhältniß ihrer Dispositionsfähigkeit; und nur über Staatshoheitsrechte am Gebiete, jura civitatis realia, und nur Kraft eines besondern Rechtstitels. Sie haften als Realrechte am Lande und werden demgemäß durch Besitzeswechsel nicht ipso jure aufgehoben. Sie hören auf durch einseitige Verletzung oder zweiseitige Aufhebung des Vertrages, durch Consolidation der Besitzrechte der beiden Kontrahenten, durch Ablauf des Termins, Untergang der Sache u. s. w.[1]) — Die wichtigsten Staatsservituten sind die Wegegerechtigkeit und Durchzugsberechtigung, (Servitus viae, actus, etc.) das Besatzungsrecht im fremden Lande und die freie Flußschifffahrt.

Für enclavirte Landestheile ist manchmal eine natürliche Wegegerechtigkeit durch den enclavirenden Staat behauptet worden; überall aber mußten in praxi erst besondere Verträge hinzutreten. — Man vergleiche zum Beispiele das Verhältniß von Schwarzburg-Sondershausen in Preußen; und über diese Art von Staatsservituten überhaupt die Bundesakte des Rheinbundes, Art. 24; — den Tilsiter Frieden, art. XVI., für preußische und königl. sächsische Lande; den badisch-württembergischen Staatsvertrag von 31. Dezbr. 1808; den Frieden von Kainardje, 1774, über Rußlands Wegegerechtigkeit nach dem schwarzen Meere u. A. m. Die Einräumung von Fischerei- und Jagdgerechtsamen an fremde Staatsangehörige kann noch nicht stillschweigend eine Staatsservitut voraussetzen lassen. Ferner liegt in den gemeinsamen Postanstalten oder Eisenbahnen mehrerer verbündeten Staaten, z. B. der deutschen Reichsposten, der Thurn- und Taxischen Bundespost, der nordamerikanischen Unionspost, nur eine Vereinbarung über gemeinschaftliche Verwaltungsmaßregeln; aber eben so wenig eine stillschweigend eingeräumte Wegegerechtigkeit über diese Zwecke hinaus, als etwa in einem Vertrag zweier Staaten darüber, daß ihre Polizeibeamten in der Verfolgung von Verbrechern und Vagabunden die beiderseitigen Gränzen überschreiten dürfen, wie z. B. in Baiern und Badens Vertrage von 1843, welcher eine solche Freizügigkeit der Gensd'armen enthielt. Daher muß ein Staat in der Regel die Wegegerechtigkeit bedingen, hauptsächlich für Truppenmärsche, oder auch für die allgemeine Zollfreiheit seines Transitohandels — auf den sog. Heer- und Kommerzialstraßen [2]). Es versteht sich von selbst, daß alle derartigen Servituten, wie Wegegerechtigkeit, Etappenstraße u. A. m., den Zoll- und Einfuhr-Gesetzen des bewilligenden Landes in keiner Weise derogiren.

Für die Besatzungsservitut bietet die Geschichte Belgiens und Deutschlands die merkwürdigsten Beispiele. Was Belgien betrifft, so ist zunächst der Barrièren-Traktat von 1715 zu erwähnen, welcher den reichen Gürtel belgischer Festungen in Spaniens und später Oesterreichs mächtigen Händen den Nachbarstaaten, namentlich Holland, weniger gefährlich erhalten, seine Schädlichkeit gleichsam abstumpfen sollte. Erst Joseph II. hob das holländische Besatzungsrecht daran ziemlich gewaltsam auf [3]). Verpflichtungen zur Schleifung von Festungswerken gehören natürlich nicht hierher. So machte sich Frankreich mehrmals im achtzehnten Jahrhundert bis 1783, England gegenüber, verbindlich, Dünkirchen nicht zu befestigen; und nach dem Wiener Kongresse versprach es die Schleifung von Hüningen zur Sicherung der Schweiz, resp. Basels, in dessen nächster Nähe (von 3 Meilen) Frankreich keine Fort aufrichten durfte [4]).

Die eigenthümlichsten Arten solcher Staatsservituten resultirten aus Deutschlands Föderativverfassung. Zwar sind die alten, — zum großen Theil mehr privatrechtlichen — Servituten zwischen den Landeshoheiten des deutschen Reiches schon durch Rheinbundsakte XXXIV., weggefallen, ohne wieder hergestellt worden zu sein [5]); wohl aber hatten die neuen Grundverträge den Großstaaten des Bundes das Besatzungsrecht in mehreren Bundesfestungen eingeräumt und im Zusammenhange damit eine Militairstraße für österreichische, preußische und bairische Truppen durch mehrere kleinere Bundesstaaten, die am Wege liegen, ausbedungen [6]). Das Besatzungsrecht in den Bundesfestungen Mainz, Luxemburg, Rastadt und Landau hob die Oberhoheit der betreffenden Staaten, z. B. Hessen-Darmstadts u. s. w., durchaus nicht auf, sondern beschränkte dieselbe nur in Bezug auf die Festungswerke, welche ein privatrechtliches Eigenthum, gleichsam eine allodiale Domaine des gesammten deutschen Bundes ausmachen, aber unter der Hoheit des Territorialherrn, dem nur, wegen der ganz Deutschland angehenden Wichtigkeit der in Rede stehenden Punkte, die ausschließliche Vertheidigung jenes Gebietes nicht überlassen bleiben darf. Doch ist eine Staatsservitut stets lex specialis und darf nicht über den Buchstaben der Konvention ausgedehnt werden. So gestatteten die deutschen Grundverträge, namentlich die Wiener Schlußakte vom 15. Mai 1820, art. XXVI. bis XXVIII., der Centralgewalt zwar eine Exekutivbefugniß gegen überhand nehmende Unruhen in einzelnen Staaten; keineswegs aber ein Besatzungsrecht über die Zeit der Unruhen hinaus. [7])

[5]) Vergl. Klüber, Abhandlungen und Beobachtungen, I., 1830, p. 1—57. v. Kamptz, Beiträge zum Staats- und Völkerrecht, tom I., pag. 140.

[6]) Vergl. die Wiener Kongreßakte art. XXXI. über die Militärstraße zwischen Preußen und Hannover; und die Etappen-Convention vom 6.—18. Dezember 1816 zwischen denselben Staaten; letztere s. in Martens Suppl. T. VIII., p. 321. Und s. auch Winkopp's Rheinbund, Heft 16; 20, 24.

[7]) S. oben Kap. III. §. 8. Vergl. auch den Vertrag über die bel-

gischen Festungen vom 14. Dezember 1831, in Martens N. Rec. Tom. XI. Und über Oesterreichs ehemalige Besatzungsrechte in den kleineren italienischen Monarchien s. d. Wiener Congreßakte, art. 103, und den Generalrezeß der Frankfurter Territorial-Commission vom 20. Juli 1819, art. XLVI. (S. in Klüber's Quellensammlung ꝛc., 1830, Bd. I.)

[4]) Vergl. den Pariser Frieden von 1783, art. 17; und den Pariser Frieden vom 20. Nov. 1815, art. III.

[5]) S. Winkopp, l. c. Bd. II. S. 84 und S. 113, und Bd. VII. S. 490 ff.; und H. A. Zachariä's deutsches Staats- und Bundesrecht, 1841, Seite 86 ff. und S. 321—322. Mehrere Schriftsteller legen die Bestimmung des art. 34 der Rh. B. A. in einem engeren Sinne aus; z. B. A. W. Heffter glaubt davon nur die sog. regalia minora betroffen.

[6]) S. den Frankfurter Territorialrezeß, art. VI., XV., XVI., XX., XXIII. und XXXV—XXXVIII.

[7]) Zu den Staatsservituten überhaupt vergl. die Literatur derselben in: Pütter's „Literatur des deutschen Staatsrechts," Band III., S. 819; und Klüber's Fortsetzung, S. 686; und in Ompteda's Lit. des V. R., §. 214; v. Kamptz, §. 101; ferner J. J. Moser's nachbarliches Staatsrecht, Buch III., Kap. IV., pag. 239 u. f. Engelbrecht, Tractt. de Servitutibus juris publici, 1715; (für „natürliche," i. e. naturrechtliche Staats- oder Völkerrechtsservituten;) Gönner's „Entwickelung des Begriffs und der rechtlichen Verhältnisse deutscher Staatsrechtsdienstbarkeiten," 1800; Marten's Völkerrecht, §. 111, u. s. w.

§. 11.

Das Flußrecht gehört nicht blos in die Lehre von den Staatsdienstbarkeiten, sondern wesentlich auch in die Lehre von den Staatsgränzen.

Der Fluß gehört zum Staatsgebiet, soweit er das Territorium eines Staates durchläuft. Der schiffbare Strom ist nicht dazu geeignet, Privateigenthum, und noch weniger, ganz herrenlos zu sein; er ist auch nicht abzugrenzen, wie ein Grundstück. Nicht ohne Anfang, ist er doch ohne Ende, denn er verbindet das Land mit dem Weltmeer, wie der

Flußverkehr den Staat mit der ganzen Welt. Aber er bedarf der Pflege für das Flußbett, die Leinpfade, Dämme, Häfen u. dergl. m. Solche Opfer nützen nicht blos dem Orte, an welchem sie gebracht werden, nein, dem ganzen Stromverkehr, welcher demnach erheischt, daß der Strom als ein Ganzes behandelt werde. Nun haben aber die historischen Gränzen, welche so oft den von der Natur angedeuteten Nationaleinheiten widersprechen, die großen Flüsse vielfach getheilt oder zu Gränzen gemacht. Nach gemeinrechtlichen Begriffen, d. h. nach römischem Recht, müßte in solchen Fällen die Analogie des Privatflusses oder des unschiffbaren Baches entscheiden, welcher als Gränze in der Mitte getheilt wird. Dies hätte aber, unter anderen Hindernissen, die große Schwierigkeit zur Folge, daß die Schifffahrt sich meistens, nämlich überall, wo der Thalweg oder die Fahrstraße nicht gerade zufällig mit der Mitte zusammenfiele, auf dem Gebiete eines einzelnen Gränznachbarn bewegen müßte, und also ganz von dessen gutem Willen abhängig wäre. Uebrigens wäre selbst diese Flußherrschaft auf das Nachtheiligste zwischen verschiedenen Herren wandelbar. Darum meinten schon ältere Publizisten, der Thalweg des Flusses wäre von der Natur als die völkerrechtliche und neutrale Gränze bezeichnet, er müsse als neutral behauptet werden [1]).

Dafür haben sich denn auch die Gränzverträge der französischen Zeit entschieden: zum Beispiel der Frieden von Campo-Formio von 1797, art. VI und VIII; der Lüneviller Frieden von 1801, art. III, VI und XIV, über die Etsch, zwischen Oesterreich und der Cisalpinischen Republik; und nebstdem der Reichsdeputationshauptschluß von 1803, §. 39, über den Rhein zwischen Frankreich, Rheinbund und Batavien, und die darauf gegründete Rheinschifffahrts-Octroi-Convention von 1804 [2]).

Auch dieser Grundsatz, der seitdem in Europa herrschend geworden ist, läßt Schwierigkeiten genug übrig, die selbst in den späteren Verträgen nicht berücksichtigt sind; z. B. wenn ein Fluß an manchen Stellen zwei Thalwege hat, wem gehört die Mitte an? oder wäre auch diese neutral? Oder wenn ein Thalweg durch willkürliche Arbeiten im Flusse auf den Seiten, welche Staatsgebiet sind, verrückt, sein Lauf verändert würde?

(Man denke nur an die Biebericher Steindammgeschichte im J. 1841 zwischen Hessen-Darmstadt und Nassau, und andere Ereignisse der Art mehr auf deutschen Flüssen, besonders am freien deutschen Rheine.)

Sollten hierfür die Grundsätze des gemeinen Rechts über Wasserleitung und Ableitung anzuwenden sein? So logisch richtig das wäre, so bedürfte es dennoch ausdrücklicher Conventionen [3]).

[1]) S. Vattel, Droit des Gens, liv. I. chap. 22 §. 266; und Martens, Précis, liv. II. chap. 1. §. 39.

[2]) S. Marten's, Recueil des principaux Traités, Tom. VII. S. 208, ff., S. 538, ff., und ebenda über den Rhein. Ueber dens. auch die Articles additionels von Campo-Formio, in Martens l. c. S. 215, und H. B. Oppenheim's Fr. d. Rhein, Geschichte der Flußgesetzgebung, 1842, S. 79.

[3]) Vergl. Moser's nachbarl. Staatsrecht, S. 217; und Jollivet, »Du Thalweg du Rhin, considéré comme limite entre la France et l'Allemagne,« an X.; Oppenheim, l. c. S. 80 bis 83, über die erwähnten und andere Controversen.

§. 12.

Auf dem neutralen Thalwege setzt das Schiff, nach den völkerrechtlichen Grundsätzen über Seeschiffe, das Staatsgebiet und die Territorialjurisdiction seines Vaterlandes gleichsam fort. Wenigstens ist eine andere Annahme kaum denkbar.

Diesem Systeme der Neutralität, und namentlich den

allgemeinen Grundsätzen der Rheinschifffahrts-Octroi-Convention von 1804, welche zu Rechte bestand, so lange der ganze Rhein ein Gränzstrom war, schloß sich auch die „Wiener Congreßakte, art. XIV, XCVI und CVIII bis CXVII (letztere 9 Art. auch als Anhang XVI) im Wesentlichen an, indem sie allgemeine Grundsätze für alle die schiffbaren Ströme und Nebenflüsse aufstellte, welche verschiedene Länder durchschneiden oder durchlaufen, wonach denn in ganz Europa spezielle Flußschifffahrtsverträge geschlossen werden sollten und wirklich geschlossen wurden. Demnach soll der ganze Fluß von da an, wo er schiffbar wird, bis zu seiner Mündung gleichsam als ein gemeinsames Eigenthum aller daran liegenden Staaten erscheinen, wenn auch jeder einzelne Staat seine — in den Konventionen modifizirten — Hoheitsrechte an seinem Gebietstheile behält. Der Staat, welcher die Mündung besitzt, soll nun nicht mehr, wie früher, die oberen Staaten von der freien Meeresschifffahrt ausschließen können [1]).

Die Zollerhebung soll an allen Theilen des Flusses, bis an das Meer, nach allgemeiner Uebereinkunft, im Verhältniß und Maßstabe zu den dafür geleisteten Anlagen geschehen; eine gemeinsame Flußpolizeigesetzgebung, neutrale Zolldirektionen und Oberbehörden (sog. „Centralkommissionen") sollen die Erfüllung der Verträge leiten und controlliren, Streitigkeiten schiedsrichterlich zu schlichten suchen; alle Stapel, Umschlagsrechte, Seezölle und die Monopolien der Schifferzünfte sollen aufgehoben, die Mauthen sollen von den Flußoctrois strenge getrennt werden, und diese, die Flußzölle, mehr nach dem Gewichte, als nach der Beschaffenheit und dem Werthe, auferlegt werden. Für die Schifffahrtsabgaben sollten die Bestimmungen der Rheinkonvention maßgebend sein; die Erhebungsämter der einzelnen Staaten dürfen wohl vermindert, nicht aber vermehrt werden. Diesen Prinzipien traten nicht nur die zu Wien paziszirenden Großmächte und der deutsche Bund (1820) bei;

sie erhielten später selbst außer Europa eine gewisse Geltung. Zunächst wurden die Octroikonventionen über Rhein, Neckar, Main, Mosel, Maas und Schelde schon der Wiener Congreßakte einverleibt [2]).

Auch für andere Flüsse noch wurden alsbald Spezialverträge und Schiffsfahrtsakten errichtet; zum Beispiel für die Weichsel, den 3. Mai 1815, zwischen Oesterreich, Preußen und Rußland; ferner Schiffsfahrtsakten für Weser, Elbe, Tajo u. a. m. [3]) Ueberall gab es dieselben Zerwürfnisse, selbst über Punkte, für welche, wenn nicht der Buchstabe, doch der Sinn des Gesetzes klar genug war; zum Beispiele noch im J. 1843 zwischen Hannover und Oldenburg über eine im Weserausflusse entstandene Insel, die Hannover durch einen Gewaltstreich zu gewinnen suchte. Am Tajo drohte im Beginn der vierziger Jahre Spanien der portugiesischen Regierung mit Krieg aus denselben Motiven, wegen welcher die deutschen Rheinuferstaaten und auch Frankreich für seinen geringeren Antheil [4]) sechszehn Jahre lang friedlich und geduldig mit Holland unterhandelt hatten. Natürlich gibt es rechtlich keinen Seezoll; denn das Meer ist allen Völkern frei, wie der Fluß allen Uferstaaten: folglich können nur an den Flußufern die vertragsmäßigen Octrois, nicht aber an der Mündung Zölle, außer dem Vertrage und abgesehen davon, erhoben werden. Denn die Herrschaft über die Küsten bezieht sich völkerrechtlich nur auf das Landen von Meeresseite her, und richtet sich nur gegen die Angriffe vom hohen Meere aus, als natürliche Vertheidigung nach Außen; nicht aber kann die Küstenherrschaft den Fluß trotz der Verträge sperren.

Eine andere Frage würde die Competenz der Centralcommissionen betreffen, welche im Ganzen eine völkerrechtlich committirte Behörde bilden, für den einzelnen Staat aber zugleich staatsrechtlich gelten, da jeder einzelne Staat sie mit für seine Unterthanen bestellt [5]).

Die bisher in Europa versuchte Lösung aller dieser Fragen ist am Ende die einzig mögliche Art, die wohl noch besser ausgebildet, aber nicht mehr im Prinzip verändert werden kann; so daß sie auch da, wo positive Gesetze sie noch nicht eingeführt haben, von den Vertretern der natürlichen Ordnung vindizirt, und sogar fälschlich als sich von selbst ergebende Gesetzgebung angeführt wird[5]).

Ueber die Ströme, welche bis zum Meere nur Ein Staatsgebiet durchschneiden, ist völkerrechtlich nichts festgestellt; doch führen wohl die allgemeinen Fortschritte des Freihandels allmälig auch dazu, für solche Ströme dieselbe Schifffahrtsfreiheit zu bedingen, welche den getheilten Flüssen zusteht.

[1]) Ueber den Streit zwischen »Jusqu'à la mer« und »Jusque dans la mer« siehe Oppenheim, l. c., letztes Kapitel, und die Entscheidung durch die Mainzer Convention vom 31. März 1831.

[2]) S. Klüber's Akten des Wiener Congresses, Band III. S. 257 bis 275 u. S. 245—247; und Klüber's Quellensammlung 2c. Bd. I. S. 95.

[3]) Eine vollständige Liste sämmtlicher Flußschifffahrts-Conventionen gibt, nach C. F. Wurm's „Fünf Briefe über die Freiheit der Flußschifffahrt" (Leipzig 1858), mit Zusätzen bis auf die letzten Jahre, A. W. Heffter in der neuesten französischen Ausgabe seines Völkerrechtes, 1866, Anhang VII.

[4]) Auch die Vertheilung der Stimmen richtet sich nach dem Maße des Besitzes in idealen Portionen, so daß z. B. Frankreich $^1/_6$, Preußen $^1/_3$ der Stimmen über gemeinsame Rheinangelegenheiten besitzt.

[5]) Zum Beispiele frug es sich einmal am Rheine, ob man von der Mannheimer Lokalkommission an die Mainzer Centralkommission appelliren könne, als die badische Regierung angeblich übermäßige Lagergelder erhob und, 1840, ein Hafengeld auch von solchen Waaren in Anspruch nahm, die in Privatmagazinen gelagert wurden, um dem neu erbauten Hafen auf diese Weise eine Art Monopol zu seiner Erhaltung zuzuwenden. Aber ist eine Differenz zwischen Bürgern und Regierung desselben Landes eine Frage der Schifffahrtsbehörden, so sehr sie freilich nicht blos den Mannheimer Kaufmann, wenn auch diesen zunächst, da sie doch zugleich

mittelbar den ganzen Flußhandel berührt?! Und wer hat schließlich die definitive Entscheidung über die Kompetenz einer inappellabeln Behörde des Völkerrechts? So gut England, auf Grund der europäischen Verträge, die Partei der Eröffnung der Mündungen des freien Rheins ergriff, eben so gut kann allerdings auch ein solcher Streit unter den verbündeten Uferstaaten als ein allgemeiner behandelt werden.

[3]) Ueber die alten Streitigkeiten auf dem Mississippi- und St. Lawrencestrom, mit Beziehung auf die Kämpfe der 1780er Jahre über die Oeffnung der Schelde, vergl. H. Wheaton's Elements, Bd. I. pag. 237—254. Vergl. auch die Convention entre le Portugal et l'Espagne relative à la navigation du Duero, erwähnt in der Thronrede der Königin von Spanien bei Eröffnung der Cortes am 10. Nov. 1835; die Elbschifffahrtsakte v. 23. Juni 1821, Martens, N. R., V.; die Weserschifffahrtsakte v. 10. Sept. 1823, Martens, VI, und das Supplement dazu v. 21. Dez. 1828, ibidem; den Vertrag zwischen Rußland und Oesterreich über die freie Donauschifffahrt v. 25. Juli 1840, in Martens, 1840, Band I., Contin.; ebenda das Supplement zur Rheinschifffahrtsakte v. 1831, welches den 9. Juli 1840 zwischen Baden, Hessen und Nassau vertragen ward. Ueber Flußrecht und Alluvion vergl. noch Grot. II, cap. III. §. 8—9, §. 16—18 u. s. w. Ueber die Oeffnung der Schelde noch Charles de Martens Causes célèbres du Droit des Gens, 1827, Volume II., cause huitième.

§. 13.

Eine Art von wechselseitiger Benutzung der Gränzen, ähnlich der bei gemeinsamen Flüssen, liegt auch in den Zollvereinigungen; doch gehören diese noch enger in die Lehre von den Unionen und Verträgen der Staaten [1]).

[1]) S. oben Kap. VI. und unten Kap. IX.

Kapitel VIII.

Die Selbständigkeit, Unabhängigkeit und Gleichheit der Staaten.

§. 1.

Das Ideal des Staates liegt erst in der Gattung der Staaten, wie das des Menschen in der Menschheit; nur im Völkerrecht ist die Staatsidee vollendet. Das Wesen der Gerechtigkeit besteht in der Gleichheit. Das ausgebildete Völkerrecht statuirt die Gleichheit der Staaten.

Jeder Staat hat, schon als Persönlichkeit, als moralische Person, als sittlicher Organismus, dieselbe Berechtigung auf eine freie, unabhängige und selbständige Existenz, zu eigenem Selbstzweck, ohne Richter und ohne Gesetzgeber über sich! In diesem Sinne sind alle seine Kräfte nur Mittel seiner Selbsterhaltung. Während der Staat im Innern nur durch die Realisirung des Rechtes besteht, ist ihm nach Außen zur Behauptung seiner vollen Würde, nämlich seiner Selbständigkeit und gleichen Berechtigung mit den anderen Staaten auch die Anwendung materieller Gewalt erlaubt, um Rechtsverletzungen direkt zu negiren, Gewalt mit Gewalt zu vertreiben, nach dem natürlichen Gesetze der Nothwehr. Der hauptsächlichste Ausfluß dieser Pflichten ist die Wehr- und Waffenhoheit, das Kriegsrecht, die Führung gerechter Kriege, und die Anwendung von Retorsion und Repressalien [1]).

[1]) S. unten Kap. XI. im 3. Theile.

§. 2.

Die Selbständigkeit der Staaten besteht auch darin, daß sie ihr Recht selbst über die Gränzen ihres Staatsgebietes hinaus zu schützen vermögen; darin, daß ihre Bürger auch jenseits frei und berechtigt sind, aber auch, daß kein Verbrecher straflos bleibe: kurz in der ganzen Realität des internationalen Privatrechtes, (welches wir nur des besseren Zusammenhanges halber, und weil es in einzelnen Theilen die rein politischen Institute des Völkerrechts voraussetzt, am Schlusse behandeln.) Damit hängt auch eigentlich die Lehre von der Freizügigkeit zusammen.

Ehedem rechnete der Staat zu den Mitteln seiner Selbsterhaltung die Verhinderung der Auswanderungen durch Verbote und andere Mittel, welche künstlich die Bevölkerung vollzählig zu erhalten bezweckten [1]). Ein solches Mittel waren denn auch die alten Abzugsrechte, welche weder Personen, noch Güter, namentlich keine Erbschaften, ungerupft aus dem Lande ziehen ließen: die sogenannten Abschoßgelder, Jura detractus — realis und personalis, und gabellae — emigrationis und hereditariae; und selbst die damit correspondirenden Fremdenrechte, Heimfallsrecht und Wildfangsrecht, die Droits d'aubaine, (albinagii, Albani, ob von alibi nati?) so wie die Strandrechte [2]).

Vollständig wurden diese Rechte selbst in Frankreich erst im Juli 1819 aufgehoben. Seitdem haben die Grundsätze der Freizügigkeit und Gewerbefreiheit sich dergestalt fast über die ganze civilisirte Welt verbreitet, daß auch das Recht der Auswanderung ein allgemeines, ja nahebei völkerrechtlich geschütztes, geworden ist. Die vorgängige Erfüllung des Kriegsdienstes, [3]) soweit derselbe als staatsbürgerliche Pflicht betrachtet wird, ist die einzige noch allgemein gültige Beschränkung der Auswanderungsfreiheit. Andrerseits hörten auch überall längst die besonderen Belastungen der Fremden auf;

und selbst die englischen Fremdengesetze, welche seit 1793 gegen den Andrang politischer Flüchtlinge, besonders aus Frankreich, gerichtet waren, wurden stufenweise gemildert und mußten endlich 1826 dem lauten Widerspruch des öffentlichen Geistes weichen, konnten auch, allen Bemühungen der Diplomatie zum Trotz, niemals wieder eingeführt werden [4]). Die Ausweisung Fremder ohne positiv gesetzlichen Grund, — also Solcher, welche nicht einem Strafgesetze verfallen sind, das etwa die Ausweisung als Theil der Strafe ausspricht, — gilt heutzutage allgemein für eine ungerechtfertigte Willkürhandlung, welche den Heimathsstaat des Ausgewiesenen zu Reklamationen veranlassen sollte.

[1]) Vergl. z. B. das K. württembergische Verbot der Auswanderung für alle Personen, Frauenzimmer ausgenommen, vom 29. Mai 1807, und die Retorsionsmaßregel Baiern's dagegen v. 12. Aug. 1812.

[2]) Vergl. Welcker über „Abfahrt", im Staatslexikon, I. 1. Kamptz, Lit. des Völkerrechts, S. 127, u. A. m. Ferner siehe De jure peregrinorum in Schilter's Exercitationes ad Digesta. Und Gaschon, Code des Aubains, Paris 1818. — Die Abschoßgelder wurden z. B. zwischen Dänemark und Lübeck erst 1830 abgeschafft. — Vergl. auch unten Kap. XIII., §. 7 u. 8.

[3]) Vergl. deutsche Bundesakte, art. XVIII., und Bundesbeschluß vom 23. Jan. 1817. (S. Prot. der B. V., III. Bd. S. 26.)

[4]) S. Bernhard Becker's Geschichte der englischen Fremdengesetzgebung, in Oppenheim's Deutschen Jahrbüchern, T. VI. (v. 1863).

§. 3.

Eine Reihe von Beschränkungen der Abzugsfreiheit liegt in den Obligationes ex delicto, und selbst gewissen Obligationes ex contractu, welche — dadurch, daß sich ihnen Jemand willkürlich entziehen will, — jenen gleichzustehen scheinen; (z. B. Bankbruchsflüchtigkeit.) Weil nun die Freizügigkeit von zwei Seiten geschützt werden muß, und weil in der Regel ein Individuum nur da dem Gesetze verfallen ist, wo es dasselbe übertreten hat, so gehören zur derartigen Beschränkung der Freizügigkeit gewisse Verträge mit anderen Staaten, Cartel- und Auslieferungsverträge, deren Abschließung ein Staat manchmal seiner Würde schuldig ist, weil die Verwirklichung des Rechtes, die Sühne jeder Rechtsverletzung seine höchste und unerläßliche Aufgabe ist. Aber kein Staat ist, wie manche Völkerrechtslehrer glauben und einige schwächeren Staaten anzunehmen schienen, ohne positiven Vertrag zur Auslieferung verpflichtet; schon weil die Realität des Rechtsschutzes hierbei nur auf der festen und immerwährenden Gegenseitigkeit beruht [1]). Doch darf der civilisirte Staat nur demjenigen Nachbarstaate durch Auslieferungsversprechungen bei der Verwaltung seiner Justiz behülflich sein, welcher selbst ein kulturgemäßes Recht zu seinem Inhalte gemacht hat; darum ist z. B. ein Cartelvertrag mit Rußland unbillig und unsittlich. Aus ähnlichen Rücksichten liefern freie Staaten keine politischen Flüchtlinge aus; ja, oft wird ausbedungen, daß dem Ausgelieferten auch nicht nachträglich eine politische Untersuchung angehängt werde [2]). — Im Uebrigen hängen die Cartelverträge mit den Verträgen zur allseitigen Realisirung der Justiz (S. im internationalen Privatrecht) zusammen [3]).

[1]) Vergl. Moser's Versuch des europ. Völkerrechts, VI, 428 u. ff.

[2]) Vergl. z. B. den Vertrag zwischen Belgien und Baden v. October 1844, zwischen Preußen und Frankreich von 1845, zwischen Preußen und Nordamerika vom Februar 1847, über Auslieferung von Kriminalverbrechern und Banqueroutirern; zwischen Frankreich und Baden v. 27. Juni 1844, über Auslieferung der Verbrecher, mit Ausnahme der politischen, cfr. art. 6; (s. im „badischen Staats- und Regierungsblatt" Nr. 22, v. 6. Sept. 1844;) und Oesterreichs und der Schweiz Auslieferungsvertrag v. 14. Juli 1828 (in Martens, N. R.. VII und IX;) und den Vertrag Belgiens mit Preußen v. 1836 (in Martens, N. R. XV. S. 98.) — Ferner siehe den Auslieferungsvertrag zwischen Frankreich und Großbritanien v. 13. Febr. 1843, der am 13. Novbr. 1865 von Frankreich (für den 13. Febr. 1866) gekündigt wurde, angeblich weil

die brittischen Behörden ihn durch Ausflüchte wirkungslos machten; z. B. lieferten sie Verurtheilte nicht aus, weil der Vertrag nur auf Angeschuldigte lautete, und verlangten sie ein Beweisverfahren vor englischen Richtern. Eine Zusatz-Convention vom 23. Febr. 1852, welche die Auslieferungspflicht in uncontrollirbarer Weise ausgedehnt hätte, war vom englischen Parlamente verworfen worden. Ueber diese Verhältnisse s. Prévost-Paradol in der Revue des deux mondes, v. 1. Febr. 1866, und die Verhandlungen im französischen Gesetzgebenden Körper v. März d. J. 1866. — Vergl. auch den Artikel Auslieferung von Dr. H. Marquardsen, in Rotteck und Welckers Staatslexikon, 3. Aufl. Band II.

*) Im Allgemeinen vergl. z. B. den Vertrag Oesterreichs mit Holland und Luxemburg v. Febr. 1840 (in Martens, N. R., I., v. 1840, Continuation) über Abschaffung der Detraktsrechte. Luxemburg gehörte zwar schon zum deutschen Bunde und durfte in dieser Eigenschaft von den, nach den österreichischen Bundesstaaten Auswandernden kein Abschoß- oder Abfahrtsgeld erheben. Aber Oesterreich suchte schon längere Zeit solche Verträge nicht nur mit den außerdeutschen Mächten abzuschließen, sondern auch auf seine undeutschen Provinzen auszudehnen, um die Einwanderung zu ermuntern. S. auch Oesterreichs Vertrag mit Dänemark v. 2. Juni 1830; (Martens, VIII.) Ferner vergl. die Erklärung Oesterreichs vom 4. Oktober 1818 über Abschaffung der Droits d'aubaine nach und aus dem K. Sardinien, in Martens, l. c. Tom. V; das kaiserlich-österreichische Patent v. 2. März 1820 über die Abschaffung der Detraktsrechte an den Unterthanen des deutschen Bundes (ibidem); eine ähnliche Erklärung speziell in Bezug auf Baden, ibid. Tom. VI.; und den österreichischen Vertrag mit Preußen v. 21. Juni 1835 und v. 8. Sept. 1835, und mit Sachsen v. 20. Aug. 1835 (in Martens, l. c. XV.) Ferner vergl. auch den Vertrag von April bis Mai 1839, zwischen ganz Preußen (auch den nicht zum deutschen Bunde gehörigen Provinzen) und Frankfurt am Main, über die Abschaffung der Detraktsrechte, in Martens, I. Contin. v. 1840; und den Freizügigkeitsvertrag Kurhessens mit Sardinien v. 13. Novbr. 1839, in Martens, XVI, première Partie; ferner die K. preuß. Verordnung v. 11. April 1822 über die Reziprozität der Abschaffung der Detraktsrechte mit den Vereinsstaaten, in Martens, l. c. VI. Daran reihen sich die Cartelverträge: zunächst s. die Cartelverträge mehrerer deut-

schen Staaten in Bezug auf Deserteure, Forstfrevler und Vagabonden (!) aus den 1816—1824er Jahren, in Martens, l. c. IV, V und VI, und als Beilagen zu den Protokollen des Bundestages, §. 118 und 199 v. 1819 und §. 101 v. 1820, bis zu der allgemeinen Cartelkonvention v. 1831 zwischen den deutschen Bundesstaaten wegen Deserteurs, — und die Zusatzakte vom 17. Mai 1832 (in Martens, IX, S. 205 und X, S. 596); und den Bundesbeschluß v. 18. Aug. 1836, welcher die Auslieferung politischer Verbrecher zur Bundespflicht erhebt. Vergl. auch noch z. B. Preußens Verträge gegen Forstfrevel mit Braunschweig und Mecklenburg, 1827—1828, in Martens VII, 2c.; und Preußens Cartelvertrag (den zweiten) mit den Niederlanden, v. 1828, auf 6 Jahre (s. Martens, Bd. VII). — Eine besonders traurige Bedeutung für die Gränzprovinzen haben Rußlands Cartelverträge. Vergl. besonders den Cartelvertrag Rußlands mit Oesterreich vom 26. Juli 1822; und Rußlands mit Preußen v. 25. Mai 1816, vom 14/26 Juli bis 23. Sept. 1822, und vom 17/29 März 1830, welcher letztere den 8/20 Mai 1844 auf 12 Jahre erneuert und modifizirt worden ist. (Vergl. die „Augsburger Allgemeine Zeitung" v. 1844, Nr. 253, die preußische allgemeine Staatszeitung, Nr. 192, und die „Nordische Biene", Nr. 180—184 d. J.) Demgemäß werden desertirende Soldaten und Verbrecher, gegen Entschädigung für die Kosten, ausgeliefert; nur die eigenen Unterthanen werden nicht zurückgeliefert. Hingegen verpflichten sich auch die resp. Staaten unter gewissen Formen zur Zurücknahme ihrer Inquilinen, u. s. w. Im Vertrag v. 1830 waren gewisse Stationen zum Empfang der Ausgelieferten bestimmt. — Ueber die letzte preußisch-russische, wiederum auf zwölf Jahre abgeschlossene Cartelconvention, v. 8. August (27. Juli) 1857, besonders über deren Verfassungswidrigkeit, vergl. Friedrich von Rönne's Abhandlung in Oppenheim's Deutschen Jahrbüchern, T. XI (1864). Vergl. auch unten Kap. XIV. §. 7.

§. 4.

Immerhin ist das Asylrecht, wie es seit alter Zeit Religion und Sitte geheiligt haben, die Regel, und die Auslieferungspflicht ist die durch Vertrag begründete Ausnahme. Unter keinerlei Umständen kann die Auslieferung der eigenen

Staatsangehörigen im neueren Staats- oder Völkerrecht für zulässig gelten [1]); wohl aber mag die Kriminalklage gegen Solche auf den Antrag fremder Staaten, wenn derselbe der erforderlichen juristischen Begründung nicht ermangelt, bei den eigenen Gerichten eingeleitet werden. — Der Auszuliefernde wird, wenn die betreffende Forderung gehörig motivirt wurde, auf Kosten des ihn reklamirenden Staates bis an dessen Gränze gebracht und darf billigerweise für kein anderes Vergehen oder Verbrechen, als wofür seine Auslieferung gefordert wurde, belangt werden [2]).

Ganz folgerichtig gestattet Belgien auch nicht die Transportirung eines Angeschuldigten durch sein Gebiet, dessen Auslieferung es nicht selbst bewilligen würde. — (Ueberhaupt s. das Belgische Gesetz v. 30. Dezbr. 1836, und eine darauf bezügliche k. preußische Kabinetsordre v. 15. Okt. 1844. Neuerdings wurde von vielen Staaten, welche die Auslieferung politischer Verbrecher nicht erreichen konnten, wenigstens deren Internirung verlangt. (Vrgl. die Verhandlungen der deutschen Gesandten mit der Schweiz, 1849—51, und Napoleon's III. Reklamationen bei derselben.)

[1]) Ein interessanter Fall, der hier einschlägt, betraf den ungarischen Flüchtling Martin Koszta, der 1853 von österreichischen Behörden zu Smyrna gewaltsam ergriffen wurde. Da er aber in Nordamerika naturalisirt war, mußte er auf amerikanische Reclamation wieder ausgeliefert werden. Vergl. in H. B. Oppenheim's Praktischem Handbuch der Consulate aller Länder (Erlangen, 1854) auf S. 180 u. folg. die genaue Erörterung dieses Falles und seiner rechtlichen Seiten.

[2]) Im Allgemeinen vergl. Bulmerincq, Das Asylrecht und die Auslieferung flüchtiger Verbrecher (Dorpat 1853), und R. v. Mohl, über Asylrecht, in der Tübinger Zeitschrift für Staatswissenschaft, Jahrg. 1853, S. 461.

§. 5.

Die Selbständigkeit des Staates setzt die Territorialität des Rechtes voraus, d. h. die Herrschaft seiner

Gesetzgebung und Jurisdiktion innerhalb der Gränzen seines Staatsgebietes. Aber das ist noch nicht alles; damit sind die Forderungen des selbständigen, souverainen Staates noch nicht erschöpft.

Sein Recht soll Ein für alle Mal gelten, insofern seine Gesetze und Richtersprüche gewisse Rechtsverhältnisse begründet haben; das ist die Personalität des Rechtes, die, zum Beispiel, den Status des Einzelnen auch jenseits der Gränzen geltend macht, nämlich seinen bürgerlichen und familienrechtlichen Status; denn die rein politischen (staatsbürgerlichen) Verhältnisse sind natürlich ganz lokal. Zwar verliert der Staat die Jurisdiktion über seine Auswanderer, nicht aber über seine Reisenden, die mit ihm in Connex bleiben, Rechte zu fordern und zu gewähren, sowie Pflichten zu erfüllen haben. Auch hat jeder Staat als solcher das Recht an und für sich anzuerkennen, zwar nur nach seinem Gesetz; aber das Recht jedes Verhältnisses, das unter seine Jurisdiktion fällt, nach der positiven Art und Weise, wie es entstanden und liquid geworden ist. Es ist, so zu sagen, eine naturrechtliche, d. h. der Natur des Rechts entsprechende Forderung, daß jeder Staat das positive Privatrecht jedes anderen Staates und dessen rechtskräftige gerichtliche Erkenntnisse zwar nicht selbst anwende oder ausführe, wohl aber für die, denselben naturgemäß und rechtmäßig unterworfenen und unter deren Voraussetzung entstandenen Verhältnisse gelten lasse; ohne daß die richterlichen Behörden eines Staates mehr als das eigne Recht zu kennen brauchen.

Somit ist es die schwierigste Aufgabe der Statuten und Verträge über die Collision der Gesetze, die Personalität des Rechts des einen Staates mit der Territorialität des andern Staates zu versöhnen, den Rechtsschutz mit der Selbständigkeit auszugleichen. (Das Nähere hierüber unten im vierten Theil.)

Nur gewisse politische Kombinationen rechtfertigen eine

Exterritorialität. Die zugelassenen Vertreter fremder Souverainetäten (Fürsten und Gesandte) sind bedingt exterritorial; ja, einige diplomatischen Agenten haben selbst, nach speziellen Verträgen, eine positive Gerichtsbarkeit über ihre Angehörigen; so die christlichen Konsuln im Orient [1]).

Unbedingt exterritorial ist das Heer im fremden Lande: nicht blos im feindlichen, sondern auch, wo es durchzieht. Denn die aktive Armee eines Staates kann sich doch, ihrer ganzen Beschaffenheit nach, nicht fremden Staatsbehörden unterwerfen. Ihr Auftreten im fremden Lande ist freilich ein ausnahmsweiser Zustand; sie kann da wohl an gewisse politische Klauseln gebunden sein, die z. B. der alliirte oder neutrale Staat gestellt hat, welcher den Durchzug gestattet: aber in ihrer ganzen inneren Organisation wird sie nach der Anordnung ihres absendenden Souverains geleitet.

So ist auch das Schiff exterritorial; auf hoher See setzt es natürlich das Staatsgebiet und die Jurisdiktion seines Landes fort [2]). Im Seegebiet eines anderen Staates wird es wohl im Innern nach den Gesetzen der Heimath befehligt, [3]) unterwirft sich aber nach Außen gewissen gesetzlichen Bedingungen, z. B. der Hafenordnung, dem Schiffsgruß. (S. unten §. 14.)

Natürlich darf das exterritoriale Schiff keine Friedensverletzung, wie Seeraub (oder Sklavenhandel) begehen, aber auch kein Unrecht erleiden; z. B. braucht es keine gewaltsam erzwungene und contractswidrige Durchsuchung zu erdulden [4]).

[1]) Siehe u. das Gesandtenrecht.

[2]) Cfr. Vattel, liv. I. chapitre XIX, §. 216. Die ältere englische Jurisprudenz sträubte sich lange gegen die Annahme dieses Satzes, der nun unbestritten gilt.

[3]) Inwieferne Handelsschiffe in fremden Häfen unter der Gerichtsbarkeit der Hafenbehörden stehen, ist controvers. Wheaton, Heffter und die Mehrzahl der französischen Juristen erklären sich für die Affirmative; doch scheint mir die Frage in ihrer Allgemeinheit nicht durchführbar, sondern je nach speziellen Staatsverträgen

und eventuell nach den Regeln des internationalen Privatrechts entschieden werden zu müssen.

*) S. u. am Schluß des Kap. XII.

§. 6.

Alle die in den bisherigen Paragraphen erwähnten Verträge haben im Wesentlichen auch den Zweck, der eigenen Jurisdiktion des Staates die vollste Ausdehnung zu geben, und so wenig als möglich fremde Gesetze oder überhaupt einen fremden Willen zur Anwendung kommen zu lassen, wo es sich um das Bestehen des eigenen Staates oder auch seiner einzelnen berechtigten Handlungen und Willensäußerungen handelt. Dieses Prinzip der Selbständigkeit in seiner höheren politischen Bedeutung wird also nicht durch eine strikte Abschließung ausgeführt, sondern gerade durch eine völkerrechtliche Vereinigung der Kräfte. Gewisse Allianzen und Staatensysteme, ja das ganze sogenannte „Concert Européen", (s. Kap. III.,) haben diesen Zweck. Darum konnte das Prinzip der Nichtintervention schon seit dem 30jährigen Kriege nicht mehr strenge durchgeführt werden; — und wenn auch das Interventionsrecht seiner Natur nach höchst bestritten ist, ja, nur ausnahmsweise als berechtigt gelten kann, so ist doch die Interzession, d. h. die Uebernahme von Bundesgenossenschaften oder Vermittelungsversuchen, bei den meisten europäischen Verwickelungen von Seiten der Großmächte unvermeidlich.

Ist nun auch die einzelne Macht oft im eigenen Interesse genöthigt, Partei zu ergreifen, etwa für die gerechte Sache, so ist darunter doch immer nur die völkerrechtlich gerechte zu verstehen: in die staatsrechtlichen Debatten des dritten Staates soll keine Macht diplomatisch eingreifen; selbst dann nicht, wenn sie von einer Partei dieses dritten Staates angerufen wird.

Aber auch die Intervention in Verfassungs- und Regierungsangelegenheiten einer auswärtigen Macht kann völkerrechtlich begründet sein: zunächst durch gewisse Verträge, hauptsächlich durch Garantieverträge, wie unter Föderativstaaten, (s. oben Kap. VI. die Paragraphen über Staatsunionen,) oder auch durch spezielle Verfassungsgarantieen. Was letztere betrifft, so sind solche Hülfsleistungen der Unabhängigkeit und damit der Existenz der zu rettenden Souverainetät begreiflicherweise äußerst gefährlich, wie zum Beispiel Polens Untergang bewies. Doch kamen früher oft Verfassungsgarantieen in minder gefährlicher Form vor; z. B. war die herzoglich-württembergische Verfassung im vorigen Jahrhundert, namentlich zum Schutze der protestantischen Kirche, unter die Garantie mehrerer entfernteren Staaten, wie Preußens, Kurbraunschweigs und Dänemarks gestellt [1]).

Lächerlich und traurig waren die Garantieen der Territorial- und Legalverfassung des großen deutschen Reichs im westphälischen und in späteren Friedensschlüssen. Hingegen war eigentlich durch viele Reichsabschiede des sechszehnten Jahrhunderts das einseitige Garantiesuchen der deutschen Reichsstände untersagt; und es kann noch heute den Gliedern eines Staatenbundes nicht gestattet werden [2]). Eben so wenig entspricht es aber dem Wesen der Föderativverfassung, daß einzelne Verfassungen *besonders* garantirt werden, wie im deutschen Bunde [3]); da der Bundesstaat und selbst der *rechtlich* ausgebildete Staatenbund den Rechtszustand, nicht blos des Fürsten, sondern auch der Völker, zu schützen übernimmt [4]).

Aus derartigen Garantien entspringen gewisse Interventionspflichten und Interventionsrechte, aber nur soweit der Gegenstand der Garantie ausdrücklich reicht; z. B. bei Garantieen der Landesgränzen oder der Territorialintegrität darf nur und muß nur gegen auswärtige Feinde intervenirt werden. Solche Garantieen der äußeren Existenz sind minder gefährlich, weil sie eigentlich nur eine Defensivallianz enthalten; während Verfassungsgarantieen zu Mediationen führen. Vergl. z. B. Genfs Parteikämpfe v. 1768 und 1782, in Folge der französischen Garantie von 1738, der sich später Sardinien und Bern beigesellten[5]).

Etwas Anderes aber ist es mit der Uebernahme einer solchen Garantie, die erst eintritt, wenn ein Land schon in Bürgerkriegen entzündet ist. Hier muß der garantirende oder intervenirende Staat von vorn herein Partei ergreifen; so bei der Quadruppelallianz v. 22. April 1834 und dem Additionalvertrag v. 18. Aug. 1834[6]), wo Frankreich und England auf der pyrenäischen Halbinsel sich für die Partei der weiblichen Thronfolge gegen den Ultramontanismus, welcher die Legitimität zu Hülfe rief und sich durch das längst derogirte Salische Gesetz zu decken suchte, thatkräftig entschieden, also die innere Erbfolgeordnung und die Prätendentenstreitigkeiten mit der Spitze ihres Schwertes auslegten.

[1]) Vergl. Klüber's Akten des Wiener Kongresses VI. S. 613 ff. und I. S. 96; und neue europäische Staatskanzlei XIV, S. 155.

[2]) S. H. A. Zachariä's „deutsches Staats- und Bundesrecht,“ 1841, Band I, §. 43.

[3]) Vergl. die Bundesbeschlüsse v. 13. März 1817, v. 25. Mai, 26. Aug. und 1. Okt. 1818, v. 15. Juni 1822 u. s. w.

[4]) Vergl. die Wiener Kongreßakte, art. 74 (über die Schweiz) und art. I des Schweizer Bundesvertrags v. 7. Aug. 1815; art IV der nordamerikanischen Kongreßakte v. 17. Sept. 1784, — mit der Wiener Schlußakte v. 1820, art. LXI; u. s. auch Klüber's Staatsrecht des Rheinbundes, §. 135. Dort wird die Verfassung, hier nur die Herrschaft gewährleistet!

[5]) S. Flassan's Histoire de la Diplom. franç., T. V. pag. 78 und T. VII. p. 271 und 297.

[6]) S. Marten's N. R., Tom. XI. pag. 808, und Tom. XII. pag. 716 etc.

§. 7.

Die Anerkennung eines Staates durch den anderen Staat setzt als Objekt die Souverainetät des anerkannten Staates voraus, also auch die Unabhängigkeit desselben; folglich auch sein Recht, die Repräsentanten seiner souverainen Gewalt frei zu wählen. Demnach wird durch die Anerkennung eigentlich jeder Einmischung in die inneren Verfassungsangelegenheiten von Seiten des anerkennenden Staates widersprochen: denn durch die Garantie, Intervention und Mediation erscheint ja der fremde Staat, welcher gewährleistet, sich einmischt oder vermittelt, als Faktor des innern Staatsrechts, als Theilnehmer der Souverainetät jenes Staates; die Souverainetät desselben erscheint also dadurch beschränkt. Die Anerkennung selbst ist aber weder Grund, noch Bedingung der Souverainetät; sie fügt diesem Rechte des Besitzes, welches eben auf der selbstbestimmenden Kraft des Volkes beruht, nichts hinzu. Hingegen ist auch die Anerkennung keine Garantie der Souverainetät: sie ist möglichst leer und wenig verpflichtend aufzufassen; sie bezieht sich nur auf die Thatsache der Herrschaft, und erklärt ganz einfach, daß der andere Staat dem eigenen als Persönlichkeit gegenüber stehe, daß man mit ihm zu unterhandeln und zu contrahiren für möglich halte. — Selbst im Krieg, wie auch in der Anwendung von Retorsionsmaßregeln oder von Repressalien, erkennen sich die Staaten an. In der Anerkennung des einzelnen Staates liegt vielmehr eine Anerkennung des Völkerrechtes, das heißt: der völkerrechtlichen Verbindung mit den bestehenden Staaten.

So braucht die Anerkennung nicht einmal ausdrücklich zu geschehen. Sie ist zwar die Basis aller Unterhandlungen: aber gerade darum liegt sie in den Unterhandlungen selbst enthalten; und stillschweigende Anerkennungen sind sehr wohl möglich und oft vorgekommen. Die Anerkennung fremder Staaten ist nicht nur ein Geheiß der völkerrechtlichen Gesittung, sondern auch eine Forderung des inneren Staatsrechtes, weil es nur dadurch möglich wird, den Rechtsschutz über die eigenen Unterthanen auch in dem Staatsgebiete des anzuerkennenden Gemeinwesens zu sichern. Darum kann die Anerkennung an sich, eben weil sie nur eine Thatsache ausspricht, keinen Casus belli, oder vielmehr keine Justa belli causa abgeben: selbst wenn ein Staat die abfallende oder schon getrennte Provinz oder Kolonie eines anderen Landes anerkennt, ehe dieses noch in die Trennung eingewilligt hat, wie dies von Frankreich in Bezug auf Nordamerika im Vertrag von 1778, art. 11, geschah. Denn wenn die anerkannte Thatsache auch falsch wäre, so läge in der bloßen Anerkennung selbst noch keine Feindseligkeit, keine Rechtsverletzung. Nur wird die voreilige Anerkennung bei so bewandten Umständen in der Regel die Basis von indirekten oder direkten Hülfeleistungen und Einmischungen bedeuten.

Hingegen kann die Verweigerung der Anerkennung wohl mittelbar zur Kriegserklärung führen, weil die Ehren der Staaten auch zu ihren Rechten gehören, und weil eine solche Verweigerung auch die Ausschließung aus dem völkerrechtlichen Verkehr zur Folge hat.

§. 8.

Die Anerkennung ist also durchaus keine Bürgschaft; sie schließt das Fehdeverhältniß ganz und gar nicht aus. So erkannte Rußland im Tilsiter Frieden (z. B. art. XXV), Oesterreich im Preßburger Frieden (1805) Napoleons neue Staatenschöpfungen an; und nichts desto weniger verbanden sich beide, ohne Makel der Verrätherei oder des Wortbruchs, gegen dieselben im Jahr 1813.

Aber die neueren Anschauungen des Völkerrechts in Europa haben der Form der Anerkennung mehr Inhalt verliehen; zumal es schon eine alte Völkerrechtssitte ist, auf die Notifikation von Thron- und Regierungswechseln die spezielle Anerkennung einzusenden und die Gesandten neu zu accreditiren; gerade wie in Friedensschlüssen der neu bestätigte, beziehungsweise neu gewonnene Besitz ausdrücklich anerkannt wird. Aber alle diese Formalitäten sind ohne bestimmte juristische Konsequenz.

Natürlich ist der Austausch von Gesandtschaften oder Konsulaten erst eine Folge der Anerkennung; gerade wie in der Garantie, oder überhaupt in jedem Vertrag, eine Anerkennung involvirt ist. (Die spezielle Garantie eines gewissen Zustandes bezieht sich zwar nur auf den Status quo dieses Zustandes, resp. Besitzes; aber dennoch liegt die Anerkennung der ganzen Souverainetät, als einer zu [Völker-] Recht bestehenden, darin, abgesehen von anderen Rechtsansprüchen.) Die gewohnheitsrechtliche Form der Anerkennung nähert sich nun in sofern einer Garantie, als sie der bestimmten Form der Vertretung der Souverainetät zu entsprechen scheint, welche bei Regierungswechseln notifizirt wird. Indem, namentlich seit der französischen Revolution, von den absoluten Mächten, und in beschränkterem Sinne selbst von England, der Grundsatz aufgestellt ward, daß nur diejenige Macht in das Völkerrecht gehöre und anerkannt werden dürfe, deren Souverainetät rechtlich vertreten sei, und gewisse völkerrechtliche (d. h. diplomatische) Garantieen biete: so nähert sich die Anerkennung damit insoferne der Garantie, als sie die Entscheidung über die rechtmäßige Vertretung einer fremden Macht übernimmt; und zwar nicht bloß, wie die allgemeine gehaltene Garantie, eine Allianz zum Schutze des äußeren Status quo, sondern auch Sicherheit für das innere Staatsleben bedeutet.

Das bezweckten namentlich die Kongresse von Verona, Troppau u. s. w. (S. oben Kap. III.) Dadurch wird die Frage über die Rechtmäßigkeit der Vertretung der Souverainetät zum Gegenstande völkerrechtlicher und diplomatischer Entscheidungen. Was bestimmt die Rechtmäßigkeit einer Souverainetät? Die Majorität des Volkes oder das historische Recht? Keines von beiden, antworteten die Koryphäen der auf jenen Kongressen herrschenden Richtung; nur der absolute Monarchismus ist berechtigt. Dagegen erhoben sich aber mächtige revolutionaire Thatsachen nach allen Richtungen; und es wird ewig mißlingen, aus der Anerkennung eine pure Rechtsfrage zu machen, so lange noch die Selbständigkeit der Großmächte unbestreitbar ist und ihre Eifersucht auch die neutrale Existenz der kleinen Staaten verbürgt [1]).

Alle diese Beziehungen, wie jede Einmischung in Erbfolgestreitigkeiten, oder wie die europäischen Lösungen territorialer und ähnlicher Fragen (z. B. der orientalischen Frage, d. h. der Konflikte zwischen der Pforte und ihren rebellischen Vasallen oder Völkern), beschränken die Unabhängigkeit der Staaten. Wenigstens sollten aber die privaten Verwandtschaftsverhältnisse der Fürstenhäuser nicht die friedliche Herrschaft der Gesetze beeinträchtigen; der Staat hat keine Verwandten.

[1]) Vergl. auch Schmalz, Völkerrecht, 1817, pag. 36—38.

§. 9.

Einige Kontroversen sind mit der Lehre von der Anerkennung verknüpft. Wir haben gesehen, daß es sich vielfach nicht um die bloße Thatsache des Bestehens eines Staates, sondern um die Anerkennung dieser oder jener bestimmten Dynastie oder sonstigen Regierungsform handelt. Streiten nun in einem Lande zwei Prätendenten um die Oberherrschaft mit ziemlich gleichen Kräften, so daß der Ausgang ungewiß erscheint: so wird die Anerkennung des Einen oder Andern wohl nach der politisch-diplomatischen Parteinahme des (anerkennenden) Staates, oder nach der Gemeinsamkeit der Tendenzen, wenn nicht nach der Allianz der Interessen, entschieden. — Nach dem Prinzip der Nicht-Intervention wäre erst der Ausgang abzuwarten, die faktische Entscheidung über den Besitz der Gewalt.

Oder hätten die zur Anerkennung berufenen Mächte zuerst die Rechtmäßigkeit der Ansprüche der Prätendenten zu prüfen? — Gewiß nicht! Denn die juristischen Normen des inneren Staatsrechtes gehen die fremden Mächte nichts an: sie haben die Souverainetät zu achten, welche ein Faktum ist; nicht aber zurückzugehen, um zwischen Usurpation und Legitimität nach Rechtssätzen zu entscheiden, über die ihnen kein Richteramt gegeben ist. Höchstens haben die Mitglieder eines Föderativstaates den Regierungsantritt eines Fürsten in streitigen Fällen nach der Successionsordnung seines Landes zu kontrolliren, weil die Bundesstaaten sich das öffentliche Recht gegenseitig gewährleisten [1]).

Hier geht also die Anerkennung nicht nur aus der Garantie hervor, sondern sie hat auch eine Art Garantie (und mit dieser eine Defensivallianz) zur Folge [2]).

Welche Folgen hat die Nichtanerkennung? — Sie ist zwar keine direkte Rechtsverletzung, und darum kein eigentlicher Grund zum Kriege: aber sie verräth die feindseligen Absichten, gerade wie auch das Zurückziehen der Gesandten; und die damit angethane Ehrenkränkung und Beleidigung würde einer starken Macht gegenüber nie ungerügt bleiben. Natürlich ist kein aktiver Rechtsverkehr, keine Unterhandlung mit einem nicht anerkannten Souveraine möglich. Insofern kann in der Nichtanerkennung die Verletzung älterer Verträge und also auch eine volle Rechtfertigung des Krieges liegen.

Berücksichtigt man das Privatrecht der Unterthanen eines nicht anerkannten Staates?

Selbstverständlich hat man keine Staatsverträge mit einem Lande, dessen Regierung nicht anerkannt worden ist.

Aber jeglichen Rechtsschutz, der ohne spezielle Verträge auf der Natur des Rechtes selbst beruht, läßt man den Bürgern eines solchen Staates angedeihen. Man gewährt ihn ja auch den Unterthanen des feindlichen Landes; man beschützt ja polizeilich und civilrechtlich den transatlantischen Sklaven, der in seiner eigenen Heimath keinen Schutz genießt. Denn der Staat übt das Recht um seiner selbst willen aus, so weit seine Kraft reicht; nicht aus Nachgiebigkeit oder kontraktlicher Verbindlichkeit gegen andere Staaten.

Schwieriger schon wäre die Frage, ob ein Staat die richterlichen Urtheile eines nicht anerkannten Staates beachtet? Aber auch hier kann die Nichtanerkennung keinen erheblichen Einfluß ausüben; denn wo der Staat vernünftig genug ist, auch ohne speziellen Staatsvertrag die res judicatae eines fremden Landes gelten zu lassen und selbst nach geliefertem Beweise derselben — beziehungsweise — auszuführen, da thut er es nicht aus Achtung für den fremden Staat, sondern nach den wahren und einzig richtigen Grundsätzen des Privatrechts (der Litis contestatio als einer Novatio des Kontraktes) und des Strafrechtes (Non bis in idem! u. s. w.), so lange nicht die ausländischen Richtersprüche der Menschlichkeit und Billigkeit direkt zuwiderlaufen. Selbst wenn ein Staat den Schutz gewisser Rechte nur unter der Bedingung der Gegenseitigkeit den Ausländern verspricht, wie z. B. die meisten neueren Gesetze über literarisches Eigenthum (Vergl. unten Kap. XV §. 8), kommt es blos darauf an, ob in der Heimath des betreffenden Rechtssubjektes die diesseitigen Rechtssubjekte auch in dieser Hinsicht gesichert sind; ob zum Beispiel das heimische Buch des nicht anerkennenden Staates in dem Lande, dessen Staatsbehörde nicht anerkannt ist, durch ein Nachdrucksgesetz geschützt wird: nicht aber, ob jenes Land einer völkerrechtlich oder diplomatisch bestätigten Regierung genießt.

[1]) Vergl. die Artikel des Staatslexikons von Rotteck und Welcker, über Anerkennung und Garantie; den deutschen Bundesbeschluß vom 30. Oktober 1834 (Bundesschiedsgericht) ꝛc.

[2]) S. u. v. den Verträgen, Kap. IX.

§. 10.

In der Anerkennung liegt nicht an sich ausgesprochen, daß der anerkannte Staat in jeder Beziehung in rechtmäßigem Besitze befindlich sei; daraus folgt, daß der anerkennende Staat nicht stillschweigend allen seinen Rechtsansprüchen (eventuellen Successionsrechten, Prätentionen, Droits actuels) auf das Gebiet des anderen entsagt, indem er die selbständige Souverainetät desselben im Ganzen gelten läßt. Nur eine Prätention auf den ganzen Inhalt der Souverainetät, auf das Ganze oder doch den größten Theil des Gebietes, würde die Anerkennung ausschließen [1]). Eher liegt in Staatenbündnissen, wie in gewissen Garantien, die Entsagung auf alle Prätentionen eingeschlossen; doch auch dies nicht unbedingt. Aber wer die Integrität, oder auch die unverbrüchliche Neutralität eines Gebietes gewährleistet, darf es natürlich selber nicht angreifen.

Abgesehen von Friedensschlüssen und ausdrücklichen Abtretungen, ist die diplomatische Anerkennung des Besitzes oder der Eroberung einer Kolonie oder Provinz durch fremde Mächte der überflüssigste Schritt von der Welt, wenn die Anerkennung, um welche es sich handelt, nicht als Vorbedingung einer Garantie betrachtet werden soll. In der Anerkennung liegt ja keine Gewährleistung der Gränzen. Als z. B. Frankreich Algier eroberte, brauchte es für diesen neuen Besitz keine Anerkennung und konnte selbst die von England drohenden Proteste ignoriren. Als aber aus Einzelstaaten ein Königreich Italien erwuchs, da mußte allerdings die allgemeine Anerkennung des neuen Staates gefordert und durchgesetzt werden.

[1]) Ueber die Prätentionen im Staats- und Völkerrecht s. Ompteda's Lit. II, §. 285. Jean Rousset, Preuves des Intérêts présents et des prétentions des Puissances de l'Europe, depuis 1713, etc. 1736. Tom. III. Ueber die lehnrechtlichen Prätentionen der deutschen Mächte aus den Zeiten des Reichs, siehe Rheinbundsakte, art. 34 (umfassende Entsagung); Tilsiter Frieden, art. 10—11 (im ersten Pariser Frieden aufgehoben); Wiener Kongreßakte, art. 18, 19 und 23; und Klüber's deutsches Staatsrecht, 3. Ausg. §. 83—84.

§. 11.

Die wahre Unabhängigkeit der Staaten liegt in ihrer gleichen Berechtigung; der Ausdruck ihrer Gleichheit liegt in den Ehren, welche die Vertreter der Staaten wechselsweise anerkennen und sich gegenseitig erweisen. Die Ehre und Stellung eines Staates und seiner Repräsentanten gehört zu seinen Rechten. Nun sind zwar prinzipiell alle Souverainetäten gleich berechtigt, und es existirt keine offizielle Rangordnung der Staaten; wohl aber werden die Fürsten nach ihrer Macht geehrt. Zwar erklären sich auch die christlichen Fürsten für gleich, in so fern sie sich Alle und nur sich für ebenbürtig halten. — Diese „Ebenbürtigkeit" und „Standesmäßigkeit", welche auch den abgesetzten Fürsten, und darum auch — mindestens in Deutschland — den deutschen Standesherren, sowie den fürstlichen Familiengliedern selbst verstoßener und prätendirender Linien, obgleich dieselben nicht mehr personae sacrosanctae sind, nicht mehr unverantwortlich und unverletzlich über den Gesetzen stehen [1]), zu Gute kommt; diese erbliche und unauslöschliche Weihe, dieser caracter indelebilis, umschließt recht eigentlich das Geheimniß der Legitimität, welches die fürstlichen Verbindungen dem Geblüte des Volkes und selbst des niederen und höheren Adels verschließet [2]).

Die äußerliche Form der hypothetischen Gleichheit und Souverainetät der Staaten liegt in der Courtoisie, den Titeln und Ehrenzeichen der Staaten und ihrer Häupter. Dies war das größte Feld für die diplomatischen Bemühungen und Arbeiten des späteren Mittelalters. Auf Reichstagen und Kongressen verging die beste Zeit in Präzedenz-Streitigkeiten, welche bald aus dem größeren Alter der Kronen, bald aus einem verrotteten Lehnsnexus, oder einem seit unvordenklicher Zeit behaupteten Herkommen, bald aus einer päpstlichen Verleihung geschlichtet werden sollten [3]). Dazu kamen noch die genealogischen Kontroversen. Man verwechselte ja den Staat mit der Dynastie, der herrschenden Familie. Doch ist die große Frage von der Präzedenz niemals gelöst worden; die von den Päpsten, z. B. Julius II. im J. 1504, [4]) aufgestellten Rangordnungen haben niemals allgemein gegolten, nicht einmal auf den Konzilien. Nur der ältere Besitzstand verlieh allgemein höhere Ehrenrechte; und so viel stand fest, daß gleich nach dem Papste der deutsche Kaiser kam. Auch die evangelischen (lutherischen und reformirten) Staaten haben dem Papste den Vorrang gelassen, nicht aber Rußland und die Pforte; doch hat Rußland dem deutschen Kaiser den Vorrang nie bestritten.

Mit den unchristlichen Staaten wurden besondere Verträge über die Ranggleichheit oder Ungleichheit abgeschlossen: so z. B. 1718 und 1739 zu Belgrad zwischen Kaiser und Sultan; in mehreren Verträgen des 17. Jahrhunderts und noch im Jahr 1740 ließ sich Frankreich bei der Pforte den Rang vor den anderen Königen versprechen; auch Rußland machte im Jahr 1774 einen derartigen Pakt mit der hohen Pforte, welcher aber Oesterreichs, Venedigs und Hollands älteren Vorrechten nicht derogiren konnte. Diese Verträge gelten nur für Konstantinopel. Bei den Barbaresken-Staaten sind wieder andere Sitten herrschend; und beispielsweise stand in Marokko der französische Geschäftsträger oder Consul lange Zeit dem spanischen nach.

In Europa hingegen sind, mit wenig Ausnahmen, die Titel längst allgemein anerkannte Rechte. Zur Veränderung, namentlich zur Erhöhung eines Titels gehört natürlich mehr, als der Wille des Besitzers; der Titel muß anerkannt werden. Zwar mag sich jeder Fürst von seinen Unterthanen beliebig anreden lassen, etwa die „Haushoheit" beilegen; aber die Titelerhöhungen sind ja gerade auf die diplomatische Welt berechnet. Als der russische Czar im Jahr 1721 den Kaisertitel annahm, reservirten sich die anerkennenden Mächte die bisherige Gleichheit [5]). Als, zwei Dezennien vorher, Kurbrandenburg die preußische Königskrone vom Kaiser gewährt bekommen hatte, behauptete der Papst Clemens XI. noch, daß nur ihm die Ernennung von Königen zustehe. Was hätte ein Papst sich nicht angemaßt! [6]) Im Tilsiter Frieden (1807) art. XXVIII. stellten sich Rußland und das französische Kaiserreich im Range gleich an die Spitze der Welt [7]).

[1]) Nur Rußland hat in einem Manifest v. 1820 die regierenden Häuser allein für ebenbürtig erklärt. Dennoch hat ein Leuchtenberg eine russische Prinzessin geheirathet.

[2]) Vergl. Frdr. C. v. Moser's Abhandlung „von den Gevatterschaften großer Herren" (in seinen kleinen Schriften, Bd. I.) und desselben Verf. Abhandlung „über den Brudertitel unter großen Herren, besonders denen gekrönten Häuptern," 1737; (in dessen Opuscul. academ.) Noch andere derartige Schriften über verwandtschaftliche Bezeichnungen unter Fürsten s. in Moser's kleinen Schriften I., S. 336—473.

[3]) So räumte, nach alter Sitte, England an Frankreich den Vorrang ein, wegen des verschiedenen Alters der Kronen und wegen des alten Lehnsverhältnisses. Portugal gewährte an Spanien den Vorrang aus ähnlichen Gründen. Dänemark verlangte ihn vor Schweden.

[4]) S. Lünig's Theatr. Cerimon. I. 8.

[5]) S. Martens, Causes cél., II., No. 3: Debatte zwischen Frankreich und Rußland, 1721.

[6]) Vergl. „Eccard's Auszug verschiedener, die neue preußische Krone angehender Schriften;" nebst einem „Anhang, betreffend dasjenige, was nach heutigem Völkerrecht zu einem Könige erfordert wird," 1701; (jenes pseudonym von Leibnitz, dieses von demselben unterschrieben). Preußen hat sich erst allmälig die Titelanerkennung der Großmächte verschaffen müssen, und darum lange Frieden gehalten und um Freundschaften geworben.

[7]) Ueber den Rang der Staaten, das „Völkercerimoniel", die ehedem sog. „Cerimonialwissenschaft", vergl. die reiche Literatur in Ompteda II, §. 194—210, auf 20 Seiten; besonders siehe Rousset's Mémoire sur le rang et la préséance entre les Souverains de l'Europe et entre leurs ministres représentants suivant leurs différents caractères, 1746. Für das Cerimoniel in der diplomatischen und hofmännischen Praxis siehe: J. Chr. Lünig's Theatrum cerimoniale historico-politicum, 1716; Du Mont's Cérémonial diplomatique des Cours de l'Europe, etc., leurs disputes et démélés de Préséance, etc. 1739, 2 Bde.; F. C. v. Moser's „deutsches Hofrecht", 1754. Neuere Schriften s. in v. Kamptz's Lit. des Völkerrechts, §. 141 u. ff.

§. 12.

Auf dem Wiener Kongreß wurde auch die Rangordnung der Kronen von einer besonderen Kommission berathen, welche die acht Mächte, die schon den Pariser Frieden unterzeichnet hatten, in der Sitzung vom 10. Dezbr. 1814 ernannten. Doch thürmten sich diesem wichtigen Geschäfte mächtige Hindernisse entgegen; z. B. wußte man die großen Republiken nicht recht unterzubringen: und so begnügte man sich, zur Vermeidung aller Skrupel, mit einer Rangordnung der Gesandten [1]).

Die deutsche Bundesakte, art. 4 und 8, ordnet den Rang der deutschen Fürsten gleich ihrem Stimmrechte, nach der Größe ihrer Besitzungen; doch vorbehaltlich des gleichen Ranges nach Außen.

Im Allgemeinen beließ es also der Wiener Kongreß bei den alten Gewohnheitsrechten.

Den Haupttheil der diplomatischen Würden bilden danach die »honores regii« der christlichen Großmächte; die „Majestät", die Krone, der Brudertitel, und das unbestrittene Recht, Gesandte ersten Ranges zu schicken.

Die „königliche Hoheit", nicht aber die „Majestät", haben auch die Großherzöge und der Kurfürst. Der Sultan, seit 1606 „Padischah" genannt, ist Hoheit, Altesse oder Hautesse?! — Die großen republikanischen Unionen haben, wie ehemals Venedig und die Niederlande, als Einheit die Würde und das Recht der Könige, wenn auch nicht die Titel.

Natürlich stehen die halbsouverainen Staaten gewöhnlich den souverainen nach, jedenfalls ihren Vormächten; (nur die Kurfürsten des Reiches hatten eine Ausnahme behauptet, und stellten sich manchem fremden Staate gleich). Die kleineren Fürsten, Hoheiten und Durchlauchten, gehen den mit königlichen Ehren begabten nach. Im Uebrigen haben die Zeit und der gesunde Menschenverstand manchen alten Unterschied der Etiquette verwischt.

[1]) S. Klüber's „Uebersicht der diplomatischen Verhandlungen des Wiener Kongresses," S. 167 u. ff.; und vergl. unten Kap. X.: das Gesandtenrecht.

§. 13.

Auf dem Aachener Kongresse haben die fünf Großmächte in der Sitzung vom 11. Oktbr. 1818 [1]) den Grundsatz aufgestellt, in den Titeln der Fürsten und der Glieder der fürstlichen Häuser keine Aenderung eintreten zu lassen; da dies kein leerer Punkt der Etiquette wäre, sondern mit erheblichen politischen Kombinationen zusammenhinge und der Konsolidirung der bestehenden Ordnung widerspräche. Jedenfalls haben sie sich in dem Protokoll derselben Sitzung verpflichtet, in dieser Hinsicht nur nach gemeinsamen Beschlüssen zu handeln. (Diese Berathung wurde durch den Kurfürsten von Hessen-Kassel veranlaßt, der die Absicht, sich den Königstitel beizulegen, ausgesprochen hatte.)

Eine Ausnahme von der zu Aachen aufgestellten Regel fand Statt, als 1844 die drei sächsischen und (damals drei) anhaltischen Herzogshäuser sich den Titel Hoheit beilegten. Die deutsche Bundesversammlung hat in einem Bundesbeschluß vom 16. Aug. 1844 (27ste Sitzung) die (vorausgesetzt: herzogliche) Hoheit der anhaltischen und herzoglich-sächsischen Häuser, sowie Braunschweig's und Nassau's, die sich direkt an den Bund gewandt hatten, vorsichtig gutgeheißen und damit manchen Konflikt vermieden. Nun sind die letzten Herzöge wesentlich von den mediatisirten „Durchlauchten" unterschieden. In den fremden Zungen, namentlich in der Diplomatensprache, bestand nie eine eigentliche „Durchlaucht", sondern nur Altesse, resp. Altesse sérénissime, (nicht royale) oder Highness, u. s. w. Und das verminderte schon die Schwierigkeit des sächsisch-anhaltischen Unternehmens. Doch Minima non curat Praetor! — Daß mehrere deutsche Großherzöge (Baden und Hessen-Darmstadt) in Folge jener Schritte die Hoheit ihrer jüngeren Prinzen ausdrücklich als eine großherzogliche bezeichnet, war eine Interpretation ohne weitere Konsequenz, weil sie ganz der Natur des Verhältnisses entsprach. Jenes Aachener Protokoll (am Schluß) gestattet nämlich nur den Erbprinzen solcher K. Hoheiten die K. H. Andrerseits versteht sich auch von den Titeln von selbst: Nemo plus juris in alterum transferre potest, quam ipse habet!

Ueber die Titulaturen selbst belehren uns die genealogischen Almanache, der Gotha'sche Staatskalender u. s. w. Mancher Fürst trägt noch die Titel längst verlorener oder nie besessener Länder; so benennt sich der Kaiser von Oesterreich nach Jerusalem, als Fürst in partibus Infidelium, und wäre darum nicht minder bereit, die Integrität der Pforte zu wahren, die er anerkannt hat. Ueber manche Anomalie des Ceremoniels, z. B. den König des British Empire, so wie über die Kronprinzen- und Prätendententitel überhaupt, vergleiche Klüber's Völkerrecht, II. Thl. I. Tit. Kap. III. Ebenda: über die Formen bei Begrüßungen, Notifikationen u. s. w. Ueber den Vorrang und das Alternat, oder die anderen Vermittelungskünste und Protestationen gegen das zufällige Vorangehen, s. die Geschichte der Kongresse und die diplomatischen Handbücher. Ueber die eigenthümlichen Regeln dieses abgeschmackt pedantischen Formalismus bei schriftlichen Urkunden sprechen heraldische Schriftsteller eines Breiteren.

Ueber das Incognito, die Etiquette bei Zusammenkünften aller Art, über den Kanzleistyl, die Diplomatensprache, und die Verwahrungen gegen den Vorrang eines Idioms, s. die Schriften über das Cerimoniel, und zum Theil die über die Kunst der diplomatischen Unterhandlung. (S. u. beim Gesandtenrecht.)

Diese Küchenzettelweisheit, welche den „vollkommenen Hofmarschall" (vergl. Herrn von Malortie's Schrift, Hannover 1842) ziert, und alle die damit zusammenhängenden Verirrungen des menschlichen Geistes verdienen in einem Systeme des Völkerrechts kaum der Erwähnung.

[1]) S. Meisel's Cours de style diplomatique, 1824, Tom. II, p. 593. Und Heffter, Droit international, etc., 1866, p. 481. (Appendice V.)

§. 14.

Eine eigene und praktisch besser begründete Abart des völkerrechtlichen Cerimoniels ist das Seezerimoniel, die leicht verständliche Symbolik des Seerechtes. In dem

Seezerimoniel begrüßen sich die Schiffe, und erklären ihr Verhältniß des Friedens oder Unfriedens, der Ueber- oder Unterordnung, oder der Anerkennung der Staatsherrschaft im fremden Seegebiete. (S. oben Kap. VII.) Jede Macht kann ihren Schiffen gegenüber und in ihrem Seegebiete überhaupt den Schiffsgruß bestimmen [1]). Natürlich ist auch die Verpflichtung zum Seegruß streitig, wo die Seeherrschaft bestritten ist, wie in Großbrittanniens umgebenden Meeren. Auf offenem Meere oder im Seegebiet eines dritten Staates besteht keine allgemeine Verpflichtung, außer durch spezielle Verträge, in welchen sich größere Mächte oft höhere Ehren ausbedungen haben [2]).

[1]) Vergl. Ordonnance von 1681, und Encyclopédie méthodique, v. »Salut«, honneurs, marine.

[2]) S. Wenck, Cod. Jur. gent. II. 578, und die Verträge zwischen England und Holland aus dem 17. und 18. Jahrhundert. Ueber das Segelstreichen, den Salut du canon, des voiles, de la voix, u. s. w., über die Präzedenzansprüche und die anerkannten Regeln, daß z. B. Kriegsschiffe den Kauffahrern, den niederen die Admiralsflaggen u. s. w. vorangehen, so wie über gewisse Sitten der Höflichkeit, vergl. die Lit. in Ompteda, II. §. 219; und besonders Bynkershoek, Quaest. jur. publ. II., cap. XXI: Quando et quorum navibus praestanda sit reverentia; ferner Friedr. Carl v. Moser's Abh. v. Segelstreichen und Schiffsgruß, nach den Grundsätzen der praxis der Völker (s. M.'s kleine Schriften Bd. IX.;) und Klüber, §. 117—122.

Dritter Theil.

Die bedingten Rechtsverhältnisse der Staaten, oder die Beziehungen der Staaten zu einander in Krieg und Frieden.

Kapitel IX.

Die Verträge des Völkerrechts.

§. 1.

Wie das Privatrecht erst im Staate befestigt ist, ohne darum im Staatsrecht aufzugehen, so besteht der einzelne Staat erst in voller Rechtskraft durch die völkerrechtliche Gemeinschaft; und alle die absoluten Rechte der Staaten, welche die Souverainetät nicht entbehren darf, sind völkerrechtlich anerkannt, ausgeglichen und beschützt, oder bieten überhaupt Anlaß zu völkerrechtlicher Vermittelung und Erweiterung des Staatsrechtes, wie wir das im zweiten Theile dieses Buches gesehen haben.

Außerdem aber entstehen und bestehen noch andere, rein völkerrechtliche Beziehungen, deren Ursprung und erste Idee schon eine völkerrechtliche ist, wenn sie auch nicht abstrakt im Interesse der Staatengemeinschaft, sondern von den Einzelstaaten zum eigenen Vortheile geschehen. Dies sind die Thaten des Völkerrechts, sein Prozeßverfahren und seine Pragmatik. Wir meinen das eigentliche Jus belli ac pacis, das wahre internationale Recht, die Verträge und ihre Abschließung, die Verletzungen und ihre Sühne. Die Grundlage dieses ganzen praktischsten und wichtigsten Theiles des Völkerrechts sind die Verträge, selbst für das Kriegsrecht [1]).

[1]) Die Lit. der Staatsverträge s. in Ompteda's Lit. des Völkerrechts, II. §. 269—276, §. 278 u. s. w.; v. Kamptz, §. 239 u. ff.; ferner in Dresch's „Ueber die Dauer der Völkerverträge", 1808, pag. 24—32; und die Sammlungen der Staatsverträge von J. Du Mont, Barbeyrac, Wenck, Schmauß, Lünig, Leibnitz, Koch, Schöll, Steck, Martens, Murhard, Voß, Flassan, Klüber, Neumann, Aegidi, Ghillany u. A. m.

§. 2.

Die Verträge des Völkerrechts, Völker- oder besser Staatenverträge, werden meistens etwas ungenau Staatsverträge genannt, Traités, Treaties, u. s. w. (Verträge des Staatsrechts gibt es eigentlich nicht, ausgenommen in Bundesstaaten.) Das sind Vereinbarungen mehrerer Staaten über öffentliche Verhältnisse, d. h. über Verhältnisse der Staaten oder ihrer Glieder. Der Vertrag eines Staates mit einer Privatperson oder mit einer moralischen Person, Korporation oder Behörde, die nicht souverain oder halbsouverain ist, ist kein Staatsvertrag. (Ueber die juristische Handlungsfähigkeit der halbsouverainen Staaten, s. oben im Kap. VI.)

Wohl mag man völkerrechtliche Verpflichtungen ohne Vertrag anerkennen, obgleich diese gewiß höchst schwankender Natur sind; aber Staatsverträge ohne ausdrückliche Abschließung gibt es sicherlich nicht. Der tacitus consensus ist in dieser Beziehung eine der leersten Hypothesen der Doktrin [1]); man müßte denn darunter das Rechtsbewußtsein verstehen, welches in den wenigen feststehenden Rechtsgewohnheiten des Völkerrechts allzeit lebendig ist und durch Gegenseitigkeit erhalten wird. Die Abschließung von Staatsverträgen muß von der souverainen Gewalt oder ihren erweislich Bevollmächtigten ausgehen. Namentlich muß erwiesen sein, daß der Contrahirende bevollmächtigt war; ob der Vertrag ganz innerhalb der Schranken der Vollmacht lag, darüber ist der Bevollmächtigende, in dessen Interesse ja auch die Vertragsabschließung liegen muß, allein competente Behörde. Deßhalb ward die Ratification schon frühe zur diplomatischen Sitte, als eine Bedingung der Gültigkeit des Vertrags, und wird jetzt in der Regel stillschweigend vorbehalten [2]). Dabei gilt wohl der Grundsatz: Ratihabitio retrotrahitur ad initium. (Ueber die »Deditio« im antiken Völkerrecht, d. h. die Auslieferung des Gesandten, dessen Abmachung nicht bestätigt wurde, vergl bei dieser Gelegenheit Grotius II, 15 und 16.)

Bevollmächtigt zu Staatsverträgen sind gewöhnlich die diplomatischen Agenten, die eigentlichen Beamten des Völkerverkehrs; doch liegt in gewissen Aemtern noch stillschweigend eine Vollmacht eingeschlossen, zum Beispiel: in dem Amte eines Feldherrn die Abschließung von Waffenstillständen, Kapitulationen, Auswechselungsverträgen u. s. w., ohne daß hierzu eine besondere Ratifikation erforderlich wäre. S. u. das Kriegsrecht.)

Ist ein Vertrag gültig, bei dessen Abschluß eine Regierung ihre constitutionellen Befugnisse überschritt? — Als Regel muß angenommen werden, daß solche Mängel die Gültigkeit des Vertrages aufheben, oder wenigstens verschieben, bis sie gehoben sind. So gut wie die Vollmachten der unterhandelnden Personen, müssen diplomatische Behörden auch die staatsrechtlichen Befugnisse der, die Unterhändler bevollmächtigenden Gewalten prüfen. Doch darf diese Forderung freilich nicht so weit getrieben werden, daß etwa dadurch eine fremde Macht zur Entscheidung über die Verfassungsschwierigkeiten und constitutionellen Konflikte eines Landes herangezogen würde. Im Wesentlichen kommt es darauf an, mit den unbestrittenen Inhabern der fremden Souverainetät zu negoziiren, wie ja auch eine usurpatorische Regierung, die im unbestrittenen Besitz der Souverainetät ist, allen Legitimitätsskrupeln zum Trotz, zum Kontrahiren im Namen des Staates befähigt und ermächtigt ist. Wie dagegen im Privatfürstenrecht ein Fürst über gewisse Familienrechte nicht ohne agnatischen Consens verfügen kann, bei Gefahr der Nichtigkeit seiner Verfügungen, so kann im Staats- und Völkerrecht ein Monarch, der sich über gesetzlich bindende, constitutionelle Bedingungen hinwegsetzt, auch nur nichtige Verträge abschließen. Handle es sich um einen Privatvertrag, wie zum Beispiel eine Anleihe, oder einen Staatsvertrag, wie zum Beispiel Abtretung eines Gebietes, juristisch bleibt das Verhältniß hierbei ganz dasselbe.

Ein Vertrag über Gegenstände, die nicht der Dispositionsbefugniß des Kontrahenten unterworfen sind, kann nur als Sponsion gelten; das heißt: als formloses Versprechen, zu gewissen Zwecken hinzuwirken, oder auch, bei anderen Staaten sich dafür zu verwenden. Ein Vertrag, den ein constitutioneller Monarch ohne die nothwendige Kontrasignatur seiner Minister verabredete, wäre ebenso an sich nichtig, und könnte höchstens als eine persönliche Sponsion gelten [3]). Alle Unterhandlungen vor der Genehmigung, oder ohne speziell darauf gerichtete Vollmacht, sind im besten Falle bloße Punktationen. Zum Vertrag gehört freie Einwilligung aller Theile: darum hebt ihn wesentlicher Betrug oder Irrthum von selbst auf; weil diese einen Consens erscheinen lassen, der ganz anderen Objekten gilt [4]). Auch findet die »Clausula rebus sic stantibus« im Völkerrechte, soweit es die Ehre der Staaten erlaubt, ihre bestimmte Anwendung. (Ein Beispiel für die Wirkungen dieser vorausgesetzten Klausel siehe in Dresch, l. c., §. 78 Anmerkung.) Zu weit in Anwendung derselben geht Pufendorf, XII, V, init. capitis, der jeden nachtheiligen Vertrag für ungültig erklärt; seine naturrechtliche Hypothese nimmt dem Völkerrecht alle positive Kraft. Auch Vattel sagt: »Conventus omnis intelligitur rebus sic stantibus [5].“ Der Staatsvertrag ist stets bonae fidei contractus, auf Treue und Glauben gebaut; darum hielt man in älteren Zeiten nur Denjenigen die Verträge, denen man Treue und Glauben zutraute, den guten Christen; die Anderen hatten ja ohnedieß kein Völkerrecht [6]).

[1]) S. v. Kamptz, Neue Lit. d. V. R. §. 241: (Schriftsteller von anderer Meinung).

[2]) Vergl. Bynkershoek, Lib. II cap. IV der Quaest. jur. publici, v. Kamptz, N. Lit. §. 247, und das nächste Kap. — Auch ist nicht zu übersehen, daß in constitutionellen Staaten die Frist zwischen Abschluß und Ratifikation benützt werden muß, um die Zustimmung des Landtages zu dem unterhandelten Vertrage einzuholen, welche nicht gut vor dem vollständigen Schluß der Verhandlungen nachgesucht werden kann. Die meisten Fälle der Verweigerung der Ratifikation in neuerer Zeit haben solche Gründe. (Vergl. Ueber Ratifikation der Staatsverträge, in der Cotta'schen Vierteljahrsschrift Nr. 29, I., von 1845.)

[3]) Vergl. die Literatur in Ompteda, II, §. 271; und Hommel, de Sponsionibus ministrorum, 1623; van Grootenray, de Foederibus et Sponsionibus, 1754; Vattel, II, XIV, §. 209 und folgende; und Wolf, J. G., II, XV, §. 2 ff., und II, IV, §. 465 und ff.

[4]) S. Grot. II, XVI, init. Vergl. auch in v. Kamptz Lit. des V. R. §. 249. Ferner s. Pufendorf, III, 6. — Heffter, Buch I. §. 85.

[5]) S. Vattel, II, XVII, §. 296 und ff.; und Klüber, Völkerrecht §. 165, not. a.

[6]) Vergl. noch Hugo Grot. Lib. II, cap. XV (de foederibus et sponsionibus) §. 8. Ob man Verträge mit Ketzern eingehen dürfe? Vattel, II, XVII, §. 62; Graswinkel, de fide Haereticis servanda, 1652; Tarnovius, Num et quae foedera cum

diversae religionis hominibus, et praecipue a Lutheranis et Calvinianis salva iniri possunt conscientia, Rostock 1618; Dresch, l. c. §. 79, und das vorige Kap. Die Türken halten sich, aus leicht begreiflichen Gründen, nur von, in ihrer Muttersprache abgefaßten Verträgen für gebunden. Schon darum gehören im Orient die Dollmetscher zur Gesandtschaft und stehen theilweise unter dem Schutze gesandtschaftlicher Privilegien. (Ueber die Dragomans bei den Gesandtschaften und Consulaten im Orient vergl. in H. B. Oppenheim's praktischem Handbuch der Consulate aller Länder, Erlangen, 1854, Kap. XII.

§. 3.

Hebt ein Zwang (vis) den Vertrag auf? Zwang ist im Völkerrecht, als Krieg, berechtigt; wenn Zwang annullirte, wären alle Friedensschlüsse nichtig. Die Errungenschaften des Krieges werden im Friedensschluß erst zu definitiven Besitzthümern, die Handlungen zu Rechten; vorher ist das Jus postliminii, auf die Prise die Reprise, immer noch möglich. Und erst der nächste Krieg, die nächste Rechtsverletzung kann diese Verhältnisse wieder in Frage stellen. Nur der Zwang ist völkerrechtlich unerlaubt und widerspricht der völkerrechtlichen Fides, welcher der Person des Contrahirenden behufs der Vertragsschließung, oder der Person des Fürsten zum Zweck der Unterzeichnung oder Ratifizirung des Vertrages angethan wird.

Diese und ähnliche Controversen hatten sich, namentlich unter den Publizisten des 16ten und 17ten Jahrhunderts, auf Anlaß des Bruchs des Madrider Vertrages durch Franz I. erhoben; wobei überhaupt die Frage aufgeworfen ward, ob ein gefangener Regent Verträge für seinen Staat abschließen könne? Die Kriegsgefangenschaft an sich ist keine Vis: denn der gefangene Fürst ist weder genöthigt oder verpflichtet, seinen Staat aktiv zu vertreten; noch moralisch oder juristisch berechtigt, sich durch Betrug aus seiner Lage zu ziehen, die zwar staatsrechtlich abnorm erscheint, aber durchaus nicht den Gesetzen des Völkerrechts widerspricht. Ob aber der Monarch außer Landes und in fremder Gewalt seinen Staat vertreten kann, das hängt von den verfassungsmäßigen Beschränkungen seiner Regierungsgewalt ab, die der andere Contrahent im eigenen Interesse wohl beachten mag [1]).

Ob provisorische Regierungen und Diktaturen Verträge schließen können, welche über die Dauer ihrer Wirksamkeit hinausgehen, das hängt nur zum Theil von der staatsrechtlichen Bestätigung dieser Behörden ab. In der Regel gilt hier die Thatsache der vollständigen Vertretung des Staates; die Negotiorum gestio bindet das Volk, welches der Macht nicht widerstand. Und kurze Regierungen können lange Verträge schließen. (Vergl. oben Kap. VI., von der Usurpation und von der Trennung der Souverainetäten, besonders §. 13.)

[1]) Ueber unrechtmäßige Gewalt bei Staatsverträgen vergl. Gundling, de existentia metus tum in promissionibus liberarum gentium, etc.; und Martens, europ. Völkerrecht, §. 44.

§. 4.

Nur solche Leistungen können Gegenstand eines Vertrages sein, welche noch in der Gewalt der versprechenden Souverainetät liegen. (Nemo plus juris transfert, quam habet! Pacta tertiis nec nocent, nec prosunt!) Zum Beispiel kann nicht über ein Recht verfügt werden, das schon in einem früheren Vertrage vergeben ist [1]). Zwar sind die Verträge die Gesetze des Völkerrechts; dennoch aber gilt hier der Satz: lex posterior derogat priori, nach der überragenden Natur des Vertrags, nur alsdann, wenn von verschiedenen Verträgen zwischen denselben Mächten die Rede ist. Aber zum Beispiel, wenn ein Staat mit zwei Mächten Subsidienverträge geschlossen hàt, die sich feindlich entgegentreten? [2]) Die herrschende Ansicht ist hier, daß die beiden

Verträge einander aufheben. Dies wäre richtig, wenn die beiden Verträge gleichzeitig abgeschlossen wurden; sonst wird berücksichtigt werden müssen, daß der spätere den vorangehenden Subsidienvertrag vorausgesetzt hat, ohne ihm derogiren zu können.

Ein Staatsgesetz kann keinem Staatsvertrag derogiren; sonst wäre ja die einseitige Aufhebung jedes Staatsvertrages soweit in die Willkür der gesetzgebenden Gewalten gegeben, daß das völkerrechtlich Bindende daran gänzlich wegfiele.

[1]) Vergl. übrigens v. Justi's polit. und finanz. Schriften, Thl. III, Nr. V. Abth. v. d. Verträgen freier Völker über die Länder eines Dritten.

[2]) S. Grot. II, XV §. 13; Vattel, II, XII §. 166, und III, VI §. 93; und Klüber's Völkerrecht, §. 164, not. e.

§. 5.

Der Vertrag ist, nach §. 2 und 3 dieses Kapitels, gültig durch freie Bestätigung aller Theile, durch die Promission und Acceptation jedes einzelnen Punktes. Nur sich selbst veräußern und aufgeben kann keine Souverainetät. Außerdem kennt zwar das Völkerrecht genug Pacta turpia, zum Beispiele den Menschenhandel von Hessen-Kassel, Braunschweig und anderen deutschen Fürsten in den siebziger und achtziger Jahren des vorigen Jahrhunderts; [1]) aber es weiß nichts von ihrer Nullität; obgleich einige Völkerrechtslehrer die Nichtigkeit unsittlicher Stipulationen behaupten. — Die auflösende Kraft der Laesio enormis behauptet Wolf (J. G., §. 585), verwirft Martens (Europ. V. R. §. 45,) und Dresch, (l. c., §. 45). Wolf stellt die Laesio enormis bei Veräußerungen mit Recht unter die Verletzungen; die Anderen behaupten, daß es im Völkerrecht dafür keinen positiven Maßstab gäbe. Aber wird die Laesio enormis im Völkerrecht nicht stets einen wesentlichen Irrthum oder Betrug enthalten?

Grade der Nullität gibt es im Völkerrecht nicht. Bloße Pollizitationen (Vota oder auch Pacta de contrahendo u. s. w.) kennt das Völkerrecht auch nicht, da diese doch nur von dem Eide des Einzelnen verstärkt werden könnten: denn der Eid bindet nur moralisch und persönlich; der Staat aber steht blos für positive Staatsverträge ein. Und wer dürfte ein nicht angenommenes Versprechen geltend machen! In den Zeiten des persönlichen Staatsrechts war das freilich anders. Da mußte das Ehrenwort des Fürsten als höchste Garantie gelten [2]; da konnte aber auch der Papst vom Eide entbinden. —

Ist die Genehmigung eines Vertrags nicht erfolgt, oder sind die Leistungen aus dem Vertrage ohne die Schuld des Promittenten unmöglich geworden [3]: so kann der andere Paziszent die Restitution seiner schon geschehenen Leistungen, gleichsam mit der Condictio indebiti oder der Condictio causa data causa non secuta, verlangen; nicht aber die volle Entschädigung, denn er brauchte nicht zu leisten. Die Gegenleistungen für erfolglose Interzessionen, Sponsionen u. s. w. können, ohne besondere Clausel, nicht zurückgefordert werden.

[1]) Vergl. Voß, Friedensschlüsse des 18. Jahrhunderts, Theil V, S. 4. Und F. Kapp, der Soldatenhandel deutscher Fürsten nach Amerika (1775 bis 1783), Berlin bei F. Duncker 1864.

[2]) Müller, de fide principum jurijurando pari, 1704. Slevogt, de servanda fide a principe, 1698. Siehe auch Cocceji's Commentar zu Grotius, II. 11, 3.

[3]) Sind sie durch die Schuld des Stipulanten unmöglich geworden, so hört ohnehin jede Verpflichtung auf.

§. 6.

Der rechtsgültige Staatsvertrag (Pactum reale civitatis) bindet den Staat, nicht blos den Regenten und seinen Stamm [1]). Der Vertrag wird durch den Krieg nicht ohne

Weiteres aufgehoben, noch bedarf er im Friedensschlusse nothwendig der ausdrücklichen Erneuerung; obgleich diese vielfach Sitte geworden ist und der Vorsicht des diplomatischen Verkehrs entspricht. Aber der Vertrag pausirt im Kriege: wenn nicht eine bestimmte Clausel oder der wesentliche Inhalt des Vertrages selbst dieser Unterbrechung vorbeugt, wie bei gewissen Verträgen über die Behandlung der neutralen Schiffe, über die Kriegscontrebande, oder bei Verträgen über den Rechtsschutz der Unterthanen und ihrer Güter für den Fall des Krieges; wie z. B. im Art. X. des Vertrags von 1794 zwischen England und Nordamerika u. a. m. Diese Clauseln bewirken schon im Voraus, gleich Waffenstillständen, gewisse neutrale Friedenszustände im Kriege. Außerdem aber hebt der Krieg gerade jeden friedlichen Verkehr auf; denn die Geltung der Verträge [2]) ist auf Frieden und Freundschaft erbaut. (Rebus sic stantibus!)

Verträge hören ferner auf zu gelten nach Ablauf des darin festgesetzten Termins; nach Erfüllung aller ihrer Theile, nach Untergang der Sache, um die es sich ausschließlich handelt; [3]) nach völligem Untergang eines der Contrahenten, oder auch seiner Selbständigkeit, so weit der Vertrag dieselbe voraussetzt. (Vergl. oben Kap. VI. in fine.)

Am entschiedensten hören Verträge auf durch beiderseitige Aufhebung, oder einen entgegengesetzten Vertrag zwischen denselben Contrahenten; einseitige Aufkündigung läßt noch Rechtsansprüche übrig, gerade wie die Verletzung des Kontraktes. Es gibt zwar viele Verträge, die auf einseitige Kündigung geschlossen werden; dies wird am besten durch Ansetzung eines Termins bezeichnet; wie z. B. selbst bei den deutschen Zollvereinsverträgen, welche von Zeit zu Zeit der Erneuerung bedürfen [4]).

Außerdem aber können nur solche Verträge einseitig aufgekündigt werden, welche nicht eine bestimmte Leistung, sondern ein dauerndes Verhältniß zur Folge haben. Die

Verträge auf eine gewisse Frist oder Leistung binden für diese Frist oder Leistung; die ewigen Verträge aber laufen bis zur Kündigung. Zwar kann sich kein Staat durch plötzliche Aufkündigung der fällig gewordenen Pflicht bestimmter Leistungen entziehen, ohne die volle Entschädigung für diese Rechtsverletzung zu tragen; aber die Aufhebung eines Verhältnisses, von dem man sich günstigere oder doch andere Folgen versprach, zum Beispiel eines Cartelvertrages, eines Vertrags über die Duldung fremder Aktien oder Lotterieloose im Inlande, ist durchaus keine Rechtsverletzung, kein Grund zu Repressalien oder Kriegen. Die neuere Diplomatie ist übrigens vorsichtig und gewitzigt genug, solche Verträge, wie zur Probe, nur auf Termine abzuschließen und sie bei jeder Gelegenheit, zum Beispiel einem Friedensschluß oder einem allgemeinen neuen Vertrage, ausdrücklich zu erneuern. Sonst kann auch der jüngere Vertrag dem älteren ohne ausdrückliche Erwähnung derogiren. Daß aber jeder Contrahent vor Beginn der Gegenleistung den Kontrakt beliebig und ohne Entschädigungspflicht wieder aufgeben könne, ist ein rechtsphilosophischer Irrthum (Fichte's), der die wahre Fides in pangendo zerstört und jeden Kontrakt zum Realkontrakt herabsetzt; während es im Völkerrecht nur Consensualkontrakte gibt[5]).

[1]) S. Grot. II, XIV, §. 12, und Pufendorf, XII, IX, §. 8; und ebenda XIII, §. 8. Klüber's Völkerrecht, §. 145; und Kap. VI, oben.

[2]) S. Klüber, §. 165, not. a.; und J. J. Moser's vermischte Abhandlungen, I; und G. v. Martens, „Ueber die Erneuerung der Verträge in den Friedensschlüssen &c." 1797.

[3]) Ueberhaupt s. Waechter, de modis tollendi pacta inter gentes, 1780.

[4]) S. Wolf, Jus Gent. etc., Cp. IV. §. 433: »Finito tempore tacite renovatum non intelligitur, nisi ex actibus, qui nullam aliam interpretationem accipiunt.«

[5]) Der Meinung Fichte's ist Schmalz, Völkerrecht, S. 49 und S. 64.

§. 7.

Wie aus den bisherigen §§. erhellt, werden die völkerrechtlichen Rechtshandlungen (und ihre Aufhebung) von dem Begriff und Wesen des Obligationenrechts geleitet [1]); aber sie hängen weder von irgend einer positivrechtlichen Bestimmung oder Form der contrahirenden Staaten ab, noch brauchen sie mit denjenigen positiven Forderungen des römischen Rechts näher übereinzustimmen, welche nicht unmittelbar der Natur jeder Obligatio dermaßen entsprechen, daß sie ohne dieselben null und nichtig wäre, wie z. B. der freie Consens der Berechtigten und die Uebereinstimmung der Contrahirenden. (Duo in idem consensus.) Die genauere Ausführung aller einzelnen bisher erwähnten Bestimmungen gehört der Wissenschaft und der Praxis an. Darum kann z. B., trotz der unbestrittenen Völkerrechtssitte der schriftlichen Staatsverträge, nicht behauptet werden, daß mündlich abgeschlossene Verträge jetzt keine verbindende Kraft mehr hätten, (wie Neyron [2]) meinte). Auch geheime Verträge können den Staat verbinden, wenn sie erweislich sind und auch außerdem allen staatsrechtlichen Bedingungen entsprechen; allerdings werden gewöhnlich die geheimen Verträge oder Nebenverträge (in geheimen Nebenartikeln zu einem promulgirten Vertrag) vielfach nur die persönlichen Verabredungen der Fürsten enthalten.

Staatsverträge sind stricte zu interpretiren, schon deßhalb, weil sie direkt keiner richterlichen Entscheidung zur doktrinellen Interpretation unterbreitet werden können. Doch darf dem Richter die Auslegung der Staatsverträge nicht benommen sein, wo es in einem Privatrechtsstreite oder im Strafverfahren darauf ankommt. (Vergl. unten Kap. XIII. §. 11.) Die authentische Interpretation kann natürlich nur von Denen ausgehen, die Verträge geschlossen haben und also auch modifiziren können, also nur von allen Kontrahenten gemeinschaftlich.

[1]) Ueber die »Exceptiones tacitae in pactis publicis,« vergl. oben die §§. 3—5; und van Boeckelen's Diss. Groningae, 1730; und v. Bynckershoek, Quaest. Jur. publ., P. II, cp. X, pag. 251.

[2]) S. Neyron, Diss. de vi foederum inter gentes, speciatim de obligatione successoris ex foedere antecessoris, ex natura rei et usu moratiorum populorum petita, 1778.

[3]) Ueber die Form der Staatsverträge, als definitive und präliminäre, allgemeine oder spezielle Verträge, einseitige oder gegenseitige Versprechungen, persönliche oder reelle Verträge, Haupt- oder Nebenverträge, öffentliche oder geheime Separatartikel u. s. w. S. Schmalz, l. c., S. 58—61; und Klüber, l. c., §. 146 und §. 147. Geheime und Separatartikel s. in Klüber's Akten des Wiener Kongresses, Bd. VII, S. 280—282, und Bd. I, S. 89—93; und Martens, Rec. Suppl. VIII., Préface, pag. VI et suiv. (zum zweiten Pariser Frieden.)

§. 8.

Das Völkerrecht kennt nicht, wie das römische Privatrecht, nur gewisse, gesetzlich voraus bestimmte, Kontrakte. Aber gewisse Arten von Verträgen sind im Völkerrecht, wo die Sitte von so großem Belang ist und das Bedürfniß ergänzt, gäng und gebe geworden. Es sind hauptsächlich die folgenden, die aber nicht gerade vereinzelt erscheinen müssen, vielmehr in den Urkunden oft gemischt, oder zu verwandten Zwecken verknüpft werden, und auch zwischen mehr als zwei Staaten eingegangen werden können.

1) Die rein politischen Verbindungen, die Staatenbündnisse, und die einfachen Allianzen zu Schutz und Trutz (Defensiv- und Offensivallianzen), oder auch bloße Schutzverträge. Ein einseitiger Schutzvertrag ist der Subsidientraktat, in welchem gewöhnlich das bestimmte Maß der schul-

digen Unterstützung in Geld oder Truppen angegeben ist. Doch sind oft selbst Bundesstaaten, wie die im deutschen Bund und der Schweizer Eidgenossenschaft befindlichen, also enge und wechselseitig verpflichtete Alliirte, nur zu gewissen, ihrer Macht angemessenen, Kontingenten nach der Bundesmatrikel verbunden. Da sich aber die Bundesstaaten auch gegenseitig gewährleisten, so ist mit dem Bundescontingent nicht ihre ganze Pflicht erfüllt, sondern nur das Minimum derselben angesetzt; sie müssen sich vielmehr in Fällen der Noth mit Gut und Blut, ja mit ihren letzten Kräften beistehen, als kämpften sie für die eigene Selbsterhaltung, wie sie es dabei in der Regel auch wirklich thun. (Siehe oben Kap. VI.) Folgerichtig gehören auch die Garantieverträge zu den politischen Schutzverbindungen; aber diese beziehen sich meistens nur auf die Vertheidigung und Erhaltung eines gewissen Zustandes. Doch kann die Garantie sich auf die Integrität eines ganzen Staates beziehen, ohne daß damit ein Föderativband gegründet wäre [1]).

Die Garantie der Neutralität eines Landes enthält außer der Beschränkung der betreffenden Souverainetät in Bezug auf das Kriegsrecht eine Defensivallianz gegen alle Angriffe.

Bei allen diesen Bündnissen, mögen sie nun auf bestimmte Zeit oder auf immer abgeschlossen sein, möge in denselben eine bestimmte Unterstützung oder unbeschränkte Leistung zugesagt sein, ist der Casus foederis wichtig; das heißt, die Frage, für welche Fälle der Vertrag gelte: ob nämlich die Garantie, die Schutz- und Trutzallianz u. s. w. auch dann noch aufgerufen werden könne, wenn der gefährdete Staat durch ungerechte Angriffe oder sonstige Rechtsverletzungen sein Schicksal herausgefordert und verschuldet hat. Bedeutende Publizisten, z. B. Klüber, verneinen das. Allerdings würde, bejahenden Falls, die helfende Macht ganz von der Willkür der anderen abhängig. Und bei Garantien, Föderativverfassungen,

Schutz- und Trutz-Allianzen, diesen, selbst wenn sie nur wider einen bestimmten Gegner gerichtet wären, scheint es auf die Gerechtigkeit des Krieges wenig anzukommen. Die Bundesstaaten müssen zwar im eigenen Interesse bemüht sein, jeden Zwist, den ein Genosse mit einer ausländischen Macht hervorruft, friedlich zu tilgen [2]); im Nothfalle aber ist die Erhaltung des Bundesgenossen ihr erstes Bedürfniß; sie stehen für seine Fehler, wie für sein Unglück ein. Anders mag es sich mit den reinen Defensivallianzen verhalten: diese setzen in der Regel passive Rechtsverletzungen voraus, und gelten höchstens nur dann auch für einen Angriffskrieg des zu vertheidigenden Staates, wenn derselbe schließlich zu seiner Erhaltung einer militärischen Unterstützung bedarf. Doch kommt subsidiär Alles auf den wörtlichen Ausdruck der Vertragsurkunde an [3]). — Es gibt auch Garantieverträge gegen Angriffe auf die Regierungsgewalten im Innern, welche die Interventionsrechte begründen, wovon in Kap. VIII. die Rede war; dies sind keine bloßen Allianzen gegen auswärtige Feinde, sondern mehr Beschränkungen der betreffenden Souverainetät zu ihrer bedingten Erhaltung im angeblich rechtmäßigen Zustande.

Ebenso vielerlei Neutralitätsverträge gibt es, als es Garantieverträge gibt: allgemeine, wie für die Schweiz und Belgien, (solche sind selbstredend insoferne gegenseitig, als sie die aktive und die passive Neutralität bedingen; die eine ohne die andere wäre ja nicht denkbar;) oder spezielle, wie für einen bestimmten Krieg, oder auch nur in Bezug auf eine Provinz [4]); gegenseitige Neutralitätsgarantien, wie in der »Neutralité armée« der nördlichen Seemächte (1780) für die Ostseeküsten, oder einseitige, wie die der Großmächte ehedem für die Freistadt Krakau; [5]) oder auch Neutralitätsgarantieen gewisser Zustände, wie in den Flußschifffahrtsakten für den Thalweg u. s. w. [6]) (Aehnliche Verträge wären mit Vortheil auf die Schienenwege derjenigen Eisenbahnen und solche Telegraphenlinien analog anzuwenden, welche verschiedene Länder durchschneiden und demgemäß auch neue Staatsservituten bedingen.)

[1]) Ueber die verschiedenen Arten der Garantie und ihre Bedeutung im Völkerrecht s. Garantie, im Staatslexikon, VI, 2; und Wheaton, Elem. T. I, pag. 302—305, besonders über den Unterschied von »Guarantee« und »Surety,« (Kaution), nach Vattel, livre II, chap. XVI, §. 238. Vergl. unten bei den Hülfsverträgen.

[2]) Vergl. Wiener Schlußakte von 1820, art. 35—51, besonders art. 36 und 37.

[3]) Ueber Allianzen vergl. die Lit. in Ompteda, II, §. 272.

[4]) S. Wiener Kongreßakte, art. XCII, für die Distrikte Chablais und Faucigny unter K. Sardinien, welche an der Schweizer Neutralität Theil nahmen.

[5]) S. Wiener Kongreßakte, art. IX.

[6]) Vergl. z. B. Lüneviller Frieden, art. XIV, und Reichsdeputationshauptschluß von 1803, art. 39. Ferner W. K. A., XCV—XCVI u. s. w.

§. 9.

2) Handels- und Schifffahrtsverträge.[1])

Die Handelsverträge können totale Zollvereinigungen sein, oder Zollvereinigungen einzelner Provinzen oder Enklaven [2]), oder auch bloß den Douanentarif der contrahirenden Länder in einem correspondirenden Verhältnisse verändern. Die Schifffahrtsverträge beziehen sich entweder auf die Flußschifffahrt (s. oben Kap. VII in fine), oder auf den Seeverkehr, das Recht des Landens und Importirens in den Seehäfen der Länder und ihrer Kolonialgebiete. Solche Schifffahrtsverträge beschränken die einheimischen Navigationsakten. Auch die Verträge über den neutralen Seehandel und die Kontrebande in Kriegszeiten sind hier zu erwähnen.

3) Die Verträge im Kriege und die Friedensschlüsse. (S. u. Kap. XI.) In die Kategorie der Friedensschlüsse gehören auch die Gränzregulirungs-, Theilungs- und Abtretungsverträge.

[1]) S. v. Steck, Handels- und Sch.-V., 1782; Mably, Droit public de l'Europe, 1761, Tom. II, pag. 287; und Kamptz, Lit., §. 255.

[2]) S. z. B. Preußens Vertrag mit Schwarzburg-Rudolstadt v. 1822, mit Braunschweig v. 1837, und viele a. m.

§. 10.

4) Die Verträge zur Beschränkung der Oberhoheitsrechte, durch welche souveraine Staaten zu Halbsouverainetäten herabsinken. Gewissermaßen ist damit die Einräumung von Saatsservituten zu vergleichen, oder auch die Vertragung zu gemeinsamen Verwaltungsmaßregeln, wie z. B. zur Einrichtung von Generalpostämtern, gemeinsamen Mauthen, Centralkommissionen der Flußschifffahrt u. s. w. Die gemeinsamen Oberappellationsgerichte mehrerer, und die Bundesschiedsgerichte aller deutschen Staaten verdienen hier auch der Erwähnung. In älteren Zeiten hätte man auch gewisse Belehnungen hierher rechnen können. Erbvereinigungen und andere persönliche Fürsten-Verträge gehören, selbst wenn sie zwischen verschiedenen unabhängigen Monarchen abgeschlossen werden, mehr in das Staatsrecht, als in das Völkerrecht. Auch die Staatsanleihen sind nicht völkerrechtlicher Natur, in der Regel selbst nicht, wenn ein Staat dem andern leiht, oder für dessen Schuld Bürgschaft leistet.

5) Die Verträge zur Gewährleistung des Privatrechts und des Strafrechts außerhalb der Gränzen der einzelnen Staatsgebiete. Zunächst die Freizügigkeitsverträge, und die — denselben entgegengesetzten — Car-

telverträge; (s. oben Kap. VIII, init.); ferner die Verträge über die Ausübung der gerichtlichen Polizei an und über den Gränzen, wie gegen Forstfrevel, Schmuggelei u. s. w.; die Verträge zur Sicherung gesandtschaftlicher Privilegien; die Verträge über gegenseitige Anerkennung der richterlichen Urtheile und gewisser Rechtssätze, z. B. über den Status der Personen; die Verträge über den Schutz der Waaren, z. B. der Bücher gegen Nachdruck,[1]) der gestrandeten Schiffsgüter gegen Strandrechte u. s. w. Die Verträge über die Justiz auf dem Meere, oder über Unterdrückung des Seeraubs und des Sklavenhandels, mögen auch hierzu gezählt werden. (S. u. Kap. XII, in Betreff des Durchsuchungsrechts.)

Daran reihen sich, gleichsam e contrario, gewisse eigenthümliche Verträge zum Schutze fremder Unterthanen gegen ihre eigene Regierung, wenn dieselben nämlich', als religiöse Dissenters, der rohen Intoleranz derselben preisgegeben sind; z. B. die Verträge der christlichen Mächte für die bedrängten Christen im Orient, kraft deren z. B. kein Apostat zum Christenthume mehr mit dem Tode bestraft werden durfte. Dieses Souverainetätsrecht der Bildung über die Barbarei würde vielleicht reichlicher geübt werden, zumal auch das christliche Europa Gelegenheit genug dazu bietet, — wenn nicht die Geschichte des 16ten und 17ten Jahrhunderts die Gefahren solcher Interzessionen, namentlich in Deutschland, nur allzu deutlich dargelegt hätte.

6) Eine ähnliche Art von Schutzverträgen für Glaubensverwandte sind die Concordate der katholischen und reformirten Staaten mit dem Papste, wodurch die bürgerlichen Pflichten der Katholiken mit den Anforderungen ihres kirchlichen Oberhauptes in Einklang gebracht werden. Der Papst gewinnt hierdurch einige positiven Rechte an den Unterthanen der einzelnen Staaten: aber nicht als geistlicher Herr der

Welt, noch weniger als souverainer Monarch, sondern ganz einfach als kirchliches Oberhaupt der Katholiken. Darum ist in den Concordaten weder die Selbstständigkeit der Staaten beschränkt, noch eine geistliche Staatsservitut eingeräumt: sondern nur ein Ausländer, der Papst, mit seinen hierarchisch untergeordneten Behörden, als seinen anerkannten Vertretern, in einen Amtsnexus des speziellen Staates hineingezogen, unter Bedingungen, welche die moralische Person der Kirche den bürgerlichen Gesetzen des concordirenden Staates einfügen, z. B. dem Placet regium, der fürstlichen Bestätigung der geistlichen Beamten und Würdenträger, einer modifizirten Staatsdienerpragmatik, der Verpflichtung zu gewissen Staatsgeschäften, z. B. der Einsegnung der Ehen u. s. w. Es liegt darin gleichsam eine Theilung der sogenannten Jura circa sacra über Katholiken zwischen der weltlichen Gewalt und der päpstlichen Kurie, während die protestantischen Kirchenverfassungen diese Rechte größtentheils in der Hand des Landesherrn einheitlich beisammen lassen. Diese Concordats-Verträge, deren Eigenthümlichkeit der äußerlichen Einheit der katholischen Kirche zuzuschreiben ist, beweisen allerdings, daß Staat und Kirche sich noch gar nicht recht auseinandergesetzt haben;[2]) wobei aus der natürlichen Divergenz der beiden Gebiete stets neue Konflikte entstehen, die namentlich dem Polizeistaate unüberwindlich sind.

Mit der weltlichen Gewalt des päpstlichen Reiches haben, wie gesagt, diese Verträge Nichts zu thun, obgleich dieselben Diplomaten den Papst als Herrscher und den Papst als Kirchenhaupt vertreten. (Das päpstliche Reich ist bekanntlich die letzte bestehende Wahlmonarchie, wobei vom völkerrechtlichen Gesichtspunkte aus zu beachten ist, daß gewisse katholische Mächte, Oesterreich, Frankreich, Spanien, ein indirektes Mitwirkungsrecht an der Papstwahl in Anspruch nehmen, nämlich das Jus exclusivae.) [3])

[1]) Vergl. Ad. Enslin, über internationale Verlagsverträge, Berlin 1855. Und den Code général de la propriété industrielle, littéraire et artistique, comprenant les législations de tous les pays et les traités internationaux, par Étienne Blanc et Alex. Beaume, Paris 1854.

[2]) Es ist hier schon auf die alten Investitur-Streitigkeiten des elften und zwölften Jahrhunderts zurückzuweisen, sowie auf die Durchsetzung der „Gallicanischen Freiheiten" (1682) in Frankreich, bis zu den Concordaten des neunzehnten Jahrhunderts. Vergl. Münch's Vollständige Sammlung aller Concordate, 2 Bde. Leipzig 1830 und 1831. Und Weiss, Corpus juris ecclesiast. hodiern., Giessen 1833. Die neueren Concordate, besonders das österreichische von 1855, sind nur in den neuesten kirchenrechtlichen Schriften zu finden.

[3]) S. Kamptz, Neue Lit. des V. R. §. 103; und J. J. Moser, Beiträge zum V. R. in Friedenszeiten ꝛc. T. I. S. 307.

§. 11.

7) Die eigentlich diplomatischen Verträge, durch welche sich mehrere Staaten, oder vielmehr ihre Kabinette, zur Befolgung einer gemeinschaftlichen Richtung in gewissen diplomatischen Fragen verstehen. Der Art sind z. B. die Verträge der europäischen Großmächte über die Erhaltung des Gleichgewichts im Osten und Westen; es sind die Resultate der Wiener und Londoner Konferenzen, z. B. der Quadrupelvertrag vom 15. Juli 1840 gegen Aegypten. Diese diplomatischen Verabredungen, die oft nur den Sponsionen gleichen, hängen mit Garantien, Neutralitätsverträgen und Defensivallianzen zusammen.

8) Die Nebenverträge, Pacta adjectitia. Das sind zum Theil vorläufige Verträge zur Aufrechthaltung des Status quo, zur Fixirung des Possessorium summariissimum, als der Basis definitiver Unterhandlungen oder eines schiedsrichterlichen Urtheils [1]). Der Feststellung des Status quo treten oft dritte Mächte garantirend bei.

Bei weitem die wichtigere Art von Nebenverträgen sind die zur Sicherung der Hauptverträge und ihrer Bedingungen. Durch solche Nebenverträge wird für den Fall der Kontraktsverletzung die Ahndung durch Krieg hinausgeschoben [2]). Im Mittelalter hatte man zu dem Behuf das Einlager (Jus obstagii,) Geldbußen, das sogenannte „Schandgemälde" oder die verwirkte Drohung des „Schelmenscheltens", vornehmlich aber Geiseln, Pfänder, d. h. die Verpfändung ganzer Landestheile, Eide u. s. w. Aber dem modernen Staat steht weder das Recht zu, einzelne Glieder des Volks, selbst nicht die der fürstlichen Familie, als Bürgschaft zu opfern; noch das Recht, einzelne Staatstheile eventuell zu veräußern. (Wie oft kamen nicht im Mittelalter Landschaften wegen der Zahlungsunfähigkeit ihrer Fürsten zu fremden Herren!) — Eben so wenig kann der persönliche Eid eines oder mehrerer höchsten Beamten eine Garantie bieten. Schon in der zweiten Hälfte des achtzehnten Jahrhunderts nahm man sehr selten die Eide bei Staatsverträgen an, da sie, trotz der Klauseln gegen den Eidbruch, nicht gehalten wurden; nachdem die Unsittlichkeit des Lösens und Entbindens von heiligen Schwüren durch die päpstliche Kirche schon früher ordentlich als Gewohnheitsrecht eingeführt worden war. Auch ist mit der Veränderung der Staatsverhältnisse jene ältere Form der Garantie abgekommen, wonach die vornehmsten Vasallen als „Conservatores," „Warrants," „Guarandi" für den Vertrag nach der Ordnung privatrechtlicher Bürgen einstanden; obgleich die Leistung meist über ihre Kräfte ging und auch den Werth ihres Vermögens und Lebens übertraf.

Heut zu Tage ist nur noch die accessorische Garantie dritter Mächte Sitte, welche bei der Erhaltung der Eintracht und des Gleichgewichts durch den Status quo betheiligt sind; abgesehen vom westphälischen Frieden, — auch der Aachener Frieden, 1748, wurde schon von den acht contrahirenden Mächten wechselsweise jeder einzelnen garantirt. Merkwürdige, wenn gleich durch Wortbruch später vereitelte Garantien waren die zur pragmatischen Sanktion von 1724 bis 1735. Garantien, deren casus foederis die eigene und gleiche Verpflichtung des Garanten für die versprochene Leistung enthält, wie z. B. die Garantie einer Schuld, welche im Nothfall vom Garanten bezahlt werden muß, sollten vielmehr Bürgschaften oder Cautionen heißen, und gehören eigentlich nicht in das Völkerrecht [3]).

Bei einigen älteren Verträgen wurden Arrhae poenitentiales in Geld bestimmt; wobei es sich denn, wie im Privatrecht, frug, ob dadurch nur die Verletzung gesühnt, oder der ganze Kontrakt rechtmäßig aufgelöst werden könne? Am wichtigsten sind die Nebenverträge bei Friedensschlüssen. Da kommt es oft vor, daß das feindliche Heer bis zur Erfüllung aller Bedingungen in dem besiegten Lande verbleibt, wie nach dem zweiten Pariser Frieden [4]).

[1]) Vergl. das Verfahren bei den Austrägalgerichten des deutschen Bundes, und v. Leonhardi's Schrift darüber, 1838.

[2]) Vergl. I. P. O. XVII, 5.

[3]) S. oben Not. 1 zu §. 8.

[4]) Siehe (J. J. Neyron), »Essai historique et politique sur les garanties, et en général sur les diverses méthodes des anciens et des nations modernes de l'Europe, d'assurer les traités publics,« 1777; Steck's „von den Geiseln und Konservatoren," in seinen „Versuchen" zc. S. 48 und ff.; und Ompteda, II, 276. Dazu Vattel, I, 20; Grotius, III, XX, und Bynkershoek, l. c., II, IV.

Kapitel X.

Die diplomatischen Agenten und das Gesandtenrecht.

§. 1.

Jeder Staat, der Verträge schließen kann, muß Unterhandlungen führen, und hat das Recht der diplomatischen Vertretung, das Recht, Gesandte zu schicken. Die Souverainetät, sei sie nun beschränkt oder unbeschränkt, bedarf ja der äußeren Vertretung, im Innern als Regierung, nach Außen als Diplomatie. Nur solche Staaten, welche gar keine äußere Staatshoheit besitzen, weder Krieg führen, noch Verträge schließen können, haben kein völkerrechtliches Gesandtenrecht, außer etwa in Beziehung zu dem Staate, von dem sie abhängen und diplomatisch vertreten werden. Annahme des Gesandten ist zugleich Anerkennung seines Souverains. Auch werden Gesandte nur an Souveraine geschickt; mit Gemeinwesen ohne Souverainetät, z. B. mit den Gliedern eines Bundesstaates, dessen auswärtige Politik der Centralgewalt übertragen ist, kann ein Staat wohl einmal gelegentlich durch gewöhnliche Agenten vorbereitende Verhandlungen führen, aber keine Staatsverträge eingehen; dabei verhält er sich gerade, wie wenn er mit Privatpersonen, z. B. über ein Anlehen, unterhandelt. Denn nur souveraine Staaten können die gesandtschaftlichen Vorrechte ehren und gewähren; nur bei Souverainen sind sie nöthig. (Zu den Zeiten des deutschen Reiches war das Jus legationum den größeren oder geringeren Landeshoheiten desselben mehr oder weniger bestritten. Vergl. Caesarinus Fuerstenerius etc.)

Das Gesandtenrecht ist, nebst dem Recht gewisser Verträge, der älteste Theil des Völkerrechts. (S. oben Kap. II, §. 3 u. 4.) Selbst wilde Stämme erkennen in den fremden Gesandten ihre eigene, auf Gegenseitigkeit gestützte Sicherheit und die zuverlässige Ehre ihrer Verheißung, ihres Wortes an. Die Achtung des Gesandten, selbst in feindlichen Verhältnissen, mußte der Zähmung der Kriegeswuth vorangehen, und machte das mildere Kriegsrecht erst möglich. Hugo Grotius zählt das Gesandtenrecht fälschlicherweise zum willkürlichen Völkerrecht, Jus gentium voluntarium, wohin bei ihm alles eigentliche Völkerrecht zusammengeworfen wird, das nicht pure Ethik ist; während Pufendorf es richtiger als natürliches Völkerrecht behandelt, da es durchaus auf den ältesten Gewohnheiten und dem unzweifelhaften Rechtsbewußtsein der Völker beruht [1]).

[1]) Ueber das Gesandtenrecht vergl. Grot., Lib. II, cap. XVIII; Titt. Dig. et Cod. de legationibus. Obgleich diese Titt. des römischen Rechts fast nur von Munizipalbeamten reden, wurden sie doch von den älteren Völkerrechtslehrern viel benutzt.

[2]) Alberico Gentili, de legationibus; (Hannov. 1596.)

Hotomann, de la charge et dignité de l'Ambassadeur, 1613.

Zouchaeus, Juris et Judicii fecialis, etc., rec. Ed. 1759.

Besold, de legatis, 1624. (Der Ausdruck legati ist deßhalb ungenau, weil er im alten Rom ganz andere Aemter bezeichnete.)

Mably, Droit public, etc., Tom. III; (darin eine Abh. über die Gebräuche bei Gesandtschaften.)

J. J. Moser's Versuch des neuesten europäischen Völkerrechts; s. Band III; und derselbe: „Von den dermalen üblichen Gattungen der Gesandten und anderer öffentlicher Personen"; (Vorrede zu s. „belgradischen Friedensschluß", 1740).

Abr. de Wicquefort, de legato, von Barbeyrac 1681 übersetzt: (L'ambassadeur et ses fonctions, neueste Ausg., 1746.)

(De Wicquefort:) »Mémoires touchant les Ambassadeurs et les ministres publics, par le ministre prisonnier,« 1677.

Corn. van Bynkershoek, de foro competente legatorum, 1721.

v. Pacassi, Einleitung in die sämmtlichen Gesandtschaftsrechte, 1777.

v. Römer's „Versuch einer Einleitung in die rc. Grundsätze über die Gesandtschaften rc." 1788; und sein „Handbuch für Gesandte, 1791.

v. Moshamm, Europäisches Gesandtschaftsrecht, 1805.

Und s. Ompteda, II, §. 230—245; (§. 228: Literatur der Nunziaturgerichte. §. 239: Lit. der reichsständischen Gesandten. §. 240: Lit. der reichsstädtischen Gesandten. §. 243: Repräsentativcharakter. §. 244: Excellenztitel.)

Kamptz, N. Lit. §. 200, folgende, und §. 146 rc.

Ferner v. Martens, Manuel diplomatique, 1822; und desselben: Guide diplomatique, 1832.

Meisel's Cours de Style diplomatique, 2 Vol. 1823.

Ferner vergl. Ch. de Martens, Causes célèbres du droit des gens, 1827, Tom. I.

Kölle's Betrachtungen über Diplomatie, 1838; u. J. L. Klüber's Handbuch der Kryptographie, 1809.

A. Mirus, das europäische Gesandtschaftsrecht, 1847.

§. 2.

Der Gesandte hat nicht nur in den politischen Verhandlungen seinen Staat zu vertreten, sondern auch seinen Mitbürgern im fremden Lande, im Namen und Auftrag seiner Regierung, rechtlichen Schutz und Beistand zu gewähren.

Seit dem westphälischen Frieden, als die stehenden Gesandtschaften aufkamen, ist der „Cerimonial-Charakter" der Gesandten zurückgetreten, und der wahre „Repräsentativcharakter" ist überwiegend geworden. In allen bedeutenderen Hauptstädten bilden die Gesandten jetzt ein sogenanntes Corps diplomatique (unter gewissen Formen, mit dem ältsten Mitglied als Doyen u. s. w.), dessen Bestehen nicht wenig dazu beiträgt, geringfügigere Differenzen zu heben und Mißverständnissen vorzubeugen.

Der Austausch von Gesandten ist in der völkerrechtlich-civilisirten Welt dergestalt zur Rechtssitte geworden, daß das Zurückziehen oder Zurücksenden von Gesandten, das Fordern oder das unaufgeforderte Zuschicken der Pässe für einen unmittelbaren Vorboten des Krieges gilt. Zwar besteht kein rechtlicher Zwang zum Halten von Gesandtschaften an fremden Höfen, aber eine politische Nothwendigkeit. Auch kann keine Regierung gezwungen werden, eine ihr mißfallende Person als Gesandten zu empfangen; ein Souverain darf vielmehr diese oder jene Person, aber nicht jeden Gesandten, zurückweisen, perhorresziren. So nimmt mancher Staat seine eigenen Unterthanen nicht als Gesandte fremder Mächte an, weil er dieselben nicht seiner Gerichtsbarkeit entzogen sehen mag. Gesandte anzunehmen, verlangt die sogenannte comitas gentium; sie in ihren Rechten zu achten, das strenge Völkerrecht. Nur darf kein Staat von einzelnen Parteien, von entthronten Prinzen oder sonst Prätendenten eines fremden Landes Gesandte empfangen, wenn er die Regierung desselben anerkannt hat. Ein solcher diplomatischer Verkehr käme einer feindseligen Interzession ziemlich gleich. Wenn ein Staat also von Gemeinwesen ohne äußere Staatshoheit keine Gesandten empfangen darf, um nicht seine Ehre und die, zu seiner Ehre, dem Gesandtenrecht zu zollende Achtung zu verletzen; so darf er es in dem vorliegenden Falle nicht, um sich nicht dem Kriegsrecht auszusetzen.

§. 3.

Im Creditivbrief steht in der Regel die — allgemeine oder auf ein bestimmtes Geschäft gerichtete — Vollmacht des Gesandten, an welche sein Staat, nach den Grundsätzen des Mandatum, gebunden ist. Dieses Aktenstück wird der Macht mitgetheilt, mit welcher, oder unter deren Vermittelung unterhandelt werden soll. Außer der Vollmacht bekommt der Gesandte noch für sich Instruktionen, meistentheils geheime, an welche er sich bei der Führung der Unterhandlungen strenge zu halten hat. Der Gesandte ist seinem Staate nach allgemeinen Regeln als Beamter verpflichtet; aber er hat eine besonders subtile Verantwortlichkeit übernommen. Er darf weder gegen, noch ohne eine Instruktion handeln [1]).

Die Gesandtschaft, d. h. die Funktion und Amtsstellung des Gesandten, so wie seine Vorrechte, dauern, so lange die Vollmacht läuft. Außer den allgemeinen Gründen der Beendigung eines Amtes — physischem oder moralischem Tode, Zurückberufung u. s. w. — hört, nach einer speziellen Sitte des positiven europäischen Völkerrechts, die Gesandtschaft mit dem physischen Tode eines der Fürsten auf, welche dem absendenden oder dem empfangenden Staate vorstanden; wiewohl nicht bloß die Person des Monarchen, sondern der ganze Staat für die gesandtschaftlichen Vollmachten einsteht. Gewöhnlich werden dann nur die alten Vollmachten erneuert.

Doch gilt diese Sitte nicht für diejenigen diplomatischen Agenten, welche bloß vom Minister des Auswärtigen abgesendet wurden, und gewöhnlich auch nur bei einem solchen höheren Beamten accreditirt sind. Diese verlieren keineswegs ihre Stelle durch Fürsten- oder Ministerwechsel, wohl aber durch den Wechsel der Souverainetäten; weil für neue Souverainetäten, oder von den neuen Souverainetäten ihre Vollmacht nicht ausgestellt sein kann [2]).

[1]) Vergl. z. B. Ch. de Martens, Causes célèbres du Droit des Gens, I, C. 9.

[2]) Vergl. oben Anm. zu Kap. VI, §. 5.

§. 4.

In alten Zeiten gab es keine Grade von Gesandten; seit dem späteren Mittelalter aber nahm man schon zwei

Grade an, innerhalb deren die außerordentlichen Gesandten wieder vor den ordentlichen den Vorzug hatten [1]). Und die neuere Zeit kennt gar drei Grade; [2]) die neueste (seit 1818) vier. Zu Wien und Aachen wurde diese moderne Völkerrechtssitte fixirt; da man für den lebhaften diplomatischen Verkehr, in Ermangelung einer fürstlichen Rangordnung, um so mehr der feststehenden Regeln bedurfte [3]).

Die erste Klasse besteht, nach den Wiener Beschlüssen, aus den (Groß-) Botschaftern, Ambassadeurs, den päpstlichen Nuncien und Legati a latere;

die zweite Klasse aus den eigentlichen Gesandten, Envoyés, oder bevollmächtigten Ministern;

die dritte Klasse besteht aus den Geschäftsträgern (Chargés d'affaires) und gewissen Consuln.

Ob die Mission eine ordentliche oder außerordentliche sei, das verändert gegenwärtig den Rang des Beauftragten nicht. Unter sich rangiren die Mitglieder derselben Klasse nach dem Alter ihrer offiziellen Accreditirung, („d'après la date de la notification officielle de leur arrivée.")

Weder politische, noch Privatverbindungen, noch sonst eine Rangordnung der verschiedenen Höfe, können den Rang der Gesandten modifiziren; eventuell entscheidet das Loos oder das Alternat.

Für die inneren Rangstufen der verschiedenen päpstlichen Abgeordneten verbleibt Alles beim Alten. Doch werden die päpstlichen Internunzien der zweiten Klasse beigezählt.

Nur die Gesandten der ersten Klasse sollten den rein repräsentativen Charakter darstellen; d. h. sie vertreten nicht bloß den absendenden Staat, sondern die fürstliche Persönlichkeit, und werden darum gewöhnlich zu Familienbotschaften und Feierlichkeiten dieser Art, zu Vermählungen, Anzeigen von dergleichen, u. s. w. verwandt. Nur unter ansehnlichen Höfen, zwischen Mächten mit königlichen

Ehren, werden sie ausgewechselt; dies ist Sitte, wenn auch nicht Gesetz.

Die diplomatischen Agenten der dritten Klasse werden nur bei den Ministern des Auswärtigen accreditirt, und darum gewöhnlich auch nur von den Ministern der auswärtigen Angelegenheiten bevollmächtigt. Selbst ordentliche Gesandte können, nach spezieller Vollmacht, solche Geschäftsträger für eine interimistische Thätigkeit an dem Hofe, an welchem sie angestellt sind, beauftragen.

Das Aachener Protokoll vom 21. Nov. 1818 setzt die Ministerresidenten zwischen die 2te und 3te Klasse, und bringt so vier Klassen hervor.

Die Konsuln bei der Pforte und den Barbareskenstaaten, namentlich aber die Generalkonsuln daselbst, stehen meistens den Ministerresidenten gleich.

Jeder Staat gibt seinem Gesandten den Rang selbst im Gesandtschaftspaß und Accreditiv; manche Gesandten werden an mehreren Höfen accreditirt, aber dann überall in gleichem Range. Hierin herrscht insofern Gegenseitigkeit, daß zwei Höfe einander immer nur Gesandten derselben Rangklasse zuschicken.

Die Gesandten ersten Ranges haben in der äußern Etiquette viel, in ihrer geschäftlichen Thätigkeit wenig vor denen des zweiten Ranges voraus; sie sind dazu viel kostspieliger, und werden darum seltener geschickt. Die Gesandten des letzten Ranges werden oft nur zu speziellen Geschäften den ordentlichen Gesandten beigeordnet, oder werden zu speziellen Geschäften, namentlich als Konsuln zum Schutz des Handels und der Schifffahrt verwendet.

[1]) S. Römer's Versuch &c., S. 118 und ff.

[2]) S. schon De Réal, 1754: »La Science du Gouvernement, chap. I, Sections I—IV: Des trois ordres des ministres publics.

[3]) Vergl. Martens, Manuel diplom., chap. IV, §. 38, etc.; das Protokoll des Wiener Kongresses v. 19. März 1815; den XVIIten

Anhang der Wiener Kongreßakte (siehe in Klüber's Akten des Wiener Kongresses, Bd. VI, S. 204 u. ff.) Ferner Wiener Kongreßakte v. 1815, art. 118 und 119, und Protk. der deutschen Bundesversammlung vom 12. Juli 1817; dazu das Protk. des Aachener Kongresses vom 21. November 1818.

§. 5.

An die äußere Erscheinung der Gesandten knüpfen sich eine Menge ceremonialer Lächerlichkeiten, die aus den Zeiten datiren, wo das Recht durch äußere Formen dargestellt und fixirt zu werden pflegte. Später gewannen die Sitte und der Geschmack des französischen Rococo-Zeitalters am meisten Einfluß auf die Ausbildung der diplomatischen Formen [1]).

Damit hängt auch der Sieg der französischen Sprache zusammen. Frankreich war im 17ten Jahrhundert die compakteste Macht, und hatte die allseitig am meisten beschäftigte und die verzweigteste Diplomatie. Noch die westphälischen Friedensinstrumente, wie die zu Utrecht, waren auf lateinisch abgefaßt; aber die Unterhandlungen wurden damals schon größtentheils auf französisch geführt. Der strenge Formalismus, die gegebenen Wendungen und die fertigen Construktionen, dabei die Eleganz und die damals noch höfische, aber schon ausgebildete und weit verbreitete Literatur der französischen Sprache mögen sie den Höfen empfohlen haben. Seitdem wird immer, wenn nicht in der Sprache der Contrahirenden, auf französisch verhandelt und contrahirt. Die deutschen Fürsten, die in der Ausländerei stets vorangingen, unterhandelten schon im vorigen Jahrhundert auf französisch. Nur der Kaiser hatte sich vielfach die lateinische Sprache reservirt, kraft eines alten Usus, demzufolge er keiner lebenden Nation einen Vorzug einräumen mochte. Dennoch schrieb, trotz Leopold's II. von Oesterreich Beschwerden, der bedrängte und bittende König Louis XVI. von Frankreich auf französisch an ihn [2]).

Die Urkunden wurden nun auch in der Weltsprache abgefaßt, oft auch nebenbei in der eines contrahirenden Staates; z. B. die Vertragsurkunden mit der Pforte, mit deren Ministern man sich nur durch Dollmetscher verständigen konnte, auf französisch und türkisch. — Eine allgemeine Diplomatensprache that wirklich Noth. Doch legte man oft diplomatische Verwahrungen gegen die faktische, aber nicht offiziell anerkannte Herrschaft des französischen Idioms ein; so 1714 zu Rastatt, 1748 zu Aachen, und noch im Art. 120 der Wiener Congreßakte [3]).

[1]) Ueber die Etiquette und die Cerimonialhandlungen, die speziellere »Comitas gentium«, die Courtoisie bei Audienzen, bei dem Empfang und Abschied, über den Rang von Haus aus, die Religion der Diplomaten und deren Privatübung, über die Couriere, das Gefolge, über die Privilegien der Botschafterinnen, über die Equipage mit den Wappen daran und den controversen Quasten an den Pferden, und vieles Andere der Art mehr, vergl. Klüber's Völkerrecht, 1821, II. Theil, II. Tit. Kap. III; Schmalz's Völkerrecht, III. Buch, Abschn. 1 u. ff. Vergl. auch die »Questions sur l'Encyclopédie,« Vol. III: v. »Cérimonie«.

[2]) S. Schoell, Histoire des traités, Vol. IV, p. 172—180.

[3]) Vergl. auch Wenck, Cod. Jur. gent., II, 360.

§. 6.

Die Regeln der Unterhandlungskunst und die Formen des diplomatischen Verkehrs gehören nicht hierher. Empfang, Aufnahme und Behandlung der Gesandten, je nach ihrem Rang, sind an den verschiedenen Höfen verschieden; dieselben fallen in den Bereich der Ceremonialwissenschaft.

Heut zu Tage werden alle diplomatischen Unterhandlungen mit Gesandten geführt, so daß auf der einen Seite ein Minister des Auswärtigen, auf der andern ein Gesandter steht. Die Fürsten unterhandeln nicht mehr persönlich, einestheils weil das die Leichtigkeit und Beweglichkeit der

Negoziationen außerordentlich hindern würde, anderntheils auch aus constitutionellen Gründen.

Der Gesandte oder bevollmächtigte Minister selbst hat jedoch nur einen geringen Spielraum für freie Thätigkeit; in der Regel liest er die ihm übersandten Noten wörtlich vor, oder gibt eine Abschrift davon an den Minister des Auswärtigen ab, mit welchem er in Verhandlung steht. Die auswärtigen Gesandten einer Regierung werden außerdem vielfach durch gleichlautende Cirkulardepeschen über den Gang der Politik ihres Hofes und die von ihnen einzuhaltende Taktik unterrichtet.

Der bei weitem selbstständigere Theil der Thätigkeit eines Gesandten besteht in den weniger scharf bestimmten Aufgaben, die guten Verhältnisse zwischen den betreffenden beiden Höfen aufrecht zu erhalten, die Politik seiner Vollmachtgeber mit aller Vorsicht und Diskretion in möglichst günstigem Lichte erscheinen zu lassen, und über die Verhältnisse und Zielpunkte des Staates, bei dem er accreditirt ist, möglich zuverläßige Berichte nach Hause zu schicken.

§. 7.

Eine Erweiterung der diplomatischen Thätigkeit hat in neuerer Zeit durch die Praxis Statt gefunden, die großen Fragen der europäischen Politik auf Kongressen oder Konferenzen entscheiden zu lassen. Früher fanden solche Kongresse nur zur Besiegelung von Friedensschlüssen Statt und nur mit Betheiligung der unmittelbar Interessirten. Seit 1815 aber gelten alle Großmächte für interessirt bei jeder Frage des europäischen Gleichgewichts; daher die vielen Kongresse. (Konferenzen beziehen sich in der Regel nur auf einen speziellen Gegenstand, oder haben eine spezielle vertragsmäßige Rechtsbasis, wie z. B. die Pariser Konferenzen von 1866 über die rumänische Frage.) Allmälig hat sich die Amphiktyonie der Großmächte durch Zuziehung betheiligter Staaten zweiten Ranges [1]) erweitern lassen, bis in neuester Zeit auch das Königreich Italien den Anspruch auf gleichberechtigten Zutritt zu den Kongressen erhob. Meistentheils werden Gesandte zweiten Ranges („Außerordentliche Gesandte und bevollmächtigte Minister") zu den Kongressen ernannt, oft mehrere für einen Staat. Die Kongreßverhandlungen beginnen natürlich mit dem Austausch der Vollmachten. Die Leitung der Verhandlungen fällt regelmäßig dem ersten Bevollmächtigten, meistens dem Minister des Auswärtigen des Staates zu, welcher den Kongreß beherbergt. Die Verhandlungen werden protokollarisch aufgezeichnet und am Schluß in einem Aktenstücke zusammengefaßt.

[1]) Vergl. das Protokoll und die Deklaration des Aachener Kongresses vom 15. Nov. 1818. (Siehe II. Appendix zu Heffter's Völkerrecht, französ. Ausgabe v. 1866, S. 465.) — Siehe auch die Erklärung des Troppau-Laibacher Kongresses über die Zulassung beider Sizilien (1820) in Martens, Nouveau Recueil T. IX, S. 586. — Ueber die Zulassung des neuen belgischen Staates auf den Londoner Konferenzen, vergl. das Protokoll der 19. Sitzung vom 19. Febr. 1831, in Murhard's Recueil (zu Martens) T. I, S. 226.

§. 8.

Die Einsetzung von Handelsconsuln datirt schon aus den Zeiten der Kreuzzüge; damals verschafften sich die italienischen Handelsrepubliken auf diplomatischem Wege das Recht, in den Seehäfen des Orients Abgeordnete zu bestellen, welche über die traktatenmäßigen Handelsfreiheiten ihrer Bürger wachen, und zwischen ihren Kaufleuten und Schiffern das Richteramt übernehmen durften, sog. „Telonarii", „bajuli", „priores mercatorum". Dieses Institut mag ähnlichen Bedürfnissen entsprossen sein, als die sind, denen das Wechselrecht sein Dasein verdankt [1]). Uebrigens hing es mit der alten germanischen Persönlichkeit des Rechtes zusammen. Solche Nationalrichter im fremden Lande waren denn auch die sogenannten „Conservatoren", „Juges conservateurs", „Juiz conservador," u. s. w. [2]). Der Name Consul kommt schon im zwölften Jahrhundert an den Handelsplätzen des mittelländischen Meeres vor.

Wiewohl Consuln keine öffentlichen Minister, Ministres publics, sind, stehen sie doch unter dem Schutze des Völkerrechts, als personae sacrae et inviolabiles [3]). Ueberall, wo und so lange die Consularinstitution eine Ausnahme von der Territorialjurisdiction des fremden Staates ausmachte, brauchten sie nicht blos, wie Gesandte, angenommen, sondern mußten auch durch besondere Verträge erlaubt werden. So machten Frankreich und die Niederlande 1739 aus, gegenseitig keine Consuln in ihren Ländern anzustellen oder zuzulassen; [4]) während mit der Pforte darüber besondere Vereinbarungen getroffen wurden. [5])

Noch heute nehmen die christlichen Consuln in den türkischen Staaten volle Civil- und Criminaljustiz über ihre Landesleute in Anspruch, mit Ausschluß der Lokalbehörden. In Civilsachen bilden sie eine erste Instanz, von der an die höheren Instanzen des Mutterlandes appellirt werden muß; sie bilden gleichsam Fora rei (des Beklagten) und Fora contractus erster Instanz. Bei Criminalsachen geringerer Art (Délits) üben sie ihr Arbitrium mit Geldstrafen; schwere Verbrechen (Crimes) instruiren sie nur, um den Verbrecher nebst der Instruktion nach Hause zu schicken [6]).

Im 17ten Jahrhundert hatten die englischen Kaufleute in Hamburg auch die eximirte Beurtheilung ihrer privatrechtlichen Händel erhalten. Dies ist natürlich längst abgekommen.

In christlichen Staaten sind heutzutage solche spezielle Berechtigungen gewöhnlich auf eine schiedsrichterliche Entscheidung der Handelsstreitigkeiten zwischen Kaufleuten und Schiffsleuten beschränkt, dazu auf die notarielle

Ausfertigung und Beglaubigung (Videmirung) von solchen Dokumenten der freiwilligen Gerichtsbarkeit, welche in der Heimath und nach deren Gesetzen gelten sollen, zum Beispiel von Testamenten oder Schiffspapieren. Auch haben die Consuln die vorläufige Verwaltung, resp. Versiegelung, von noch nicht angetretenen Erbschaften ihrer Mitbürger, den hereditates jacentes.

Heut zu Tage ist die Wirksamkeit der Consuln durch die allgemeine Einführung stehender Gesandtschaften an Wichtigkeit und Nothwendigkeit für den Rechtsschutz sehr gesunken. Auch ist, bei der Gleichmäßigkeit und Unparteilichkeit der Gesetze und der richterlichen Institutionen in den christlichen Staaten, eine jede Ausdehnung des consularen Amtes durchaus überflüssig, wenn sie über das schiedsrichterliche Urtheil, die freiwillige Gerichtsbarkeit, die notariellen Geschäfte und die Ausstellung von Pässen und Ursprungscertifikaten für Waaren hinausgeht. Doch haben noch die meisten Handelsstaaten zu rein commerciellen Zwecken, in allen Seehäfen und größeren Handelsplätzen Consuln angestellt, und Generalconsuln für ganze Länder oder Gebiete. Die Consuln bei den türkischen Staaten, welche einen höheren Rang einnehmen, haben oft noch untergebene Consularagenten. Aehnliche Consularverhältnisse, wie bei der Türkei, sind in neuerer Zeit auch in China, Japan, Persien, Siam u. s. w. eingeführt worden.

[1]) Zur Geschichte des Consularwesens vergl. namentlich das große, leider unvollendet gebliebene Werk von Alex. v. Miltitz, Manuel des Consuls, 3 Thle. in 4 Bdn., London u. Berlin bei A. Asher u. Comp. 1837. Viele wollen in den alten athenienfischen προξένοι, welche z. B. für ihre Landsleute im fremden Staate die Klagen anzustellen hatten, die Vorläufer unserer Handelsconsuln sehen. (Siehe Prof. C. Neidhart's Grundzüge des Attischen Prozesses in Eberty's Zeitschrift für Recht und Gesetzgebung, October-Heft 1844, S. 179.) Jedenfalls hatten die griechischen Staaten unter sich gewisse Cartelverträge, Handelsverträge und Ab-

machungen über wechselseitigen Rechtsschutz. Im Mittelalter bildeten die Consulate die erste Art von stehenden Gesandtschaften. — Ferner vergl. v. Steck's „Versuch über Handels- und Schifffahrtsverträge," 1782. S. 215 u. ff.; v. Steck's Abh. v. d. Konsuln handelnder Nationen, in s. „Versuchen rc.", S. 119 ff.; und desselben »Essai sur les consuls«, Berlin 1790. Du Cange, Glossarium med. et infer. latinitatis, T. II, v. »Consul«. S. auch Miltitz, l. c. T. II. 1re Partie, p. 394.

[2]) Vergl. noch den Utrechter Handels- und Schifffahrtsvertrag von 1713, art. XV, u. A. m.; auch Du Cange, Gloss., v. Conservator.

[3]) Bynkershoek, de foro legat., X, 6; und Wicquefort, l'ambassadeur, etc. II. S. 63. Anderer Meinung ist Wheaton, Elem., I, S. 282—283.

[4]) Ein deutscher Bundesbeschluß vom 12. Nov. 1815 verbietet die Zulassung fremder Consuln in den Bundesfestungen.

[5]) S. Wenck's Cod. Jur. Gent. recentiss., Tom. I, pag. 433, 486, 520, 557, 560 et sequ.

[6]) So in den Verträgen der Pforte mit Preußen von 1761, mit Spanien v. 1782, mit Rußland v. 1783, u. s. w.

§. 9.

Die Hauptaufgabe der Consuln in christlichen Ländern besteht gegenwärtig, außer den oben bezeichneten Funktionen, in Rath und Beistand für die Kaufleute und Schiffer ihrer Nation, und in regelmäßigen Berichten über Handels- und Schifffahrts-Interessen an die ihnen vorgesetzten Ministerien (der auswärtigen Angelegenheiten, oder des Handels, oder der Finanzen, oder auch des Innern.)

Auch halbsouveraine Staaten können, namentlich wenn sie eine Flagge führen, Consuln ernennen. — Die Consuln präsentiren ihre Ernennungs-Patente nicht, wie die Gesandten, dem Souverain selbst, sondern dem Minister, oder auch der obersten Regierungsbehörde des betreffenden Handels- oder Hafen-Platzes. Nur die Consuln mit diplomatischem Charakter (wie die im Orient) genießen das Privilegium der Exterritorialität. (S. den folgenden §.) Diese haben dann auch das Asylrecht (soweit es mit den Sitten und Verträgen noch vereinbar ist) und die freie Religionsübung im Consulatsgebäude. Die andren Consuln, besonders wenn sie nicht consules missi, sondern consules electi, d. h. aus den dem Lande, wo sie fungiren sollen, angehörigen Kaufleuten ernannt, also nicht eigentliche Beamten des ernennenden Staates sind [1]), genießen nicht einmal die Immunität von den lokalen Lasten, wo sie fungiren sollen; das Recht der Flagge und des Wappens am Hause besitzen alle Consuln. — Das Nähere ist vielfach in besondern Verträgen geordnet; außerdem hat jeder handeltreibende Staat seine besonderen Consular-Reglements und -Instructionen [2]).

[1]) Die großen europäischen Seemächte ernennen nur noch Consules missi.

[2]) Ueber die Consularverhältnisse der Gegenwart vergl. hauptsächlich B. de Cussy, Réglements consulaires des principaux États, Leipzig, 1852. Ferner die ausführlichste Behandlung in H. B. Oppenheim's Praktisches Handbuch der Consulate aller Länder, Erlangen 1854. — Vergl. auch L. Neumann, Handbuch des Consularwesens, Wien 1854. Mensch, Manuel, pratique du Consulat, 1846. Jochmus, Handbuch ꝛc. für Deutschland, 1852. Eine meistentheils zutreffende Kritik der heutigen Konsularverhältnisse im deutschen Zollverein, siehe in Ryno Quehl's Buch über das preußische Konsularwesen, Berlin 1863.

§. 10.

Außer den, nach den verschiedenen Rangklassen abgestuften Ehrenrechten, genießen die Gesandten das Vorrecht der Unverletzbarkeit. Ohne die persönliche Heiligkeit der diplomatischen Unterhändler würde keine Unterhandlung sicher geführt werden können, würde das Völkerrecht stagniren. Darum hat auch die moderne Völkersitte nicht blos die

Unverletzlichkeit der Gesandten sanktionirt, sondern alle Vertreter fremder Souverainetäten von der lokalen Gerichtsbarkeit eximirt. Dies ist die „Exterritorialität“, welche die diplomatischen Beamten an den Orten genießen, wo sie ihre Heimath zu vertreten haben, welche aber die regierenden Fürsten überall genießen, weil sie überall ihren Staat persönlich vertreten. Auf nicht regierende Prinzen und auf Prätendenten paßt natürlich diese Regel nicht. Vielfach wurde auch, aber im Widerspruch mit den meisten besseren Lehrern des praktischen Völkerrechts (zum Beispiel Bynkershoek und Wicquefort, welcher letztere doch sonst die gesandtschaftlichen Privilegien weit genug ausdehnte!) behauptet, daß die Vorrechte der Gesandten auch in denjenigen Ländern respektirt werden müssen, welche sie nur durchreisen [1]). Allein in diesen Ländern sind die diplomatischen Personen, trotz ihres — eventuell selbst von den kriegführenden Mächten visirten — Gesandtschaftspasses, bloße Privatpersonen, und können nicht darauf Anspruch machen, den Gesetzen des Landes zu derogiren. Auch beruht ja ihr Aufenthalt an solchen Orten nicht, wie am Orte ihrer Bestimmung, auf einer besondern Acceptation. Auf Kongressen sind die Gesandten exterritorial am Orte ihrer Bestimmung, wenn gleich sie nicht gerade bei dem Souverain dieses Ortes accreditirt sind. So genoßen die ausländischen Gesandten, wie die Bundestagsgesandten zu Frankfurt am Main, welches allerdings einen Theil des Bundes ausmachte, die vollen völkerrechtlichen Privilegien [2]).

Die Exterritorialität kommt von der Eigenthümlichkeit der diplomatischen Missionen, daß Beamte im Dienste ihres Staates sich in fremden Ländern aufhalten müssen. Dieser Umstand kommt dem Völkerrecht zu Gute; das Völkerrecht hilft dessen üblen Folgen ab. Die Exterritorialität besteht nämlich in der Fiktion, als ob die Vertreter eines Staates denselben gar nicht verlassen hätten:

fingitur, eos extra territorium esse, oder tanquam domi essent. Darum sind die Gesandten und die niederen Gesandtschaftsbeamten nur an ihrem heimischen Domizile zu verklagen; sie werden beerbt nach den Gesetzen ihrer Heimath, haben jedenfalls die Religionsfreiheit und andere Rechte der Art, wie zu Hause; ihre Kinder werden betrachtet, als wären sie zu Hause geboren. Frau und Kinder folgen natürlich dem Gerichtsstande des Familienhauptes. Was übrigens die rein lokalen Statuten betrifft, wie Polizei- und Strafgesetze, so versteht es sich von selbst, daß die Gesandten an jedem Aufenthaltsorte an diese gebunden sind und dieselben nicht übertreten dürfen. Nur von der Gerichtsbarkeit ihres Aufenthaltsorts sind sie für Polizeivergehen und selbst für ernstere Verbrechen eximirt, weil man ja sonst, unter dem Vorwande dringenden Verdachtes und nöthiger Untersuchung, die Freiheit des Gesandten beschränken könnte.

Allein bei ernster Uebertretung der Gesetze kann man die Rückberufung und Bestrafung der Gesandten verlangen, wenn die einfache Verklagung beim forum domicilii competens nichts gefruchtet haben sollte; eventuell kann sich der Staat, dessen Ordnung gefährdet ist, auch im Nothfalle, aus Nothwehr für das gekränkte Recht, durch eigene Handlungen jede mögliche Sicherheit verschaffen, z. B. durch persönlichen Arrest oder Wegbringung des Gesandten. Allein die Gestattung des persönlichen Arrestes ist eine der bestrittensten Kontroversen des Völkerrechts, und hat schon unendlich viel Zwist in der Praxis erregt. Doch sind die größten Publizisten hierin für eine Beschränkung der gesandtschaftlichen Privilegien, deren unbegründete Verletzung ja immer noch auf völkerrechtlichem Wege gesühnt werden kann. Wo keine competente Gerichtsbarkeit waltet, tritt eben der Nothstand und das Kriegsrecht ein! [3]) Und als eine Lex specialis, die strikt auszulegen ist, muß natürlich das Privilegium der Gesandten gelten.

Eine andere Ausnahme von der Exterritorialität ist dann begründet, wenn der Gesandte Unterthan des betreffenden Landes ist (was übrigens schon lange nicht mehr vorzukommen pflegt), oder wenn der fremde Fürst ein Amt, z. B. in der Armee des betreffenden Staates, angenommen hat. In diesen Fällen ist der Gesandte nur für sein diplomatisches Amt und dessen Konsequenzen exterritorial, der Fürst nur außer seinem Amte; — doch können Ausnahmen hiervon ausdrücklich bedungen sein. Hingegen meint Wheaton, die Annahme eines Unterthanen als ausländischen Gesandten setze schon stillschweigend eine solche Klausel voraus [4]). Außerdem kann der Gesandte sich freiwillig der fremden Gerichtsbarkeit unterwerfen, dieselbe provoziren.

In der Regel genießen die Gesandten auch für sich und ihr Haus nebst Gefolge der Steuer-, Abgaben- und Zollfreiheit [5]). Aber wie die Exterritorialität den eigenen Unterthanen oder Beamten nicht gewährt wird, so fällt die Abgabenfreiheit weg in Bezug auf solche Abgaben, welche für den Besitz eines Grundstückes, das Betreiben eines Gewerbes, die Einfuhr ausländischer Waaren zum Handel, oder bei der Verwaltung fremder Geschäfte bezahlt werden. Auch können Grundstücke in keinem Falle exterritorial werden; selbst wenn sie in den Besitz von fremden Gesandten übergehen, bleiben sie für alle Verhältnisse den Grundsteuern und dem forum reale unterworfen, so daß in dieser Beziehung selbst die privilegirte Person dem Gerichtsstand der unbeweglichen Sache sich stellen muß.

Vielfach wird noch behauptet (z. B. von A. W. Heffter l. c. §. 79), daß das Schiff, welches den Repräsentanten einer fremden Souverainetät trägt, oder zu dessen Dienste bestimmt ist, von der regelmäßigen Polizei und Gerichtsbarkeit der lokalen Hafenbehörden eximirt bleibe [6]).

[1]) S. Vattel, liv. IV, chap. VII, §. 85.

[2]) Vergl. Klüber's deutsches Staatsrecht, 1840, §. 141 und folgende §§., über das Recht und die Stellung der Bundestagsgesandten, ihr Verhältniß zur Stadt Frankfurt, ihre Exterritorialität daselbst, aber ohne Asylrecht, und daß zum Beispiel kein Frankfurter Bürger als Gesandter angenommen werden solle, und dergl. mehr.

[3]) S. die Citate in Wheaton's Elem., I, S. 227, not. 29.

[4]) S. seine Elem., I, S. 275.

[5]) Vielfach wurde dieses Vorrecht angegriffen, wegen des Mißbrauches, zu welchem es gar zu leicht führt und verführt. Keinenfalls ist die Exemtion von Eingangszöllen (außer für das Mobiliar) und anderen derartigen indirekten Abgaben, welche der Gesandte in dieser oder jener Form zu Hause auch bezahlen müßte, zu rechtfertigen.

[6]) Ueber einige andere, civil- und strafrechtliche Controversen, die Exterritorialität betreffend, vergl. Dr. L. Bar, das internationale Privat- und Strafrecht, Hannover 1862, §. 115.

§. 11.

Das Gefolge des Gesandten und alle Angehörigen der Gesandtschaft genießen, so lange sie officiell zu derselben gehören [1]), ebenfalls das Privilegium der Exterritorialität; nur steht das Haupt der Gesandtschaft dem, die Gesandtschaft annehmenden, Staate für sie ein. In wieferne jedoch dasselbe die Gerichtsbarkeit über sein Gefolge übt, hängt zunächst von den Statuten des constituirenden Staates ab; gewöhnlich wird der Gesandte nur ein civilrechtliches Schiedsgericht auszuüben haben. Eben so kann ein reisender Fürst keinenfalls mehr Rechte über sein Gefolge ausüben, als ihm zu Hause zustehen. Die Staatsregierung seines neuen Aufenthaltsorts kann aber auch verlangen, daß in ihrem Gebiete kein fremdes Urtheil von fremden Gewalten exequirt werde. Und wer (aus der Dienerschaft des Gesandten oder des reisenden Fürsten) sich dem Dienste entzieht, befreit sich damit auch von der Gerichtsbarkeit [2]).

Zu eigentlichen Regentenhandlungen hat auch der Fürst im fremden Lande kein Recht.

Das ehemalige Asylrecht der Gesandtschaftshotels ist, wie alle Asyle, zur Ehre der Staaten aufgehoben, und beschränkt sich auf eine gewisse „Quartierfreiheit", der gemäß der Gesandte die in sein Haus (oder seinen Wagen) Geflüchteten, erst auf vorhergehende Requisition auszuliefern verpflichtet ist[3]).

Interessante Streitigkeiten über die Exterritorialität der Gesandten und Verletzungen derselben bringt Martens in seinen Causes célèbres bei; z. B. den Bruch zwischen den Höfen von Stockholm und St. Petersburg, wegen Rücksendung eines Gesandten, des russischen Grafen Rasumoffsky, der sich angeblich in einem schriftlichen Ausdrucke (welcher die beschränkte Souverainetät der Schwedischen Krone hervorhob) der Verletzung der schuldigen Ehrfurcht vor dem König, bei dem er accreditirt war, schuldig gemacht habe, im Jahr 1788[4]); ferner die Verweigerung eines Gesandtschaftspasses, wegen Nichtbefriedigung von Privatschulden, 1772 zu Paris, gegen einen Gesandten von Hessen-Kassel[5]). Die erste Cause des I. Bandes erzählt von Mißhandlungen eines Gesandten, um Repressalien zu gebrauchen, 1703 zu Turin, gegen Frankreich. Das Staatsverbrechen eines Gesandten gegen die Regierung seines Bestimmungsortes, eines spanischen Gesandten, 1718 zu Paris, berichtet die vierte Erzählung; die Gewaltthätigkeit englischer Behörden gegen einen spanischen Minister, 1726, die fünfte; Aehnliches die sechste; die zehnte erzählt eine gerügte Verletzung der Quartierfreiheit u. s. w. Vergl. auch den Anhang des II. Bandes: Différends agents sur les immunités, les franchises et les privilèges des agents diplomatiques, insultes faites à des agents diplomatiques ou aux personnes de leur suite, et satisfactions, qui leur ont été données; différends sur le cérimonial diplomatique; etc. — Ein vielbesprochener Beitrag zur

Lehre des Gesandtenrechts bestand in der Festhaltung des englischen Konsuls Pritchard auf Otaheiti (1844) durch den französischen Gouverneur der Insel. Der Umstand, daß er sein Konsulat niedergelegt, machte auch seinen gesandtschaftlichen Vorrechten ein Ende; doch wurde die Rechtmäßigkeit des Verfahrens aus anderen Gründen nicht ohne Erfolg angegriffen. — Die Händel Frankreichs und Spaniens mit Algier, Tunis und Marokko wegen Mißhandlung europäischer Consuln gehören noch der Geschichte des letzten Menschenalters an.

Auf Parlamentaire, Kommissaire und technische Agenten zur bloßen Anknüpfung von Punktationen für ein spezielles Geschäft und ohne gesandtschaftlichen Charakter erstrecken sich die besprochenen Vorrechte nicht. Ihr Verhältniß ist nach den allgemeinen Regeln des Mandatum zu beurtheilen. Im Kriege werden die Personen der Gesandten oder Commissaire auch durch Sauvegardenverträge geschützt. (S. das nächste Kapitel.)

[1]) S. Blackstone's Commentaries, Vol. I, chap. VII.

[2]) Cf. Grot., II, cp. XVIII, §. 8.

[3]) Vergl. v. Römer's „Versuch 2c.", S. 383—386.

[4]) S. C. 9 des zweiten Bandes.

[5]) S. zweite Cause des II. Bandes.

Kapitel XI.

Das Kriegsrecht.

§. 1.

Das Recht des Krieges ist das Recht der Stärke: jeder selbstständige Staat genießt es. Die naturrechtlichen Debatten, ob der Krieg erlaubt sei, dürfen wir hier füglich bei Seite lassen. Wie das Morden Unrecht ist, nicht aber das Hinrichten oder der Todtschlag aus Nothwehr: so ist nur der ungerechte Krieg Unrecht, nicht aber der gerechte! — Das Kriegsrecht bezeugt die Gleichheit des Rechtes der Staaten, aus der es hervorgeht. Es kann eben so wenig im Völkerrecht ausgerottet werden, als alle Völker in einen Bundesstaat zusammen wachsen können; denn wenn die Furcht des Krieges nicht wäre, würden selbst die jetzt bestehenden Bundesstaaten sich auflösen. Auch wäre Nichts unerträglicher, als die, für alle Zeiten berechnete Fixirung eines jüngsten Besitzstandes, dem doch jede neuere Entwickelung widerspräche.

Man spricht von obersten Völkerbehörden, von Ehrengerichten des Völkerrechts. Noch ist es nicht gelungen, nur ein unparteiisches Völkergericht für die Begegnungen auf dem Meere herzustellen. Wird man von „ewigem Frieden" sprechen dürfen, so lange unser inneres Staatsleben noch auf dem ewigen Kriege beruht; so lange im Innern die Kämpfe um die ersten Lebensfragen noch nicht geschlichtet sind?!

Aber Fürsten- und Diplomatenkriege, durch ein vergossenes Glas Wasser, um eine Scholle Erde, die der Privaterbschaft einer nachgeborenen Prinzessin entzogen worden, werden allmälich, und zumal durch eine allgemeine Volksbewaffnung, ebenso unmöglich werden, als z. B. Religionskriege heut zu Tage an dem gesunden Sinne der Völker scheitern würden. Gegenwärtig, wo die Kriege dem vorgeschrittenen Wohlstande gefährlicher geworden sind, wo die verstärkten Zerstörungsmittel die gewaltigen Entscheidungen beschleunigen, und nicht blos ganze Nationen, sondern ganze Welttheile in Mitleidenschaft gezogen werden, muß es sich auch um große, nationale oder sittliche Zwecke handeln, wenn der Krieg seine Rechtfertigung finden soll.

§. 2.

Das Kiegsrecht ist sowohl in seiner allgemeinen Begründung, als in Bezug auf die einzelnen Regeln, die im Kriege zu dessen Milderung zur Anwendung kommen sollen, die schwankendste und unsicherste Materie des ganzen Völkerrechts. —

Früher hat man, nach Hugo Grotius, nur direkte Beleidigungen als Gründe eines gerechten Krieges (justae belli causae) angenommen [1]); ob die Verletzung nun einzelne Glieder, oder den ganzen Staatskörper betraf. Später galt schon das übermäßige Anwachsen einer Macht, also die Gefahr zukünftiger Rechtsverletzungen, für einen Rechtfertigungsgrund des Krieges [2]); so daß das sog. Gleichgewichtsystem wenigstens eben so viele Kriege hervorrief, als es abwenden sollte.

Der Wiener Kongreß schloß sich den alten Grundsätzen des Gleichgewichtssystems an, die der französische Gesandte der Restauration für nöthig „zur Erhaltung der Ruhe Aller und der Rechte eines Jeden“ erklärte [3]). Nur hat das

Gleichgewichtssystem seitdem die neue Gestaltung gewonnen, daß kein Staat so leicht entscheidende Territorialveränderungen einseitig vornehmen kann. Doch sind hier allerdings die Beweggründe des Krieges von den Rechtfertigungsgründen des (gerechten) Krieges wohl zu unterscheiden. Wohl verlangt die Klugheit, daß der Austritt einer Macht aus dem herrschenden Systeme der völkerrechtlichen Verbindung überwacht werde. Aber die Isolirung an sich ist noch kein Casus belli; so wenig als Kriegsrüstungen schon dem Angriffe gleichstehen. In solchen Fällen haben die anderen Mächte wegen der manifestirten Absichten beobachtend auf ihrer Hut zu sein, Interpellationen zu stellen, deren Beantwortung zu verweigern der modernen Völkerrechssitte, wie der Klugheit, zuwiderläuft, und im Nothfalle gleichfalls zu rüsten.

Nur die That ist voller Grund zum Kriege; und zwar nur die unerlaubte That, die Verletzung des positiven (oder Ehren-) Rechtes, des Gebietes oder der Personen eines anderen Staates. Selbst die Unterbrechung des Weltfriedens durch Kriegführung ist für die nicht angegriffenen Mächte an sich kein genügender Grund zum Kriege; nur mögen diejenigen Mächte, welche bei dem Bestande der gegenwärtigen Territorialverhältnisse oder des geltenden Völkerrechts so lebhaft interessirt sind, wie die europäischen Großmächte, die Partei des Schwächeren oder des ungerecht Angegriffenen nehmen, da die Interzession zwischen verschiedenen Mächten durchaus nicht im neueren Völkerrechte gemißbilligt ist, und jeder auf eigene Gefahr die Kriegsfackel schwingt[4]). Das Prinzip der „Nichtintervention" bezieht sich nur auf die inneren Angelegenheiten eines und desselben Landes, in welche sich fremde Mächte nicht mischen sollen. Was aber die Interzession bei fremden Kriegen betrifft, so muß vorausgesetzt werden, daß sie den Schwächeren schütze; denn sie wird in der Regel durch das Streden nach Gleichmäßigkeit der entscheidenden Kräfte hervorgerufen. Sie wäre überflüssig, wenn sie dem Stärkeren beistehen wollte, der auch gewöhnlich der Angreifende sein wird. Sollte aber für den schwächeren Angreifenden interzedirt werden, so wäre das nur ein mehrfacher Angriff, gegen den gewiß auch verstärkte Devensivallianzen hervortreten würden. Die Interzession für den schwächeren Angegriffenen aber ist nur dann ganz zu billigen, wenn der Angegriffene im Rechte ist; oder wenn die Interzedenten für die ermäßigte Genugthuung einstehen und die wirklichen Rechtsansprüche der bekriegenden Macht verbürgend übernehmen wollen.

Vernichtungs- oder bloße Eroberungskriege können in der civilisirten Welt nicht so leicht mehr geführt werden. Andrerseits können selbst direkte Rechtsverletzungen ihren feindseligen Charakter verlieren, wenn sie durch einen allgemeinen Nothstand herbeigeführt und durch eine diplomatische Erklärung entschuldigt wurden; zum Beispiel: eine Verletzung des neutralen Gebietes von Seiten einer flüchtigen Heeresabtheilung, oder ein Staatsbanquerout, wodurch allerdings fremde Gläubiger geschädigt werden; wogegen die einfache und willkürliche Rechtsverweigerung, also auch die Nichtbezahlung von Schulden an Privatpersonen, wohl den Krieg herbeiführen und motiviren kann; (wie neuerdings in Mexiko.)

[1]) Vergl. Grot., II, I.

[2]) S. Bynkershoek, Quaest. Jur. public., lib. I, cap. XXV.

[3]) S. Klüber's Akten des Wiener Kongresses, Bd. II, S. 95, und Bd. VII, S. 50.

[4]) Ueber die völkerrechtlichen Gründe der Interzession und Intervention vergl. Cherbuliez, in der Bibliothèque universelle de Genève, Tom. LX, 6tes Doppelheft 1845 (eine Kritik Heffter's und Oppenheim's).

§. 3.

Wenn auch seit dem 17ten Jahrhundert die feierlichen Kriegserklärungen (durch Herolde oder auf andere Weise) außer Schwang kamen, so pflegt doch der Krieg nicht unmittelbar und auf überraschende Weise begonnen zu werden. Der unbefriedigte Rechtsanspruch, auf den sich die kriegführende Macht zu ihrer Rechtfertigung stützt, muß doch vorher erhoben und dargelegt sein. Früher geschah das in weitläufigen völkerrechtlichen Deduktionen. Die neueste Zeit, seit den französischen Kriegen, hat (beim Beginn des Krieges) Manifeste und Proklamationen, deren die Schwäche sich ängstlich bedient, um Bundesgenossen zu werben, — die Macht nur, um den Gegner zu isoliren oder das Völkerrecht zu ehren.

Auch wird nicht alsbald für jede Verletzung das Schwert gezogen. Zuerst wird Satisfaktion verlangt; dann werden Repressalien oder Retorsion versucht.

Auch diese feindseligen Maßregeln sind vom Uebel, und nur im Nothfall, nicht mehr als nöthig, anzuwenden; da sie die Herrschaft des Rechtes bedingt aufheben, ja der eigenen Jurisdiktion engere Gränzen ziehen. Die Retorsion ist die rächende Anwendung des Verfahrens, welches man selber erlitten hat, nach dem Princip des Wiedervergeltungsrechtes. Namentlich wird dadurch die Verletzung eines Privatrechtes gesühnt. So ist die Retorsion der allgemeine Grundsatz der französischen Gesetzgebung in Bezug auf Ausländer: kein Fremder erbt in Frankreich, oder kann daselbst gewisse Klagen anstellen, in dessen Heimath nicht die Franzosen dieselben Rechte genießen. Dabei ist es schwierig, die Fälle, in welchen die Retorsion begründet wäre, von denjenigen zu unterscheiden, in welchen ganz einfach die Verschiedenheit der Gesetzgebungen einwirkt. Könnten, zum Beispiele, die preußischen Ministerien (des Auswärtigen, der Gesetzgebung und der Justiz) den altpreußischen Gerichten die Annahme von Alimentations- oder Paternitätsklagen einer Französin verbieten, weil in Frankreich solche Klagen von Preußinnen nicht angenommen werden? O nein! In diesem Falle werden ja die Ausländer in Frankreich nicht anders behandelt, als die Inländer; hier findet also kein Fremdengesetz, keine exzeptionelle Behandlung der Fremden Statt, die der Sühnung bedürfte. Der Satz: „Was Du nicht erdulden willst, das verfüge nicht!" oder der Satz: „Gleiches mit Gleichem zu vergelten," worüber sich Niemand beklagen kann,) würde hier schlecht passen; da jeder Staat nur nach seinen eigenen Rechtsüberzeugungen und nach der neusten Entwickelung seiner Gesetze handeln kann. Eine Regierung übt für die dem ganzen Staatskörper zugefügten Unbilden Retorsion, wenn sie, zum Beispiele, gegen ein Land, an dessen Grenzen die Fabrikate ihrer Bürger sehr hohe Eingangszölle bezahlen müssen, Differenzialzölle anlegt. Hiergegen kann nicht eingewandt werden, daß jenes Land seine hohen Zölle von allen ausländischen Waaren erhebe; da es — mit dieser völkerrechtlichen Isolirung — direkt nur Fremde treffen kann, und also kein einzelner Staat verpflichtet ist, solche halbwegs barbarische Abschließung ohne Erwiderung zu ertragen, weil andere Staaten sie sich gefallen lassen. In dieser Beziehung ist Retorsion oft schwer von Repressalien zu unterscheiden [1]).

Die Repressalien sind nicht so scharf begränzt, wie die Retorsion. Es sind nicht gerade dieselben Unbilden, sondern im Allgemeinen feindselige Handlungen zur Rettung der Ehre oder zur Erzwingung einer Satisfaktion, — nicht aber bloß Maßregeln der Rache! Die Repressalien erwidern nicht durchaus dasselbe; sie bestehen überhaupt in einer sichtbaren Abbrechung des diplomatischen Verkehrs und selbst derjenigen freundschaftlichen Vergünstigungen, welche die

Völkerrechtssitte allgemein eingeführt hat — ohne schon direkte Rechtsverletzung zu sein. Zum Beispiele können Repressalien geübt werden durch Ausweisung aller Fremden der zu verfolgenden Nation, selbst der Gesandten und Consuln; durch Aufkündigung laufender Handels- und Schifffahrtsverträge; durch Versagung aller Rechtswohlthaten an die jenseitigen Unterthanen u. s. w. Nur dürfen sie keine unmittelbare Verletzung des Völkerrechts enthalten, zum Beispiele keine Mißhandlung von Gesandten, kein unmittelbares Zuwiderhandeln gegen gültige Verträge. Sonst verfehlen sie ihren Zweck, durch thatsächliche Nachweisung der Wichtigkeit des freundlichen Vernehmens Restitution und Satisfaktion zu erzwingen; indem sie im Gegentheil einen Casus belli enthalten und den Gegner bei seiner Ehre zum Kriege zwingen. Repressalien sind größtentheils bloße Verwaltungsmaßregeln, deren Ausführung den Regierungsbehörden freisteht. Nur in dem Falle können und dürfen Repressalien wirkliches Unrecht, z. B. Prisen oder Aehnliches, enthalten, wenn man ganz dasselbe Unrecht erlitten hat; kurz, wenn die betreffenden Repressalien nur Retorsion oder Retalation, zwar nicht gegen falsche Rechtssätze, sondern gegen schlechte Thaten sind. Die Retorsion darf eben so wenig, als Repressalien, von den Unterbehörden verfügt werden. Ja, die Suspendirung eines Rechtes gegen gewisse Ausländer muß den Gerichten erst von den Ministerien des Auswärtigen und der Justiz mitgetheilt und gerechtfertigt sein, oder auch, je nach den verschiedenen Verfassungen, durch die gesetzgebende Gewalt oder durch die constitutionell dazu befugten Mitglieder der Regierung, den Staatsrath etwa, anempfohlen werden [2]).

[1]) Ueber die dogmatischen Unterscheidungen von Retorsio juris und facti, von speziellen und allgemeinen, positiven und negativen Repressalien, vergl. Klüber's Völkerrecht, §. 231, und Wheaton's Elem., II, S. 4—6. Vergl. auch Vattel, II, chap. XVIII.

*) Die Lit. über Retorsion und Repressalien s. in Ompteda, l. c. §. 287 und 288; in Kamptz, l. c. §. 269 und 270; besonders v. Pacassi's Schrift, 1783. Struben's „rechtliche Bedenken", Band V, Nr. 47: „Das Jus retorsionis wider Fremde mag kein Richter ohne des Gesetzgebers Erlaubniß ausüben." Haubold, de finibus juris retorsionis regundis, 1812. v. Kamptz, Gränzen des Repressalienrechts (in s. „Beitr. z. Staats- und Völkerrecht", I.) v. Martens, Erzählungen merkwürdiger Fälle, Thl. I., Nr. 16: „Repressalien in Kriegszeiten". Dazu vergl. noch de Marten's, causes célèbres etc., Nr. I. des I. Bandes und Band II. Nr. I., beides Fälle von Repressalien: ersterer durch Verletzung eines Gesandten gegen die Entwaffnung Savoyischer Truppen; letzterer: Prisen englischer Kaperer an preußischen Waaren, und als Repressalie dagegen, 1752, Beschlagnahme englischer Hypotheken in Schlesien. Vergl. auch ibidem, vol. II., Nr. 6.

§. 4.

Sind alle Mittel des bewaffneten Friedens vergeblich versucht worden, muß endlich zu den Waffen gegriffen werden, so ist doch nicht zu vergessen, daß auch der Krieg nur ein Mittel zum Frieden ist, zur Wiederherstellung des Rechtes, zur Negirung des Unrechtes. Darum beschränkt das Völkerrecht der civilisirten Staaten die Uebel des Kriegs und seine erlaubte Gewalt auf diejenigen Mittel, welche seinen Zweck und sein Ziel beschleunigen. Jedes überflüssige Unrecht, jede zwecklose Grausamkeit ist streng verpönt, und würde den sie begehenden Staat nur unnütz schänden. Dann ist der Krieg Staatssache; er wird nur zwischen den Staaten geführt und hebt das Privatrecht nicht auf. Der friedliche, waffenlose Bürger ist kein Feind, er verzögert die Entscheidung nicht. Parömie des Krieges ist: „Wer sich nicht wehrt, den man nicht ehrt!" Das Kriegsrecht hebt das Menschenrecht nicht auf.

Daß der Krieg ein möglichst zu beschränkendes Uebel sei, ist im modernen Völkerrechte allgemein anerkannt. —

Aus diesen allgemeinen Grundsätzen folgen alle speziellen Rechtssitten und Verträge für unsern Gegenstand. Grotius' und Pufendorf's Ansicht, die kaum der Widerlegung bedarf, daß das Kriegsrecht juris voluntarii sei und darum durch ausdrückliche Aufkündigung wegfallen dürfe, daß man sich also beliebig von jedem Gebote menschlicher Gesittung lossagen könne, beruht auf der gänzlichen Verkennung alles Bindenden im Völkerrecht, und auf der herkömmlichen, aber falschen Ansicht der Naturrechtslehrer, daß alles Positivrechtliche nicht aus der einfachen menschlichen Natur hervorgegangen sei, sondern derselben vielmehr widerspreche [1]).

[1]) Lit. des Kriegsrechts s. in Ompteda, §. 290—328; Kamptz, §. 271—331. Fichte, Ueber den Begriff des wahrhaften Krieges, in Bezug auf den Krieg vom Jahr 1813; 1813. Ueber die mildere Behandlung der bürgerlichen Gewerbe in den Kriegen seit dem Westphälischen Frieden, vergl. auch Büsch's Sämmtliche Schriften, 1815, T. IV. S. 174 u. ff. — Nicht genug zu rühmen ist die im April 1863 für die Armeen der Vereinigten Staaten von Nordamerika durch den Präsidenten Lincoln erlassene Instruktion, welche in 157 Paragraphen das Kriegsrecht im Landkriege nach den humansten Grundsätzen der Neuzeit normirt und dort wirklich unbestrittene Anwendung fand. Diese Codification ist von Franz Lieber, dem berühmten Völkerrechtslehrer, abgefaßt worden, und wurde erst nach der Prüfung einer, aus Stabsofficieren zusammengesetzten Commission, von der Regierung zu Washington bestätigt. — Hierher gehören auch die Beschlüsse des internationalen Kongresses, der zu Genf im Oktober 1863, auf Einladung der Schweiz, von den Delegirten der meisten europäischen Staaten abgehalten ward, um die Behandlung der Verwundeten im Kriege zu regeln und die, den eigenen Soldaten gewidmete Sorgfalt auch auf die verwundeten Feinde auszudehnen. Am 22. August 1864 trat die Convention in's Leben, welche zuerst die Schweiz und Preußen, dann Frankreich, Italien, Belgien und schließlich fast alle europäischen Mächte, die Türkei einbegriffen, unterzeichneten. Nur der Kaiser von Oesterreich verweigerte seine Unterschrift einem Dokument, auf welchem der Name des Königs von Italien stand, und trat wirklich erst am 21. Juli 1866, also

nach Ablauf des letzten großen Krieges, der Genfer Convention bei. Die hauptsächlichsten Artikel dieser Convention sind folgende:

1. Die Ambulancen und Militärhospitäler sind neutral und werden als solche von den Kriegführenden geschützt und respektirt werden, so lange sich Kranke und Verwundete daselbst befinden. Die Neutralität erlischt, sobald die Ambulancen und Hospitäler eine militärische Bedeckung haben.

2. Das Personal der Hospitäler und Ambulancen, einbegriffen die Intendanz, Administration, Heilgehülfen, die zum Transport benöthigten Leute, auch Geistliche, haben Theil an den Vortheilen der Neutralität.

3. Die in Nr. 2. bezeichneten Personen können, selbst unter der Okkupation des Feindes, fortfahren, ihre Funktionen zu erfüllen, in dem Hospital oder der Ambulance, in welchen sie Dienst leisten, oder können sich auf das Corps, zu dem sie gehören, zurückziehen. — In dem Falle, daß diese Personen keine Funktionen mehr zu erfüllen haben, werden sie unter Bedeckung der diesseitigen Armee den feindlichen Vorposten ausgeliefert.

4. Das Material der Hospitäler bleibt dem Kriegsrecht unterworfen; die einem Hospital attachirten Personen dürfen, wenn sie sich zurückziehen, nur ihr Privateigenthum mit fortnehmen. — Eine Ambulance dagegen wird in demselben Falle ihr Material behalten.

5. Die Einwohner des Landes, die den Verwundeten Hülfe bringen, werden respektirt und in ihrer Freiheit nicht angetastet werden. — Die Generale der kriegführenden Mächte werden die Pflicht haben, an die Humanität der Landesbewohner zu appelliren und dieselben von der Neutralität, die ihnen betreffenden Falls zugesichert ist, zu unterrichten. — Jeder in einem Hause aufgenommene und verpflegte Verwundete deckt das Haus, in dem er sich befindet. Der Einwohner, welcher Verwundete bei sich aufnimmt, wird von anderen Einquartirungen verschont bleiben, ebenso wie von einem entsprechenden Theil der auferlegten Kriegskontributionen.

6. Verwundete oder kranke Militärpersonen werden, gleichviel, welcher der kriegführenden Mächte sie angehören, aufgenommen und verpflegt. — Den Kommandirenden ist verstattet, die während des Kampfes verwundeten Feinde sofort an die feindlichen Vorposten abzuliefern, wenn sich die Gegner über diese Maßregel verständigt haben. — Nach ihrer erfolgten Heilung und Genesung

zum Kriegsdienst untauglich Befundene werden in ihr Land zurückgeschickt. Die Anderen können ebenfalls zurückgeschickt werden, unter der Bedingung, daß sie im Laufe des Krieges die Waffen nicht wieder ergreifen.

7. Eine besondere gemeinsame Fahne wird für die Hospitäler und Ambulancen angenommen. Dieselbe muß unter allen Umständen von der betreffenden nationalen Fahne begleitet sein. Gleicherweise werden die neutralen Personen mit einer Armbinde versehen werden. Fahne und Armbinde haben ein rothes Kreuz auf weißem Grunde.

§. 5.

Im Kriege hört die Geltung der Verträge zwischen den kriegführenden Staaten vorläufig auf, wenn die betreffenden Verträge nicht durch besondere Klauseln davor geschützt sind [1]).

Gegen die feindselige Absicht werden selbst solche Klauseln nicht viel verfangen; da für den Fall des Krieges, d. h. der Unterbrechung des völkerrechtlichen Verkehrs, der ganze Vertrag, also auch die Klausel, hinfällig ist, und zum Beispiel nicht einmal eine Arrha poenitentialis bestellt werden könnte. Deßhalb aber wird kein civilisirter Staat das Privatrecht der feindlichen Unterthanen für nichtig erklären, ihr Eigenthum jedem Ausbruche roher Gewalt preisgeben, oder ihre Klagen bei den Gerichten zurückweisen, wenn er nicht seinen eigenen Credit zerstören will. So gut der Staat das feindliche, unter seinem Rechtsschutz befindliche Privateigenthum möglichst achtet, muß er auch die Rechtsansprüche aus Privatverhältnissen gerichtlich gelten lassen; es sei denn, daß man, um Repressalien zu gebrauchen, diesen Grundsätzen Abbruch thue. Das ältere Völkerrecht, dessen Theorie noch mit den römischen Ansichten vom Kriege verwachsen war, widerspricht freilich diesem Prinzip [2]).

Aber im vorigen Jahrhundert, schon vor dem Aachener Frieden, erkannten England und Frankreich die

Vortheile der Humanität in dieser Beziehung, so daß sie namentlich ihre Staatsschulden an Feind und Freund gleichmäßig ausbezahlten, und daß, zum Beispiel, englische Publizisten, wegen des letzten, in Not. 2) zu §. 3 dieses Kap. angeführten Falles von Repressalien, Friedrich dem Großen von Preußen den Vorwurf einer ehrlosen Barbarei machten. Um wie viel mehr noch, als Staatsschulden, müssen aber Privatschulden anerkannt werden! Das Gegentheil wäre sogar zwecklos in einer Zeit, wo alle klagbaren Forderungen, Privatschulden, wie Staatsobligationen, so leicht zu ihrem wahren Werthe zu veräußern, oder doch zum Schein zu übertragen sind [3]).

Sogenannte „Avokatorien" bezwecken, alle im Dienste des Feindes befindlichen Bürger in ihr Vaterland zurückzurufen und jede Weigerung der entsprechenden patriotischen Pflicht als Hochverrath zu brandmarken. „Dehortatorien" (und „Inhibitorien") warnen vor jedem engern Verkehr mit dem Kriegsschauplatze, den die Staatsregierung ja nicht mehr überwachen und beschützen kann. Früher wurden oft alle Abwesenden einberufen und jeglicher Verkehr nach Feindesland unterbrochen; jetzt thut man auch in dieser Beziehung nur, was Noth, Interesse und Ehre gebieten [4]). Der Kriegsgebrauch, die Kriegsmanier beschränken das Kriegsrecht; oder die: „Loi de guerre" derogirt dem „Droit de guerre." Doch ist die Präsumtion für das Letztere; und die „Raison de guerre" hebt jene Exzeptionen wieder auf, sobald ein dringender Vortheil oder das Bedürfniß des Augenblickes es erheischen. Denn wenn die Kriegssitte die Gewalt auf das Nöthige und Nützliche einschränkt, so kann das Nöthige und Nützliche des speziellen Falles auch wieder die allgemeine Regel aufheben.

[1]) S. oben Kap. IV, §. 6; und vergl. z. B. die Verträge zwischen Schweden und den Niederlanden v. 1675, und zwischen Nordamerika und Preußen von 1785, welche beide die Kaperei im

Kriege zwischen den Paziszenten beenden sollten. Aber der erstere blieb erfolglos; der zweite ward schon 1799 nicht erneuert.

[2]) S. Hugo Grot., III, cp. XX, §. 16; und Bynkershoek, Qu. J. P., I, II, 7. Dagegen sind zu erwähnen Verträge, wie art. 19 des Utrechter Friedens zwischen Frankreich und England, und art. 12 des englisch-russischen Vertrags v. 1766 u. a. m.

[3]) Vergl. Vattel, Liv. II, chap. VII, §. 34; II, XVIII, §. 344; und III, IV, §. 63.

[4]) Vergl. Valin, Commentaire sur l'ordonnance de la Marine de l'an 1681, liv. III, tit. 6, art. III; und Wheaton's Elem. II, p. 25—39. Ueber die Unterbrechung des Verkehrs und über „Avokatorien", s. Steck's Abhandlungen in der „deutschen Kriegskanzlei", von 1756 und von 1757.

§. 6.

Das Kriegsrecht stellt die kriegführenden Parteien einander gleich; die alte Ansicht, daß der ungerecht angegriffene Staat in den Mitteln der Abwehr weniger beschränkt sei, als sonst wohl das Kriegsrecht gestatte, ist schon von Bynkershoek widerlegt worden. In der That ist die praktische Wirksamkeit des Kriegsrechtes nur denkbar auf der Grundlage gleicher Berechtigung; — jeder angegriffene Staat würde sich ja sonst unbedingt für ungerecht angegriffen erklären! Die Reaktion von der andern Seite würde dagegen auch niemals ausbleiben. —

Der Kriegsgebrauch verwirft vergiftete Waffen, Ketten- oder Stangenkugeln (Boulets à chaîne ou à bras) und Alles der Art, was mehr schadet, als unschädlich macht; keineswegs aber Branderschiffe, wie sie die Griechen z. B. gegen die Türken anwandten; oder ungeheure Bomben, Paixhans'sche Kanonen, Zündnadelgewehre u. dergl. m.

Die unredlichen, meuchlerisch vergiftenden Zerstörungsinstrumente werden gehaßt und verworfen, wie der Meuchelmord außer der Schlacht, wie die Versagung des Pardon an den entwaffneten Feind, wie die willkürliche, nicht durch Noth gebotene Entweihung heiliger Orte, wie Nothzucht u. s. w.

Zu den Kriegsmitteln, welche zwar nützlich, aber an sich entehrend sind, weil sie ein schlechtes Licht auf die Stärke und das Selbstvertrauen der kriegführenden Macht werfen, gehört das Bestechen feindlicher Offiziere, und besonders der Festungskommandanten, zu Verrath und Uebergabe, oder das — früher bei den Türken übliche — Aussetzen eines Preises auf den Kopf eines feindlichen Häuptlings. Nicht gegen einzelne Personen wird der Krieg geführt, man kennt keine Privatkriege mehr; und als die Kriege noch Zweikämpfen glichen, beobachtete man auch zuweilen die Loyalität der Duelle. Jetzt werden nicht einmal die feindlichen Fürsten besonders in der Schlacht aufgesucht: obgleich es etwas parabolisch übertrieben klingt, und nur nach einigen wenigen Fällen verallgemeinert sein mag, was J. J. Moser berichtete [1]), und nach ihm etliche Berliner Publizisten, zum Beispiel Schmalz, als allgemeine Völkerrechtssitte behaupteten, daß die Fürsten und Prinzen sich gegenseitig ganz außer den Krieg stellen, alle Höflichkeit der Etiquette gegen einander exerziren; (dieser letzte Punkt ist richtig, aber unbedeutend!) — daß sie einander sofort aus der Kriegsgefangenschaft entlassen, und selbst die fürstlichen Domainen vom Rechte der Plünderung eximiren. Also während die Saaten des Landmanns zertreten, die Ernährer der armen Familien erschossen werden, sollte der, dessen Gefangenschaft, statt des Todes von Hunderttausenden, den Sieg befördern kann, frei ausgehen, aus Respekt vor den Von Gottes Gnaden geweihten Häuptern, aus monarchischer Reziprozität. So hat es Karl V. bei Franz I. nicht verstanden; so hat Frankreich den entthronten Dey von Algier nicht behandelt; so hat man in Napoleon's Kriegen, und schließlich mit ihm selbst, nicht verfahren. Und war nicht der höchst legitime König von Sachsen nach der Schlacht bei Leipzig ein Kriegsgefangener der alliirten Mächte?! — Nur so viel hat die Kriegssitte allgemein festgestellt, daß man die Bagage, die Troßbuben, Markedenterinnen, kurz, „was sich nicht wehrt," nicht der Ehre der Kriegsgefangenschaft unterwirft. Und der Gesandte, der Parlamentair, ist stets heilig.

[1]) S. „Versuch des *c. Völkerrechts", IX, 2, p. 250 u. ff. — Dagegen s. Grotius, III, cap. 7.; Bynkershoek, Quaest. juris publ. I, 3.; Vattel, III, §. 139 u. ff.; Klüber V. R. §. 249.

§. 7.

Die Kriegsgefangenen werden nur bei Anthropophagen umgebracht; nur die Alten machten sie zu Sklaven. Nach neuerer Kriegssitte werden sie wohlbehalten in eine entfernte Provinz gebracht, dort nach Kräften bis zur Auswechselung verpflegt, und nur wegen Verbrechens oder Feindseligkeiten, zum Beispiel Verschwörungen, bestraft, nur wegen versuchten Entweichens oder Ehrenwortbruches in strenger körperlicher Gefangenschaft gehalten. Die mittelalterliche Sitte der „Ranzionen," oder Lösegelder, welche sich nach Rang und Vermögen der Kriegsgefangenen richteten, ist bei der Großartigkeit und massenhaften Führung unserer Kriege gänzlich abgekommen. Die friedlichen Bürger eines feindlichen Staates werden binnen einer festgesetzten Frist vom Ausbruch der Feindseligkeiten an nach Hause entlassen. Damit ist der Humanität genügt; später würde man dabei zu oft Verrath oder Spionage zu befürchten haben, oder dem Feinde selbst die Truppen liefern.

Auch das Eigenthum feindlicher Bürger im diesseitigen Staatsgebiete soll möglichst geschont werden. Nur wurden die Handelsschiffe des Feindes oft schon vorläufig mit Beschlag belegt: weil überhaupt das Eigenthum und der Handel zur See noch nicht so geschützt sind, als zu Lande; wiewohl doch gerade das Meer das neutrale Element ist. Aber der Handel zur See geht mehr in's Große, und verbirgt mehr Kriegsmittel. Das Schiff ist eine kompakte Einheit; der Nationalcharakter seines Inhalts ist leicht erkennbar und darum leichter zu verfolgen. Das „Embargo“ ist keine Konfiskation, aber eine mittelbare Blockade; es soll dem Feinde die Mittel zur Kriegführung, das Geld, möglichst entziehen. [1]) Bekanntlich wurden in den letzten Kriegen zwischen Frankreich und England alle Gesetze des Völkerrechts mit Füßen getreten, z. B. die englischen Waaren selbst neutraler Kaufleute auf dem Kontinent verbrannt, nur weil sie englischen Ursprungs waren; im Kontinentalsystem und den dagegen angewandten, stets gesteigerten Maßregeln wurden die neutralen Mächte mißhandelt, ja rücksichtslos aufgeopfert, wenn man nur mittelbar den Feind treffen konnte. Da wurde auch alles Privatgut des Feindes sequestrirt; Aehnliches geschah auch 1807 zwischen England und Dänemark. Aber als Repressalie, nicht als einfaches Kriegsrecht geschah das Alles, auf Grund und in Folge der ersten Erklärung, daß Frankreich außer dem Völkerrecht stehe; im Friedensschlusse wurde Entschädigung verlangt und theilweise geleistet [2]).

Doch verlangt auch die Noth des Krieges Verletzungen des feindlichen Privateigenthums zu Lande. So wird der friedliche Landmann zwar nicht mehr beraubt, aber durch Fouragirung und Einquartierung, nur auf Commando, ärmer gemacht. Städte, die ihre Thore ohne Schwertstreich öffnen, sollen nicht geplündert werden; aber Contributionen (Brandschatzungen) werden von den Gemeinden requirirt u. s. w. Daß übrigens solche Verluste, die den Einzelnen treffen, dem ganzen Staate zur Last fallen, ist ein staatsrechtlich (in der Lehre „von den Kriegsschäden“) schon ziemlich anerkannter Satz.

Auch der Soldat gewinnt von denen, die er in der Schlacht umgebracht oder gefangen genommen hat, so viel Hab und

Gut, als sie bei sich tragen, mit Ausnahme der Kleider. Das Recht der Beute (und der Plünderung unter gewissen Umständen) besteht immer noch in seiner alten Kraft. Im Landkrieg ist die Erwerbung des Besitzes durch erlaubtes Beutemachen eine unmittelbare; im Seekriege bestimmen die Kaperei- und Kreuzer-Ordnungen der einzelnen Staaten den Modus der Vertheilung der Beute unter die Mannschaft des aufbringenden Schiffes. —

Die Freicorps, welche zu Lande das sind, was die Kaperer zur See, (S. das folg. Kap.), indem sie auf eigene Rechnung Krieg führen und oft auch sich auf eigene Faust von Raub und Plünderung erhalten, wie einst Waldstein's ganze Armee, sind in neuerer Zeit selten zugelassen worden; (mit Ausnahme einiger wahrhaft patriotischen Genossenschaften zur Vertheidigung Deutschlands in den jüngsten Kriegen gegen Frankreich, und mancher Guerillasbanden Spaniens.) Sie stehen jedenfalls unter Kriegsbrauch und Kriegssitte; sonst werden sie den Korsaren oder Piraten gleich geachtet und, gleich ihnen, als Verbrecher behandelt. [3]).

Spione und Kundschafter genießen nicht die Vortheile der Kriegsgefangenschaft; [4]) sie werden, wie eingefangene Ueberläufer, vor ein Kriegsgericht gestellt; sie sind also der summarischen Justiz verfallen, welche, je nach den staatsrechtlichen Grundsätzen, mehr aus Nothrecht das Verbrechen, wie einen feindseligen Angriff, etwa wie Aufruhr im Innern, verfolgt, als daß sie die objektiven Garantien des strafgerichtlichen Verfahrens anwendete.

Doch ist es nach völkerrechtlicher Sitte ebensowohl gestattet, Spione zu gebrauchen, als Deserteurs aufzunehmen, und analog auch, den Verrath und die Empörung der feindlichen Unterthanen zu benutzen.

[1]) S. Karseboom, de navium detentione, quae vulgo dicitur Embargo, Amsterdam 1840. Vergl. auch Rau, Völkerseerecht,

1802, §. 258 u. ff. — u. a. m. siehe in v. Kampß, N. Lit. §. 276. — Das Wort Embargo kommt von dem spanischen »embargar«, festhalten, in Beschlag nehmen.

[2]) Siehe die Zusatzartikel zum ersten Pariser Frieden, Martens, II, pag. 16; und über die englischen und nordamerikanischen Grundsätze in dieser Beziehung vergl. Wheaton's Elem. II, S. 21—25.

[3]) Solche Freicorps oder Freischaaren sind nicht mit den Freiwilligencorps der Neuzeit zu verwechseln.

[4]) Vergl. Vattel, III, chap. VIII, §. 144.

§. 8.

Fast alle Verträge im Kriege sind partielle Neutralitätsverträge, bald für ein gewisses Gebiet, bald für gewisse Handlungen, z. B. den Austausch von Kriegsgefangenen, aller oder einer bestimmten gleichen Anzahl; oder für Sauvegarden, wobei also gewisse Personen, z. B. Trompeter, Couriere, oder Paquetboote, die sich dem Vertrage gemäß zu legitimiren haben, als neutral und international respektirt werden. — Kapitulationen sind Verträge zur Uebergabe eines Ortes, einer Festung unter gewissen Bedingungen, z. B. des freien Abzuges der Truppen, mit oder ohne Waffen, u. s. w. Kontributionen bedeuten die Bezahlung einer Summe, wodurch sich die betreffenden Orte von dem bitteren Loose der Kriegsverheerung, Erstürmung, Zerstörung oder Plünderung auslösen.

Die Waffenstillstände (Armistices, Induciarum Pacta) bewirken, wenn sie allgemein sind, eine Neutralität der Gesammtheit, oder, wenn sie nur zwischen einzelnen Truppentheilen abgeschlossen sind, die Neutralität einer gewissen Abtheilung der Kriegführenden für eine bestimmte Zeit. Allgemeine Waffenstillstände für mehrere Jahre kommen den präliminären Friedensschlüssen gleich. Die gewöhnlichen Waffenstillstände und ähnliche Verträge im Kriege haben das Eigenthümliche, daß sie von den Ober- und Unterbefehlshabern für die ihnen untergebenen Personen und Sachen, oder für die Gebiete in ihrer Gewalt, sobald es ihnen nöthig dünkt, abgeschlossen werden können, ohne daß sie der besonderen, nachträglichen Ratifikation der souverainen Gewalt oder des obersten Feldherren bedürften [1]).

[1]) Ueber diese Verträge, sowie über die anderen Kriegsoperationen, z. B. über Bloquaden, und über die Belagerungen zu Lande, vergl. Klüber's Völkerrecht, §. 363 und ff., Moser's Versuch 2c., IX, I; und das nächste Kapitel.

§. 9.

Zu den eigenthümlichen Verträgen des Krieges gehören nicht die Neutralitätsverträge mit fremden Souverainetäten [1]). Die Neutralität eines dritten, nicht kriegführenden Staates bedarf keiner besonderen Stipulation; gerade wie umgekehrt solche Staaten, die ihre Neutralität durch aktives Eingreifen verletzen, damit von selbst in die Reihe der feindlichen Mächte eintreten.

Die neutralen Staaten haben das Kriegsrecht der beiden kriegführenden Partheien gleichmäßig anzuerkennen, gleichviel, auf welcher Seite sie die Gerechtigkeit der Sache zu erkennen glauben. Selbst ein passives Begünstigen eines kriegführenden Theiles braucht von dem anderen Feinde nicht geduldet zu werden; so verletzt z. B. die Zulassung von — nicht fliehenden — Truppen die Neutralität, weil sie den Krieg begünstigt. Gegen jede Verletzung seiner Gränzen hat der dritte Staat seine Neutralität, selbst gewaltsam, aufrecht zu erhalten, wenn er sich nicht den Vindikationen des dadurch benachtheiligten Staates aussetzen will [2]).

Der neutrale Staat darf natürlich keine Truppenwerbungen für einen kriegführenden Theil in seinem Gebiete gestatten; daher führen alle die alten Verträge, welche Militairconventionen genannt wurden und eigentlichen Menschenhandel betrafen, leicht zum Bruch der Neutralität im Kriege.[3]) Auch darf der neutrale Staat keine Kaper- oder Markbriefe (s. das nächste Kapitel) ausstellen.

Alle diese bisher aufgestellten Grundsätze von dem Frieden oder der Neutralität im Kriege gelten praktisch nur durch Reziprozität; sie werden, wie das die Geschichte des Napoleonischen Kontinentalsystems beweist, aufgehoben, sobald der Gegner sie verletzt. Dann heißt es: Marx exlex, und auch wohl: Verzweiflung kennt kein Gebot!

[1]) Vergl. oben im Kap. IX.

[2]) Ein Punkt, der sich heutzutage gleichsam von selbst versteht, war früher von den bedeutendsten Völkerrechtslehrern bestritten worden, nämlich: daß der neutrale Staat feindlichen Truppen den Durchzug nicht gestatten kann, ohne seine Neutralität preiszugeben. Man nannte das früher »Passagium innocuum«. (Vergl. Vattel, III, §. 119 u. ff., und Martens V. R., §. 310 und 311.) Gegenwärtig würde nur der erzwungene Durchmarsch die Neutralität nicht gefährden, d. h. ein Durchzug, von dem ausdrücklich zu erweisen wäre, daß der neutrale Staat dabei der Gewalt weichen mußte.

[3]) A. W. Heffter macht die sehr richtige Bemerkung, daß das ehemalige „Reislaufen" der Schweizer eigentlich im Widerspruch zu der, der Schweiz garantirten und auferlegten, aktiven und passiven Neutralität stand. (S. Heffter's V. R., französische Ausg. §. 147.)

§. 10.

Die definitiven Friedensschlüsse werden stets auf ewig geschlossen: seien es nun Separatfrieden, wie zu Basel, 1798, oder allgemeine oder gar europäische Friedensschlüsse, wie zu Paris, 1814 und 1815. Der Ausdruck der Ewigkeit des Friedens unterscheidet denselben nur vom Waffenstillstande, und bezeichnet somit auch, daß alle bisher provisorischen Verhältnisse schließlich geordnet worden, und die Verletzung, welche Ursache des Krieges war, ein für alle Male mit den Bestimmungen des neuen Vertrages abgethan sei. Ein Friedensschluß gleicht einem richterlichen Urtheile: er hat völkerrechtlich dieselbe Kraft, wie civilrechtlich die Res judicata; während der offizielle Beginn der Feindseligkeiten der völkerrechtlichen Litis Contestatio gleich kommt. Wie das Possessorium im Civilprozeß dem Petitorium vorangehen muß, so bildet der Besitzstand durch Eroberung und Besetzung (das „Uti possidetis") die Basis der Friedensverhandlungen, und auch der späteren Interpretation des Friedensschlusses. Aber die Eroberung einer Provinz gab nur ein Recht auf die provisorische Verwaltung derselben; die Abtretung im Friedensschluß gewährt erst das staats- und völkerrechtlich anerkannte Eigenthum. Nur im Inneren des Staates haben die Handlungen des Zwischenherrschers eine unbedingte Geltung [1]).

[1]) Vergl. oben Kap. VI, den Schluß; I. P. O., IV, §. 47; Vattel III, §. 195 u. ff. Klüber's Völkerrecht, §. 258 und 259; und Klüber's Akten des Wiener Kongresses, Band IV, S. 148 und folgde. S. auch Kamptz, Neue Lit. §. 307. Ferner vergl. noch Meermann, Von dem Rechte der Eroberung, 1774. Auch B. W. Pfeiffer, das Recht der Kriegseroberung in Beziehung auf Staatskapitalien, Kassel 1823.

§. 11.

Der Friedensschluß und die daraus hervorgehende Abtretung von Provinzen soll das Privatrecht möglichst wenig alteriren. In der Regel wird schon eine allgemeine Amnestie für alle Ueberläufer, Spione, Verräther, und für diejenigen, welche den Avocatorien nicht Folge leisteten, ausbedungen [1]). Dann bleibt das Privateigenthum, selbst der Fürsten, in den abgetretenen Ländereien ganz dasselbe. Endlich wirkt noch das Jus postliminii ein. Dieses ist, seinem römisch-rechtlichen Ursprunge, wie seiner ganzen Bedeutung nach, privatrechtlicher Natur, und negirt die mittelbaren und zufälligen Einwirkungen des Krieges für diejenigen Verhältnisse, auf welche Krieg und Friedensschluß eigentlich nicht gehen. Darum tritt es, vorbehaltlich entgegengesetzter Stipulationen, von selbst ein, und restituirt alle gestörten Verhältnisse des Privatbesitzes, z. B. der sequestrirten oder von Truppen besetzten Güter, so viel, als möglich. Der Theil seiner Wirkungen, welcher im alt-römischen Staate die vernichtenden Folgen der Sklaverei des Kriegsgefangenen rückwärts wieder aufhob, paßt für unsere Verhältnisse nicht mehr; da die Kriegsgefangenschaft so wenig, als irgend eine andere unverschuldete Abwesenheit, persönliche Rechtsverhältnisse zerstört, und nur gleichsam zu einer In integrum restitutio ob absentiam gerechten Anlaß gibt. [2]) Ein analoges staatsrechtliches Postliminium existirt nur insoferne, als die Kriegsgewalt und die Eroberung ohne Abtretung die alten Verfassungsrechte durchaus nicht brechen kann, und diese von selbst wieder aufleben, wenn die zufälligen Verhinderungen wegfallen. Selbst die abgetretene Provinz verliert nicht eo ipso diejenigen Verfassungsrechte, welche nicht unmittelbar von dem Uebergange zu einem anderen Staatsnexus affizirt werden.

[1]) Vergl. Wiener Kongreß-Akte, XXII. und XI. etc.

[2]) Vergl. Titt. Dig. XLIX, 15, und Cod. VIII, 51: (De Captivis et postliminio reversis — et redemptis.) Cocceji's Schriften über Postliminium und Amnestie. Ferner siehe die Citate in Ompteda, II, §. 328, und Kamptz, §. 313; und I. P. O., IV, 49: (Revision der Urtheile der Gerichte während des Krieges.)

Kapitel XII.

Das Kriegsrecht, die Neutralität und das Durchsuchungsrecht zur See.

§. 1.

Die Lehren, welche dieses Kapitel enthält, sind theils an den Inhalt des vorigen, theils an einige Theile des Kap. VII. vom Staatseigenthum, anzuknüpfen; letzteres nemlich in Bezug auf die Freiheit der Meere und das Verhältniß der Kolonieen. Das Kriegsrecht suspendirt den herkömmlich geachteten Rechtszustand, um Gewalt an dessen Stelle zu setzen; Gewalt für Gewalt, welche wieder zur Gewalt berechtigt. Das Kriegsrecht beruht gleichsam auf einer Art von negativem Vertrag, einem Kompromiß zur Entscheidung durch die Waffen. Auch hebt der Krieg den positiven Rechtsschutz nicht absolut auf; er setzt nur die Entscheidung durch Naturkräfte an die Stelle eines Konfliktes, welcher zwischen den Staatsregierungen Statt findet, der aber den Privatmann kaum berühren sollte. Die Rechtssitte, die Civilisation und die Macht der industriellen Interessen suchen für den Privatmann aus dem Sturm der feindlichen Elemente noch einen Theil des Rechtsschutzes zu retten, den die befriedete Staatsgewalt ihm vorher gewährt hatte. Die ersten und meisten Kriege waren Landkriege; da stellten sich die Verhältnisse ziemlich einfach. Entweder befand sich die kriegführende Macht im eigenen Lande, hier durfte man alles zur Kriegführung Zweckmäßige; — oder sie befand sich in Feindes Lande; hier erlaubte man sich Alles. Im Staatsgebiete einer dritten Macht hat man keine Gelegenheit, dem Feinde zu begegnen: oder die Neutralität derselben wäre verletzt; und die dritte, bisher neutrale, Macht, wäre als Freund oder Feind, als Bundesgenosse oder des Gegners Aliirter zu behandeln. Denn anfänglich, an und für sich, gilt jede fremde Macht für neutral; in der Folge aber ist die Neutralität oft schwer zu behaupten: da dürfen weder Subsidien geleistet, noch Kaperbriefe ausgestellt, oder auch nur die Ausstellung solcher von Seiten einer kriegführenden Macht an die Unterthanen (der neutralen Macht) geduldet werden. Also selbst die Mittel zum Kriege dürfen dem Feinde nicht geliefert werden; nicht einmal die indirekten Mittel, welche sonst zu den Objekten des friedlichen Verkehrs gehören. So darf, zum Beispiele, keine Kriegsmunition an den kriegführenden Staat veräußert werden. Nur sind die Fälle hier wohl zu unterscheiden, ob darin masquirte Subsidien liegen, oder nur ein gefährlicher Gewerbszweig zu verfolgen ist. Ein Staat, welcher einer kriegführenden Macht als Staat Pulver und Blei oder Kriegsschiffe, oder sonst Aehnliches, etwa umsonst zukommen ließe, würde damit seine Neutralität aufgeben, und die andere feindliche Macht veranlassen, diese Schritte für direkte Feindseligkeiten zu erklären, um — bei Gefahr des Krieges — ihre schleunige Zurücknahme oder Einstellung zu verlangen. Aber auch das Embargo zum Beispiel, welches England und Frankreich, im Nov. 1832, zur Beilegung der belgisch-holländischen Zwistigkeiten auf den holländischen Handel legten, war schon als eine direkte Feindseligkeit zu betrachten, als eine Interzession zu Gunsten des belgischen Staates [1]).

Ganz anders verhält es sich mit dem Privatverkehr zwischen kriegführenden und neutralen Ländern, demgemäß die Bürger eines neutralen Landes privatim mit dem einen oder dem andern der kriegführenden Staaten Handelsgeschäfte treiben, sei es nun, daß sie dieselben beginnen, oder fortsetzen. Wie nun, wenn sie Lieferungen von Kriegsstoffen übernehmen? Dies ist kein unmittelbarer oder mittelbarer Friedensbruch; so wenig der Verkäufer für den Gebrauch einzustehen hat, welchen der Käufer seiner Waaren davon macht, ebensowenig kann der Staatsregierung eine Verantwortlichkeit imputirt werden, daß die Handelswege ihrer Bürger zufällig einen ihr ganz fremden Kriegsplan fördern oder unterstützen. Am wenigsten kann ein Verbot solcher Erwerbsmittel von ihr verlangt werden; noch dürftè sie aus politischer Konnivenz die etwa staatsrechtlich bei ihr anerkannte Gewerbe- und Handelsfreiheit beeinträchtigen. Aber die kriegführende Macht, welcher ein solcher Handel störend in den Weg tritt, darf ihn auf alle Weise zu hemmen suchen. Wie die kriegführende Regierung z. B. nach Souverainetätsrecht ihren Unterthanen jeden Verkehr mit dem Feinde untersagt; so kann sie auch da, wo sie nach Kriegsrecht einzuwirken befugt ist, alles ihr Feindliche durch Präventiv- und Repressivmaßregeln zurückweisen. In dem Gebiete, welches der Feind erobert hat oder besetzt hält, an den Grenzen seines Gegners, kann er schalten, wie im eigenen Lande. Da erklärt er nicht blos des Feindes Gut, sondern Alles, was dem Feinde dienen kann, für feindlich; er unterwirft es dem Kriegsrechte und verübt daran das Recht der Beschlagnahme oder ein Vorkaufsrecht. Das letztere achtet zugleich die Rechte der neutralen Partei, und vermittelt die Gerechtigkeit auf billige Weise mit dem Nothstand. Die Konfiskation ist nur berechtigt gegen solche Waaren, welche dem Kriege direkt dienen, und deren kriegerischer Zweck ihren Besitzern bekannt sein mußte; wobei sich also der Besitzer an den, im Kriegszustande befindlichen Orten der Diskretion des Feindes wissentlich unterworfen hatte. Ja, solche Strenge ist eine Pflicht der Humanität, weil sie den Krieg verkürzt oder beschleunigt.

Mit Recht mag also die sogenannte „Kriegscontrebande" als Kontrebande behandelt werden. Doch kommen diese — an sich einfachen — Grundsätze zu Lande weniger in Anwendung, weil zu Lande der Handelsverkehr mit Sicherheit nur an den, vom Feinde nicht besetzten Gränzen geführt werden kann; an den anderen Passagen wird der Feind ein vollständiges Prohibitivsystem zur Aushungerung des bedrohten Landes oder zur Erschöpfung der Kräfte desselben einführen. Desto praktischer ist die Vervehmung der Kriegskontrebande bei den sogenannten nassen Gränzen; und namentlich auf dem hohen Meer, das weder dem Freund noch dem Feind zu Eigen gehört, und weder de jure noch de facto abzusperren ist.

Jedenfalls sind hier verschiedene Rechte auszugleichen: die Interessen des Krieges und die Rechte des neutralen Handels, welche vom Kriege dritter Mächte nicht aufgehoben werden; die Freiheit der Meere und das Recht, auch die See als Kriegsterrain zu benutzen. [2])

Auf den internationalen Flüssen können diese Konflikte nicht in so hohem Grade zur Erscheinung kommen: denn entweder sind beide Mächte Theilhaber desselben Stromes; dann sind die Schifffahrtsakten und Neutralitätsverträge über den Strom allerdings für die Dauer des Krieges suspendirt, und hören — nach den Grundsätzen der Societas, wie nach der Clausula: Rebus sic stantibus, — selbst für die anderen Theilnehmer auf, insoweit bindend zu sein. Oder nur eine Macht von den beiden Feinden ist Mitbesitzer des Flusses; so haben alle anderen Contrahenten und Eigenthümer daran die Neutralität des Stromes, wie ihres Gebietes, selbst mit Gewalt zu bewahren, und so den Feind vom ganzen Flusse ferne zu halten. Leider enthalten die modernen Schifffahrtsakten, obgleich sie unruhigen Zeitläuften ihr Entstehen verdanken, noch keine Bestimmungen über diese Verhältnisse! Aber wenn auch bei Staatsverträgen, deren unparteiische Interpretation in re dubia unmöglich ist, nur der wörtliche Sinn für die daraus folgenden Verpflichtungen entscheidend ist; so folgen die hier angeführten Sätze doch schon aus dem Begriffe des Krieges und der Neutralität. In der That wurden sehr oft über die unentbehrliche Fluß- und Küstenschifffahrt besondere Neutralitätsverträge abgeschlossen; namentlich für die Schifferboote, selbst der kriegführenden Staaten [3]).

Aehnliche Grundsätze werden sich bald auch für die internationalen Eisenbahnen bilden müssen, wenn nicht jeder Krieg die Welt mit dem Hereinbrechen einer längst entwöhnten Barbarei bedrohen soll! — (Auch die Normen über Staatsservituten sind hier zu erwähnen. Der Krieg stört die Verpflichtungen gegen neutrale Staaten durchaus nicht. Hebt aber der Krieg momentan die Möglichkeit der Erfüllung einer solchen Verpflichtung auf, zum Beispiel durch Zerstörung der Leinpfade, Hemmung von Fahrstraßen u. s. w., so ist er wie vis major, als eine dira necessitas zu betrachten; wobei der Satz gilt: „Casus sentit dominus!")

[1]) Vergl. Martens, N. R., VIII, S. 53 u. ff., und XV, 448 ff.

[2]) Die britische Regierung pflegt beim Beginn eines Krieges ihr Verhältniß zu demselben in einem Order in council darzulegen, und auch die aus ihrer — neutralen oder partheiischen — Stellung für ihre Unterthanen sich ergebenden Rechte, Verpflichtungen oder Vorsichtsmaßregeln durch Proklamationen einzuschärfen.

[3]) Vergl. z. B. die Actes entre la Grande-Bretagne et la France touchant l'Exemtion de la Saisie pour les vaisseaux pêcheurs, vom Juni 1800, in Martens, Rec., VII, S. 295.

§. 2.

Für das Meer müssen andere Grundsätze gelten, weil die Betheiligten hier nicht als Besitzer zur Aufrechterhaltung einer Neutralität verpflichtet sind. Nur die Allianz für bewaffnete Neutralität (1780—1800), welche übrigens dem Begriff der Neutralität an sich nichts hinzufügte, bezweckte, das Meer gegen die kriegerische Anmaßung übermüthiger Seemächte zu behaupten und dessen Benützung gegenseitig zu garantiren.

Ein eigenthümliches Verhältniß entsteht schon daraus, daß die Schiffe ihre eigene Nationalität bewahren, gleichsam ihr Staatsgebiet auf hohem Meere und selbst in fremden Häfen fortsetzen. Sie selbst also sind Freundes- oder Feindesgebiet, und letzteren Falle dem Kriegsrechte verfallen. Da sich aber das feindliche Schiff hinter einer neutralen Flagge verstecken kann, so suchte man auch in dieser Beziehung Gewähr und Beweis zu erhalten. Daraus entsprang die Frage nach dem Durchsuchungsrecht (droit de visite oder visitation), welches um so wichtiger ist, als man jeden Seeverkehr des Feindes für einen integrirenden Theil der Kriegsführung hielt. Darum erklärt man alles Feindesgut für Bonne prise [1]).

Hier sind also zu betrachten:

1) Das Prisenrecht, die Kreuzerei u. s. w., nebst der Bloquade feindlicher Häfen.

2) Die Kriegskontrebande.

3) Die Frage: was gilt überhaupt für feindliches Gut? nebst dem Durchsuchungsrecht, der eigentlichen Prozedur der Kriegsrechtes zur See, und den Seegerichten. Hiermit hängt die überaus wichtige Lehre von den Rechten des neutralen Seehandels unmittelbar zusammen.

4) Daran knüpfen sich etliche spezielle und besonders contrahirte Durchsuchungsrechte, welche aus dem Kriegszustand

der Cultur gegen die Barbarei hervorgehen: die Verfolgung von Sklavenhandel und etwa von Seeraub.

[1]) Literatur der Lehren vom neutralen Seehandel in Kriegszeiten, und anderer damit zusammenhängenden Doktrinen, s. in Ompteda's Lit. II, §. 279, 280 und 282: (Kontrebande); ibid., §. 319. (Neutralität); und §. 321: („bewaffnete Neutralität")! und in v. Kamptz, N. Lit., §. 257, 259: („Grundsätze der bewaffneten Neutralität und der Konvention vom Dezbr. 1800"); und §. 258 (ad Ompteda, 280: über Seehandel) 2c. Ferner s. die Lit. in Klüber's Völkerrecht, §. 279, 289, 291 2c.

Besonders vergl. Valin, Traité des Prises, ou Jurisprudence française concernant les prises qui se font sur mer, 1782. Ferd. Galiani, Dei doveri dei Principi neutrali, etc., 1782. Azuni's Diritto maritimo, etc., 1795. Lampredi's Trattato, etc., 1788. Hübner, De la saisie des bâtiments neutres, etc., 1759. Jenkinson, Discourse on the conduct of the British Government in respect to neutral nations during the present war, 1757. (Ueber die brittische Kriegsregel v. 1756, s. oben, Kap. VIII, ad „Kolonien".) d'Abreu, Traité juridico-politique sur les prises maritimes, 2e Édit. et Traduction, par Bonnemann, 1802. v. Mosham, Beleuchtung des Systems der bewaffneten Neutralität, 1808. Rayneval, La liberté des mers; (dazu vergl. oben Kap. VIII.) Frdr. J. Jacobsen, das dänische Prisenrecht, 1809, und andere Schriften desselben Autors, z. B. sein „Seerecht des Friedens und des Kriegs in Bezug auf die Kauffahrteischiffahrt", 1815; (enthält besonders die Grundsätze des letzten Krieges). »Biblioteca di Gius nautico, etc., 1785«, 2 Bände. Pardessus, Collection des lois maritimes antérieures au XVIIIe Siècle. Noch andere Sammlungen sind angeführt in Jakobsen's Seerecht, S. XLI bis S. LV, S. 529 2c. — v. Steck, Essais sur divers sujets rélatifs à la navigation et au commerce pendant la guerre, 1794. Holst, Uebersicht der Völkerseerechte, 2 Thle., 1805. Joh. Georg Büsch's Völkerseerecht, 1801. Und Joh. Georg Büsch's „Ueber das Bestreben der Völker neuerer Zeit, sich im Seehandel recht wehe zu thun"; Hamburg 1800. (Vergl. auch Desselben „Ueber den Seehandel in Kriegszeiten", 1815 (in seinen „Sämmtlichen Werken"). Rau's Grundsätze des Völkerseerechts, 1802. Jouffroy, Le Droit des Gens maritime universel, 1806; u. s. w. Martens, Causes cél., II, c. 1, 7, 10.

Von neueren Schriften sind zu erwähnen: Théodor Ortolan, règles internationales et diplomatie de la mer. (T. I. seines Droit des gens maritime, 1844. Und Hautefeuille, Les droits des nations neutres en temps de guerre maritime, 4 Voll. Paris 1848, ein sehr gründliches Werk; Cauchy, le droit maritime international, 2 Voll. Paris 1862; und L. Gessner, le droit des Neutres sur mer, Berlin 1865.

Die Geschichte dieser Lehren ist besonders genau in Wheaton's Histoire du Droit des Gens, etc., erörtert; und in Wheaton's Elem., II, chap. III, sind besonders die englischen und nordamerikanischen Grundsätze ausgeführt. — Vergl. auch noch die Citate der Quellen und einiger speziellen Schriften in den nächstfolgenden Paragraphen.

§. 3.

Wie in uralten Zeiten oder bei barbarischen Völkern der Seeraub für ein ehrenvolles Gewerbe galt, so standen sich sonst die Staaten vielfach auf absolutem Kriegsfuß gegenüber, indem sie sich selbst das Unentbehrliche gegenseitig zu entziehen bemüht waren. Wie im alten Athen die Ausfuhr von Schiffsbauholz verboten war, weil keinem Nachbar ein Schiff gegönnt ward, wie das alte Rom allen Export zu den Barbaren verpönnte, wie aus England noch vor wenigen Jahrzehnten bei Todesstrafe keine Spinnmaschine ausgeführt werden durfte, weil kein anderes Land durch eine selbständige Industrie erblühen sollte, wie den Franzosen noch 1669 durch königliche Edikte verboten ward, den Fremden Schiffe zu bauen [1]), wie gestrandete Güter dem Territorialherrn zufielen, weil zur See nur das Recht der Stärke entschied und jedes Reich nach Oberherrschaft rang: so hielten die Völker auch ehedem alles Schiffsgut für Kriegsmittel, worüber jedes Volk allein schalten und walten zu müssen glaubte. Das Prisenrecht im Kriege ist ein trauriges Ueberbleibsel dieser unheimlichen Ansichten [2]).

Zwar wird das Meer immer mehr zu wirklichem Gemeingut: die meisten Seemächte öffnen ihre Colonialhäfen den Flaggen, die sie nicht mehr fürchten; die Türken sogar nehmen die europäischen Handels und Seegebräuche an [3]). Dennoch gilt noch vielfach der türkische Gebrauch der Kreuzerei, d. h. des Raubsystems gegen friedliches Privateigenthum, in der christlichen Welt. Es geht mit den Kreuzern im Kriege, wie mit allen Einrichtungen zur Hemmung des Verkehrs: sie bereichern keinen Theil, sie kosten beiden. Das Kreuzen gegen Feindesgut ist kostspielig und trägt wenig ein; weil es den Schutz des Gegners durch seine Kriegsschiffe hervorruft, und das Terrain des Krieges nur ausdehnt, das Terrain der Neutralität verengert. Ja, man hat sogar seit alter Zeit das, was höchstens nur Staatsangelegenheit sein dürfte, den Angriffskrieg auf Menschen und Sachen, auch den Privatleuten freigestellt. Während der Landkrieg die Freicorps nur noch selten zuläßt, weil sie in der Regel den Operationsplan nicht fördern und also nichts Wesentliches zur Entscheidung beitragen, gehört die Kaperei noch häufig zu den Mitteln des Seekrieges, die, wie schon Leoline Jenkins sagte, Jeder im Frieden tadelt, aber Jeder vorkommenden Falls in Anwendung bringt. Allerdings ist es schwer, einen barbarischen Kriegsgebrauch abzuschaffen oder auch nur in desuetudinem gerathen zu lassen: da Verträge in Kriegszeiten so selten ihre Kraft behalten, und die Reziprozität die unausweichlichste Norm des Kriegsrechtes bildet. Auch soll der Privatseekrieg durch Kaperer manchem armen Lande eine Flotte erzogen, und den Krieg auf wohlfeile Art zur Volkssache gemacht haben; so zum Beispiel durch die Geusen in Holland [4]). Durch Kaperbriefe nämlich erhalten Privatleute, einzelne Rheder oder Kauffahrer, von ihrer kriegführenden Regierung das Recht, mit selbstausgerüsteten Schiffen gegen das Staats- oder Privateigenthum des Feindes zu kreuzen [5]).

Die meisten europäischen Seemächte und viele Staaten ohne Küsten dazu, haben, nach einer Deklaration des Pariser

Kongresses vom 16. April 1856 (1°: „La course est et demeure abolie“) die Kaperei für abgeschafft erklärt. (Vgl. oben Kap. III. §. 18.) Spanien schloß sich dieser Erklärung nicht an, auch Mexiko nicht, wohl aber Uruguay. Die Form der „Erklärung“ war in diesem Falle der Vertragsform vorzuziehen, weil sie allgemein bindend ist und nicht erst Gegenseitigkeit voraussetzt. Die Weigerung der nordamerikanischen Vereinsstaaten, sich dem neuen System (das wir auch in den folgenden Materien dieses Kapitels noch zu erwähnen haben werden) anzuschließen, beruhte, nach einer Note vom 28. Juli 1856 (von Mr. Marcy, dem Minister der auswärtigen Angelegenheiten zu Washington, an den französischen Gesandten, Mr. de Sartiges, gerichtet) darauf, daß die Maßregel eine halbe sei; man hätte nicht blos die Kaperei, sondern das ganze Kreuzerunwesen abschaffen sollen [6]). Das neue System, wie Frankreich und England es verstehen, würde nur dazu führen, die Staatsmarinen zu verstärken, und dazu könne sich Nordamerika nicht verstehen, denn Amerika führe seine Kriege zu Land und Meer mit Freiwilligen; das neue System verstärke nur das Uebergewicht der Mächte ersten Ranges und enthalte also nur zum Schein einen humanen Fortschritt. (Vergl. auch die Botschaft des Präsidenten Pierce im Dezember 1856.)

Die Kaperer stehen unter den Befehlen der Admiralität ihres Vaterlandes; während sie die Ehre und Stellung der Seesoldaten genießen, müssen sie sich auch den kriegs- und seerechtlichen Instruktionen fügen, und namentlich, wie die angestellten Kreuzer auch, das Seegebiet der Freunde oder Neutralen genau respektiren. Jede Uebertretung kann den Verlust der bedeutendsten und kostspieligsten „Reclame-Prozesse“ herbeiführen, weßhalb auch die Kaper zuvor hohe Kautionen stellen müssen.

Ihre Beute gilt erst dann für rechtmäßig erworben, wenn sie ihnen im Hafen des eigenen Staates, eines alliirten oder neutralen Staates, als gute Prise von einem Prisengericht (s. u.) zugesprochen worden ist. Denn bis dahin ist, gegen Prise, unmittelbare Reprise (Wiedernahme des Raubes) rechtlich und faktisch möglich: gewöhnlich aber ist der gesetzliche Termin der von 24 Stunden; sonst wäre es keine Reprise, sondern neue Prise[7]). Die durch die Marine seines Staates gemachte Reprise kommt dem früheren Privateigenthümer zu Gute, d. h. sein Eigenthum wird ihm wieder erstattet; nicht aber, wenn es als neue Prise von Kreuzer- oder Kaperschiffen genommen wird. (Insofern ist die Reprise der unmittelbaren Entsetzung im Civilrecht zu vergleichen, welche ja auch nicht für Selbsthülfe oder spolium gilt.) Eine damit zusammenhängende Eigenthümlichkeit der Reprise ist, daß sie keiner besonderen Adjudication vor einem Prisengerichte bedarf[8]).

Der Maßstab der Vertheilung der Beute zwischen den Kaperern und dem Staat hängt von den Kapereiverordnungen der einzelnen Seemächte ab; wobei zur näheren Entscheidung des einzelnen Falles der schriftliche Beweis durch die beglaubigten Schiffspapiere erfordert wird.

Eigenmächtige Freilassung der gefangenen Personen oder Schiffe, auch gegen Lösegeld, ist gewöhnlich unbedingt verboten.

[1]) S. Martens Gesetze, ꝛc. über Handel, Schifffahrt u. s. w., I. S. 478 ff.; damit vergl. ibidem, S. 176 ff. und S. 269 u. ff., über ausschließliche Benutzung französischer Schiffe, und den ausschließlichen Kolonialhandel ꝛc.

[2]) Vergl. Pütter's Beiträge zur Völkerrechtsgeschichte ꝛc., 1843, III. Abth. Interessant ist auch Arnould's Rede im Rathe der Alten (1799) über diesen Gegenstand. S. den Moniteur v. 1799.

[3]) Vergl. schon Jacobsen's Seerecht ꝛc., 1814, pag. LI.

[4]) Ueber die weiteren Vortheile und Nachtheile der Kaperei vergl. noch Jacobsen's Seerecht ꝛc., S. 532 u. ff.

[5]) S. Ordonnance de la marine v. 1681, L. III, T. IX. Des Prises, art. 1 et suiv.

[6]) Eine Agitation, die seitdem von den deutschen Hansestädten, besonders Bremen, ausging, und von anderen deutschen, dann amerikanischen und englischen Handelsstädten weitergetragen ward, hat die Abschaffung des ganzen Prisenwesens zum Zwecke.

[7]) S. Ord. de la mar., III, IX, art. 8.

[8]) S. de Martens, Essai concernant les armateurs, les prises et surtout les reprises, d'après les lois, etc. Göttingen 1795.

§. 4.

Die Bloquade (Blocus) eines Seehafens im Kriege, oder vor Ausbruch des Krieges, gleicht der Belagerung einer Festung; nur daß der nächste Zweck ein verschiedener ist. Es gibt selbst Bloquaden, wie Embargo's, ohne weitere Kriegführung [1]). Da wird jegliche Zufuhr verhindert, und eventuell durch spezielle Erklärungen untersagt.

Doch ist die Bloquade ein entschiedenes Kriegsmittel und nur anwendbar zwischen Staaten, die mit einander Krieg führen können. Als daher das Kabinet von Washinton beim Ausbruch des letzten großen nordamerikanischen Bürgerkrieges den Fehler beging, die Häfen der Südstaaten in Bloquadezustand zu erklären, statt sie einfach kraft Souverainetätsrechtes zu schließen, da folgerten die europäischen Seemächte (Frankreich und England) mit berechtigter Benützung dieses Irrthums, daß sie die rebellischen Südstaaten als kriegführende Partei anerkennen dürften.

Einzelne Häfen kann man sperren; ganze Küsten, ganze Länder aber kann man nicht durch unmittelbare physische Einwirkung absperren. Eine angebliche Bloquade derselben wäre demnach ein Verbot des neutralen Handels, ein positives Unrecht gegen dritte Staaten. Allein die Engländer hatten, im Gefühle ihrer Uebermacht, in den großen napoleonischen Kriegen wirklich zweierlei Blockaden angenommen: eine faktische und eine andere, deren Verhängung den fremden Gesandten in London notifizirt ward. Diese letztere wurde auf ganze Küsten ausgedehnt. Zu dieser rechneten sie auch die Bloquirung neutraler Flüsse, zum Beispiel der Elbe, 1803, als die Franzosen Hannover besetzt hielten. Die angezeigte, mehr juristische Bloquade wird als dauernd angenommen, bis sie widerrufen ist [2]).

Allein die zur bewaffneten Neutralität Verbündeten nahmen, in Uebereinstimmung mit älteren Gesetzen [3]), nur da thatsächliche Bloquaden an, „où il y a un danger évident d'entrer“ [4]).

Selbst die Seeconvention zwischen England und Rußland vom 5/17 Juni 1801 konnte diesem Prinzip um so weniger derogiren, als das Bestreben der Engländer mißlang, durch minutieuse Wortklaubereien (die Verdrängung eines et durch ein ou) den wesentlichen Sinn der Grundsätze der bewaffneten Neutralität, welche zum Theil schon in die einzelnen Landesgesetzgebungen (z. B. das preußische Landrecht) übergegangen waren, zu verändern [5]). Wohl aber scheiterten die Bestrebungen der bewaffneten Neutralität, ein allgemeines Seegesetzbuch zu begründen. Das berüchtigte Verfahren der Engländer gegen Kopenhagen und die dänische Flotte, 1807, brachte es wieder zum Bruch zwischen Rußland und England; und beide Mächte erklärten noch in den letzten Monaten des Jahres 1807 die Rückkehr zu ihren alten, schroff entgegengesetzten Prinzipien. Die englische Anmaßung stimmt im Grunde mit dem alten Bloquaderecht der im 17ten Jahrhundert gar mächtigen Holländer überein, welches dieselben im J. 1630 aufgestellt hatten, welches Bynkershoek, im Widerspruch mit dem humaneren Hugo Grotius, vertheidigt, und dessen Uebermuth die Holländer, bei veränderten Umständen, wohl nur zu sehr bereut haben mögen [6]).

(1652 hatten die Holländer sich gerühmt, der ganzen Welt den Handel mit England untersagen zu können; und nachdem sie im J. 1663 den Spaniern dieses Recht bestritten, hatten sie 1689, im Verein mit England, auf den ganzen neutralen Handel mit Frankreich [7]) ein Interdikt gelegt.)

In den französischen Revolutionskriegen stellte sich das Verhältniß noch viel eigenthümlicher. Anfänglich war England fast mit allen bedeutenderen europäischen Seemächten gegen Frankreich verbündet gewesen. Diese konnten ihren eigenen Ländern, auf Englands Vorschlag, die Zufuhr nach Frankreich untersagen, — angeblich im Interesse der ganzen civilisirten Welt. Natürlich wurden auch die wenigen neutralen Mächte von allem Handel mit Frankreich abgehalten [8]), an dem Inhalt ihrer Schiffe ein Vorkaufsrecht ausgeübt, und so ganz Frankreich mittelbar bloquirt, und sogar Belgien 1798 von England für blockirt erklärt. Darauf zwang die Noth das französische Gouvernement, in einem Dekret des Convents vom 9. Mai 1793 auch gegen die neutralen Seefahrer Gewaltmaßregeln zu gestatten, welche so lange dauern sollten, als die Ungerechtigkeiten der Gegner. Um so energischer hoben die Engländer (im Juni und November 1793) das bisher geltende Völkerrecht auf: bis ihre allgemeine Bloquade, auch aller Häfen unter französischem Einfluß, die kaiserlich französischen Dekrete von Berlin (21. Nov. 1806), Warschau (25. Jan. 1807) und Mailand (17. Dez. 1807) hervorrief. Da ward das europäische Continentalsystem die äußerste Repressalie, der sich Rußland blos zum Schein und auf kurze Zeit unterordnete, und nur die nordamerikanische Union niemals im Geringsten fügte. Nordamerika hatte sich 1809 von England und 1811 von Frankreich ausdrücklich allgemeine Licenzen für seinen freien Handel bedungen. Außerdem aber sollte kein englisches Kolonialprodukt oder Fabrikat mehr in die Häfen des mit Frankreich verbundenen Kontinental-Europa's eingehen können; ja sogar die schon eingegangenen mußten seit dem wahnsinnigen Dekret von Fontainebleau (Nov.

1810) zerstört, verbrannt werden. Dagegen erlaubte sich England nun Alles, was es noch vermochte [9]).

Im Allgemeinen hielten zu allen Zeiten Frankreich, Nordamerika, Schweden, und natürlich auch die schwächeren Seestaaten, außer Holland, an der milderen Theorie fest, wo keine ausnahmsweisen Angriffe die härtere Praxis berechtigten. Die im vorigen §. besprochene Pariser Deklaration vom 16. April 1856 bestätigt, in ihrem vierten Absatze, die richtige alte Theorie, daß Bloquaden, um rechtliche Gültigkeit zu verdienen, „effektiv" sein müssen, wozu gehört, daß eine hinreichende Seemacht wirklich den Zugang zu den bloquirten Küsten versperre. (Auch Spanien und Mexiko traten diesem Punkte bei.)

[1]) Vergl. z. B. Martens, N. R., XIII, S. 53—56, und Martens, N. R., XV, S. 502 u. ff., über die französische Bloquade von Buenos-Ayres, 1838. Die Verhandlungen über die russische Bloquade von Konstantinopel, 1829, siehe im Portfolio (englische Ausgabe von 1844—45) T. I.

[2]) Vergl. Jacobsen, l. c., S. 677—713.

[3]) Vergl. Moser's Versuch rc. T. VIII, S. 588; und Wenck's Cod. J. G., T. I, p. 613.

[4]) Vergl. z. B. den Vertrag zwischen Rußland und Schweden vom Dezbr. 1800, art. III (in Martens, Rec. T. VII, S. 516); und die Verträge zwischen Rußland, Dänemark u. A. m. von 1780—81, art. III.

[5]) Vergl. Wheaton's Histoire, etc., pag. 314 und 326—327. S. auch in Büsch's Vermischten Schriften (Bd. V u. VI der Sämmtlichen Werke, 1815). „Ueber die merkantile Kehrseite des Seevölkerrechts.

[6]) Vergl. Grot., III, I, 5; Bynkershoek, Qu. Jur. publ., I, XI u. IV.

[7]) S. Wheaton, l. c., S. 90 u. ff.

[8]) Vergl. Martens, Rec. V, 441 u. ff., 485 u. ff.

[9]) Siehe Staatslexikon, IV, 1: Continentalsystem, von Bülau.

§. 5.

Was der Bloquade trotzt, scheint den Feind unterstützen zu wollen; und darum verfällt der Confiskation auch neutrales Schiff und Gut. Diejenigen, welche das Blokaderecht ideell ausdehnen, sehen auch in der Flucht keine Rettung, und erkennen das Ende der Reise für die einzige natürliche Gränze des völkerrechtlichen Verbrechens des Bruchs der Blokade [1]). Nur der Fall der äußersten Noth, wie Schiffbruch oder kriegerische Verfolgung, also erweisliche Unfreiwilligkeit der That, bildet eine gültige Einrede. (Nothhafen.) In der That wird durch das Verfolgungsrecht der, dem bloquirenden Kapitain verdächtigen Schiffe die Einschränkung des neutralen Seehandels schändlich übertrieben, und eine Handlung als Verbrechen bestraft, die noch gar nicht vollendet (crimen consummatum) ist. Dagegen nahm das ältere Völkerrecht einen „Locus poenitentiae" an; und die Unverletzlichkeit der neutralen Seegebiete muß trotz aller Anfechtungen fest stehen; so daß darin auch ein wirklich frevelndes Schiff Schutz finden mag, und z. B. die Wegnahme desselben, sogar nach den Ansichten brittischer Admiralitätsrichter, als Beleidigung der neutralen Souverainetät, auf Antrag derselben aufgehoben werden mußte, wenn auch das schuldige Schiff selbst eine solche Exceptio nicht vorbringen könnte [2]).

Wie wir schon oben im Kap. VII., gesehen haben, wendet England diese Grundsätze in Kriegen, bei denen es unbetheiligt ist, auf seine Königskammern (Kings Chambers) an. —

Der Grundsatz der Unverletzlichkeit des neutralen Gebietes ist im Prinzip natürlich auch auf die Schiffe der neutralen Mächte auszudehnen; doch dürfen diese ihre Unverletzbarkeit nicht im Interesse eines Feindes, oder spezieller des Krieges selbst, mißbrauchen. Sobald ein neutrales Schiff sich dem Feinde verdingt,[3]) Kriegscontrebande liefert, setzt es sich der Gefahr des Krieges aus, und verliert seinen neutralen Charakter.

[1]) Cfr. Bynkershoek, Qu. J. P., I. II, in Uebereinstimmung mit der Gesetzgebung seines Vaterlandes, dem Edikte der Generalstaaten v. 1630; und Jakobsen, l. c., S. 689 u. ff.

[2]) S. Wheaton, Elem. II, S. 140—141.

[3]) Ueber den Transportdienst für die Kriegführenden vergl. Marquardsen, der Trentfall. Zur Lehre von der Kriegskontrebande und dem Transportdienst der Neutralen, 1862, Kap. V.

§. 6.

Was unter Kriegscontrebande zu verstehen sei, ist vielleicht einer der bestrittensten und schwierigsten Punkte des Kriegsrechtes. Der Verkauf von unmittelbaren Kriegsbedürfnissen wird nicht als Casus belli behandelt; nur die Zufuhr von Waffen ist an sich schon als feindliche Handlung verpönt und verfolgt. Schon das römische Recht der Kaiserzeit[1]), dann päpstliche Bullen und Konzilienbeschlüsse[2]) vervehmten solchen Handel, letztere in Bezug auf die Sarazenen; das Consolato del mare, wie die Seegesetze von Oleron und Wisby, und die Gesetze der Hanse, (welche letztere aber sich selber oft erlaubte, was sie den Andren verbot,) kurz, alle hauptsächlichen Seegesetze des Mittelalters, sowie die Verträge der Neuzeit untersagten die Kriegscontrebande. Woraus diese, streng genommen, bestehe, ist die Hauptschwierigkeit dabei. Waffen allein zu verbieten, würde nicht genügen, würde wenig nützen. Allein nicht Alles, was dem Kriege dient, kann prohibirt werden[3]); sonst dürfte z. B. auch kein baares Geld und überhaupt kein edles Metall zugeführt, folglich von den neutralen Mächten nichts aus dem feindlichen Lande gekauft werden; also müßte der ganze neutrale Handel mit demselben vernichtet sein. Geld aber, als Waare zugeführt, wäre, trotz mannichfacher Behauptungen und Auslegungen für das Gegentheil, nicht als Kriegscontrebande, sondern eher direkt als Subsidie, als Feindesgut, zu behandeln. Mit Recht nimmt Bynkershoek alle rohen Stoffe von der Kriegscontrebande aus. Schweden hatte sich, 1656, in einem Vertrag mit Cromwell's Regierung die Ausnahme seiner Landesprodukte auf schwedischen Schiffen bedungen. Ueberhaupt war damals die englische Theorie milder, weil seine Schiffe damals auch oft die Rechte der Neutralität zu genießen hatten. (Man vergl. die Entscheidungen des Leoline Jenkins, 1584—1654.)

Besteht zwischen einem neutralen Handelsstaat und einer kriegführenden Macht ein specieller Traktat über die Artikel der Kriegscontrebande, so ist dieser stricte maßgebend. Damit ist aber nicht gesagt, daß — ohne einen solchen Vertrag — gar keine Kriegscontrebande statuirt werden könne; weil dieser Begriff nicht blos lex specialis ist, sondern aus den allgemeinsten Grundsätzen des Kriegsrechtes und dem Bedürfniß der Vertheidigung hervorgeht. Nur gelten die Verträge über die Kriegscontrebande unmöglich für dritte Nicht-Paziszenten; hier muß die Rechtssitte und der Zweck der Sendung genau ermessen werden. Wenn, zum Beispiel, in den meisten Verträgen das rohe Eisen verpönt wäre, so bildete es doch, außerhalb der Verträge, nur dann einen Kontrebandeartikel, wenn der erweisliche Zweck der Zufuhr in Schmiedung von Waffen bestanden hätte. Auch kann von einem Traktat nicht auf den anderen geschlossen werden. Daß, zum Beispiele, Eisen in dem einen Vertrage ausdrücklich ausgenommen ist, beweist nicht, daß die Regel es als Kontrebande annimmt, oder umgekehrt; denn jeder Vertrag enthält nur sein eigenes Gesetz. Die ehemaligen Verträge zwischen den kriegführenden Mächten selbst werden dabei fast niemals von Belang sein.

Die Schiffe selbst, worauf die Kontrebande geladen war, können nicht verurtheilt werden, wenn die Schiffsherren von der Kontrebande oder deren Zwecken, oder dem Kriegszustande nichts gewußt haben; und durch solchen Beweis können selbst Mitrheder ihren Antheil retten[4]) Nur wird das selten der Fall sein, weil der Kapitain die „Konnossemente“ mit unterzeichnet. Die Frachtkosten werden alsdann zurückvergütet, wenn das aufbringende Schiff sich im Irrthum oder Unrecht befand[5]).

Außer den Waffen werden Kriegsmunition, auch Masten und Schiffsbauholz (zur Ausbesserung der bekämpften Flotte), sogar Pech, Theer, Segeltuch und Hanf vielfach zur Kontrebande gerechnet. Hübner (De la saisie, etc.) zählt ganze Schiffe, die für den Feind bestimmt sind, zur Kontrebande.

Doch macht man zuweilen, namentlich vor englischen Prisengerichten, einen Unterschied, je nach dem Bestimmungsort der Sendung, zwischen Kriegsschiffshäfen und Handelsseehäfen: so daß selbst Lebensmittel, deren Fahrt in jenen beendet werden sollte, ungerechterweise für Kriegsmittel erklärt wurden; während Hanf frei ausging, der nach Handelsstationen verladen war[6]).

Im Ganzen ist diese Unterscheidung selten oder nie in die Verträge aufgenommen worden. Hingegen nahm man oft für indirekte Kriegsmittel ein Vorkaufsrecht an, statt der Konfiskation, die an direkten Kriegsmitteln zusteht. Außer in den Verträgen mit England,[7]) wird Schiffsbauholz gewöhnlich nicht zur Kriegscontrebande gezählt; namentlich nicht in den Verträgen der bewaffneten Neutralität, welche auch, in Uebereinstimmung mit den ältesten Verträgen des vierzehnten Jahrhunderts[8]), die Freiheit des beladenen Schiffes, abgesehen von den confiskabeln Waaren, als allgemeinen Rechtssatz aussprachen[9]). Dagegen erklärt noch ein französisches Reglement von 1778 das Schiff für gute Prise, wenn ³/₄ seiner Ladung aus Contrebande besteht. Die Utrechter Kommerzientraktate von 1713 und 1714, selbst die mit England, und die meisten Handels- und

Schifffahrtsverträge des achtzehnten Jahrhunderts haben nur Waffen und eigentliche Kriegsbedürfnisse zu den Kontrebandeartikeln gerechnet [10]). Ein preußisch-nordamerikanischer Vertrag vom 1. Mai 1828 (Art. XII.) gab, in Uebereinstimmung mit einem früheren Vertrage derselben Paziszenten von 1799, dem neutralen Handel unbedingte Entschädigungsansprüche für die ihm weggenommene Kriegscontrebande. Doch ist das bis jetzt keineswegs gemeines Recht geworden [11]).

[1]) Z. B. l. 2. Cod. Quae res exportari non debeant.

[2]) Beispielsweise: cap. 6. X. De Judaeis et Saracenis, et cap. 12 ibid.

[3]) Vergl. Klüber's Völkerrecht, §. 288; v. Martens, Einleitung in das europäische Völkerrecht, §. 313; und Pütter's Beitr., S. 154.

[4]) S. Jacobsen, l. c., S. 647 u. ff.

[5]) Vergl. den Vertrag zwischen England und Nordamerika von 1794, art. XVIII.

[6]) Vergl. Jacobsen, l. c., S. 650 u. ff.

[7]) Z. B. von Dänemark, 1789; von Nordamerika mit E., 1778 und 1794.

[8]) S. Steck, l. c., pag. 211.

[9]) Vergl. z. B. Martens, Rec., VII, S. 256: Vertrag (»d'amitié, de navigation et de commerce«) zwischen Rußland und Portugal, von 1798, art. XXIII; Martens VI, 369 und folgende, u. A. m.

[10]) Vergl. Steck's Handels- 2c. Verträge, 1782, S. 190—203. Vergl. auch in Joh. G. Büsch's Werken T. IV. S. 193, §. 8: einige sehr milde Verträge des siebzehnten Jahrhunderts, besonders von Spanien und Portugal. Dagegen s. ebenda S. 157.

[11]) Ueber die ganze Lehre vergl. Marquardsen's Abhandlung im Staatslexikon, T. IV, S. 142.

§. 7.

Der Akt der Kriegführung an sich gibt den feindlichen Mächten keinerlei Recht über neutrale Seefahrer; diese behalten das Recht, an den Küsten und in den nicht bloquirten Häfen der Feinde ihren Verkehr zu treiben, außer mit Kontrebande.

Zunächst aber ist, gerade um dieser Freiheit willen, der Kriegführende berechtigt zu der Frage, ob das Schiff wirklich neutral sei; ob es nicht bloß die neutrale Flagge trage, oder durch einen Scheinverkauf sich für neutral ausgebe [1]).

Vorläufige Nachweisung, (ob auch vollen Beweis?) liefern die Schiffspapiere [2]): zunächst der Paß oder Seebrief, (Congé, Lettre de mer,) eine öffentliche Urkunde, deren unbedingten Kredit der ausstellende Staat verlangen kann, [3]) dann die Certifikate, welche das Eigenthum des Schiffes durch obrigkeitliches Zeugniß beweisen, wie Pässe den Nationalcharakter [4]); ferner: die Konnossemente, (Connaissements, Bills of Leading, oder Polices [5]) de chargement oder de cargaison,) des Schiffers Documente über die Ladung, eine Art Frachtbrief und zugleich ein negociables Papier; während die Certe-partie (Charte-partie, von Carta partita, Affrètement, nolissement) den zwischen dem Befrachter und Schiffer eingegangenen Kontrakt enthält und bescheinigt [6]).

Die Beglaubigung des neutralen Schiffes durch diese Schiffspapiere geschieht laut Aufforderung eines kriegführenden Schiffes, (durch die Semonce oder den Coup d'assurance).

[1]) Vergl. Jakobsen, l. c., S. 23—50: von der wahren oder simulirten Eigenthumserwerbung und deren Documentirung ꝛc.

[2]) Vergl. in Oppenheim's Handbuch der Consulate ꝛc., 1854, Kap. XVIII.

[3]) Vergl. Steck's ꝛc. Verträge, S. 204 u. ff.

[4]) Der Code de commerce, art. 195, verlangt schriftlichen Kaufkontrakt.

[5]) Der Ausdruck Police ꝛc. herrscht jetzt im mittelländischen Meere vor.

[6]) Für die letzteren Ausdrücke vergl. die Ordonnance de la marine v. 1681, III, 1; s. in Martens Gesetze und Verordnungen des Handels ꝛc. 1802, S. 103.

§. 8.

Wenn das neutrale Schiff unter Bedeckung (Convoi) segelt, so genügt in der Regel die bloße Versicherung des Commandanten des neutralen Kriegsschiffes für den Beweis, daß das Schiff seiner Macht angehöre. Denn ein Zweifel in diese Versicherung wäre zugleich ein Zweifel in die Neutralität seiner Flagge; die Voraussetzung, daß er feindliche Schiffe schützt, wäre die Voraussetzung des Kriegsrechts: somit ein ganz anderer Standpunkt![1]) — Bestrittener ist, ob seine Versicherung auch dafür genügt, daß das Schiff keine Kriegscontrebande führt; da es eine etwas starke Zumuthung ist, daß die neutrale Kriegsmarine die ängstliche Bewachung ihrer Neutralität bis zur Erforschung solcher Handelsrücksichten treiben solle. In dieser Beziehung hat auch England in dem bekannten Vertrage mit Rußland vom Juni 1801 einige Modificationen eintreten lassen[2]).

Aber die bewaffnete Neutralität und andere Vertreter der neutralen Unabhängigkeit erklärten sich für die unbedingte Geltung des Ausspruchs des Commandanten der Bedeckung.[3]) Der russisch-englische Vertrag von 1801 (art. IV) und manche anderen Verträge setzen fest, daß nur ordentliche Kriegsschiffe, nicht aber Kaper, das Recht zu Anhaltungen (pour visiter) haben sollen; weil jene mehr Garantieen für die Gerechtigkeit ihres Verfahrens bieten.

Die Durchsetzung solcher Grundsätze, und namentlich des bewaffneten Schutzes, bildete die eigentliche Thätigkeit der bewaffneten Neutralität.

[1]) Vergl. Ch. de Martens, Causes célèbres, II, Nr. 7: Différend survenu en 1782 entre les cours d'Espagne et de Danemark au sujet de la corvette Le St.-Jean conduite à Cadix comme suspecte d'avoir abusé du pavillon mili-

taire. (S. darin die Erklärungen Rußlands und der Generalstaaten.)

[2]) S. Wheaton's Hist., S. 316 u. ff.

[3]) Vergl. z. B. den Vertrag zwischen Frankreich und Nordamerika vom Sept. 1800, art. XIX und XVIII; und den Vertrag zwischen Rußland und Schweden vom November 1800, art. III (in Martens, Band VII, pag. 493 und 519).

§. 9.

Wenn das Schiff weder unter Bedeckung reist, noch die Schiffspapiere hinreichend klar sind, um jeden Verdacht ferne zu halten; so kann eine Untersuchung des Schiffes selbst erfolgen, aus der Untersuchung eine Prise, aus der Prise eine prisengerichtliche Prozedur entstehen. Dieses Verfahren, und namentlich das regelmäßige Durchsuchungsrecht, ist nur in Kriegszeiten gestattet. — Die Visitation des Schiffes geschieht vielfach auf eine durch Verträge geregelte Weise; zum Beispiele soll das Kriegsschiff sich auf Kanonenschußweite entfernt halten, eine Schaluppe voraus schicken u. s. w. Solches und Aehnliches ist bestimmt in Englands Schifffahrtsverträgen mit Holland und Frankreich 1713 (zu Utrecht;) Frankreichs mit Nordamerika, 1785 u. 1800; Frankreichs mit England, 1786; Preußens mit Nordamerika, 1785; in dem Vertrag Englands mit Rußland, 1801; Rußlands mit Schweden, 1800; u. a. m. In zweifelhaften Fällen recurrirte man auf den nationalen Ursprung der Schiffsmannschaft, von denen, nach englischen Grundsätzen, wenigstens der Kapitän und die Hälfte mit der Nationalität des Schiffes übereinstimmen sollte. [1])

Erfolgt aus der Visitation Beschlagnahme und Wegführung, sei es nun wegen Widersetzlichkeit gegen die Semonce oder gegen die Untersuchung, oder wegen mangelnder Legitimation seiner Neutralität, oder wegen wirklich feindlicher Handlungen; [2]) so muß das Schiff durch einen „Conducteur de la prise“ in einen Hafen abgeführt werden, in welchem die Prise als Eigenthum des nehmenden Staates zuerkannt werden kann. Wird das konfiskable Gut freiwillig abgetreten, so sollte das Schiff jedenfalls freigelassen werden; oft aber hat man, angeblich der ferneren Sicherheit wegen, Chikanen dagegen erhoben.

Der Hafen, in welchem das Schiff gerichtet werden soll, muß dem Souverain des aufbringenden Schiffes angehören, oder doch eventuell einer dritten neutralen Macht. Hier wird vor einem Prisengericht der sogenannte „Reclame-Prozeß“ angestellt; sonderbarerweise also vor dem Forum actoris, oder doch keinenfalls vor dem zuständigen Gerichte des Angeschuldigten. Man nennt diesen Prozeß Reclame-Prozeß, von Reclamiren, weil der gefangene Neutrale die Rechtmäßigkeit seiner Ladung zu beweisen hat. Daß der angegriffenen Partei die Beweislast obliegt, war vielfach bekämpft worden; allein sein Beweis ist nur ein Supplement seiner Schiffspapiere. Früher war die Competenz dieser Gerichtsbarkeit des Klägers, die übrigens schon seit dem König Karl VI. von Frankreich durch eine Ordonnanz vom J. 1400 ausgeübt wurde,[3]) oft bestritten worden:[4]) jetzt aber ist sie allgemein angenommen und sogar in Verträgen sanktionirt; ja sie folgt auch aus dem ganzen Stande unserer völkerrechtlichen Ansichten. Zunächst ist nicht das aufgebrachte Schiff der eigentliche Beklagte; sondern das aufbringende läßt sich seine gute Prise adjudiziren: so daß der Staat, für und durch den der Krieg geführt wird und das Prisenrecht erst in Anwendung kommt, die Prise seinen völkerrechtlichen Grundsätzen für übereinstimmend erklärt und den gewährleistenden Schutz dafür übernimmt, weil jede einzelne Kriegsoperation als Staatshandlung gelten muß. Wenn aber der Staat die Prise nicht gut heißt, so wird er auch für Freilassung und den Schaden gut sagen müssen. Kreuzer oder Kaper, die sich nicht vor einem Prisengerichte stellen, stehen den Seeräubern (Pirates, Forbans ꝛc.,) gleich, den ewigen Feinden jeder Seemacht.

Die manchmal angenommene Analogie des Arrestprozesses aus dem Privatrecht kann hier weniger maßgebend sein, als der allgemeine völkerrechtliche Gesichtspunkt, daß kein Staat seine Handlungen der Gerichtsbarkeit eines anderen unterwirft, sondern für dieselben auf eigene Gefahr einsteht. Außerdem erscheint der aufbringende Schiffsherr gleichsam als Beklagter. Das neutrale Prisengericht urtheilt, wie per mandatum, aus allgemeiner völkerrechtlicher Konvenienz und im Interesse des allgemeinen Seerechts. Ein eigentliches Gericht ist das Prisengericht nun freilich nicht; seine Aussprüche sind auch keine richterlichen Urtheile, die jede Partei verpflichten: sie verbinden juristisch nur den Aufbringer, der als Unterthan oder durch freien Willen demselben unterworfen, und für seine Thaten nur seiner Obrigkeit verantwortlich ist. Von Seiten des aufgebrachten Schiffes wird Prise und Urtheil wie Eine Staatshandlung betrachtet, gegen welche, im Falle das Urtheil für ungerecht oder für unberechtigt gehalten wird, Retorsion und Repressalien, aber keine Appellation, anwendbar sind[5]).

Doch erlauben die größten Völkerrechtslehrer, wie Grotius, Bynkershoek und Vattel, die Anwendung von Repressalien nur bei ganz unzweifelhaften Ungerechtigkeiten, „in re minime dubia“: [6]) da ein, allgemein angenommenes, schiedsrichterliches Institut Achtung verdiente; wenn gleich es im einzelnen Falle nicht die Pflichten eines freiwillig erwählten Schiedsgerichts auferlegt, weil eigentlich strafrechtliche Schiedsgerichte überhaupt nicht denkbar sind. Scharf genommen, ist also das Prisengericht blos eine politische Anstalt, eine staatsrechtliche Spezialcommission mit völkerrechtlichen Einflüssen; ähnlich den anderen Handlungen im Kriege, die auf mehr Staaten einwirken, als wirklich im Kriege begriffen sind [7]).

In England ist der oberste Admiralitätshof (High-Court of Admiralty) das eigentliche Prisengericht des ganzen Landes, mit Unterbehörden. So wird dort für eine gewisse Uebereinstimmung und Consequenz in den anzuwendenden Rechtssätzen gesorgt, ohne daß dadurch ein regelmäßiger Instanzenzug begründet wäre; denn ordentliche Appellation kann man das nicht nennen. Wohl aber kann auf Revision des Urtheils angetragen werden, ohne daß dadurch dem Rechte zu Repressalien oder Retorsion entsagt würde[8]). Die Prisengerichte (uneigentlich Gerichte genannt,) sind ja eigentlich völkerrechtliche Rechtsinstitute, von denen die letzte Appellation an die Gewalt geschieht. Darum können die Consulargerichte (s. oben Kap. X., bei den „Consuln",) niemals mit den Prisengerichten concurriren; da sie rechte und competente Munizipalgerichtsbarkeiten erster Instanz vorstellen, und die Untergerichte ihres Vaterlandes, und nur diese, im Auslande vertreten.

[1]) Vergl. z. B. den oben cit. Vertrag von 1801, art. VII. Dabei stellten die Engländer oft, um anderer Chikanen willen, den Grundsatz auf, daß ein geborner Engländer niemals aufhören könne, brittischer Unterthan zu sein, was die Nordamerikaner, deren Seeleute doch auch englisch sprechen, oft sehr erbitterte. Während sie fremde Matrosen in Kriegszeiten schon nach 2 Jahren, in Friedenszeiten doch nach 3 Jahren naturalisirten, entließen sie die eignen Seeleute eigentlich niemals aus dem Staatsnexus. (Vergl. Francis J. Grund's „Das Untersuchungsrecht. Zur Beurtheilung der zwischen den Vereinigten Staaten von Nordamerika und der königl. großbrittanischen Regierung obschwebenden Frage." 1842, S. 9 und S. 49.) Früher ließen die Engländer manchmal die Nationalität des Schiffes, oder auch die Neutralität der Ladung beschwören; siehe darüber Büsch, l. c., IV, 192, wo die deßhalb vor dem Ausbruch des Krieges erlassenen Hamburger Monitorien mitgetheilt werden. Wenn die Engländer bei fremden Schiffen auf die Nationalität der Mehrheit der Mannschaft achteten, so war für englische Schiffe selbst die brittische Gesetzgebung noch viel strenger; sie verlangte sonst, daß ¾ der Mannschaft aus Eingeborenen bestehen müsse, und bei Küstenfahrern

schloß sie alle fremden Matrosen aus. Vergl. H. J. Stephens, Commentaries, 1848, (nach Blackstone) T. III, S. 234. Dagegen siehe die Statuten v. 7/8 Victoria 66 und 8/9 Victoria c. 88. Dazu vergl. Lord Brougham's Law-Review, H. I; und in der Revue du droit français et étranger, T. II, Livr. 3 (1845), pag. 178—181.

[2]) Cfr. z. B. Ord. de la mar., 1681, III, IX, art. 12 und art. 6 überhaupt den ganzen Tit. IX.

[3]) Vergl. Valin's Commentaire etc., livre III, tit. IX: Des Prises, art. 6.

[4]) Vergl. v. Rau's Völkerseerecht, §. 215 u. ff.

[5]) Vergl. Martens, Causes célèbres, II, 1; welcher Fall für unsere ganze Lehre höchst unterrichtend ist. Dazu siehe die Ordonnance de la marine v. 1681, liv. III, tit. X: Des lettres de marque ou des Représailles, art. 1, in Martens, Gesetze und Verordnungen 2c., 1802, S. 133 ff.

[6]) S. Grot. III, II, §. 5; Vattel, II, chap. VII, §. 85; und Bynkershoek, Qu. J. P., I, 14.

[7]) Vergl. Wheaton's Elem., II, S. 97 und folgde. (über Admiralitätshöfe).

[8]) Ueber Appellation und Revision vergl. die Verträge, welche Ch. de Martens anführt in »Causes cél.«, II, S. 50—51 (1); und Heineccius, De navibus ob vecturam vetitarum mercium commissis, cap. II, sect. 17 und 18.

§. 10.

Die Fragen, welche vor den Prisenhöfen (Prize-Courts) eigentlich entschieden werden sollen, sind:

1) War die Prise auf neutralem, oder auf feindlichem Seegebiete, oder auf hoher See geschehen? Im ersten Falle war sie jedenfalls unberechtigt. (Cfr. oben §. 5 etc.)

2) War sie an confiskablen Waaren geschehen?

3) War die Prise ganz, oder nur theilweise berechtigt?

4) Wer ist der schuldige Theil, und zur Leistung der Prozeßkosten, sei es wegen ungerechten Aufbringens, oder von

der anderen Seite wegen Widersetzlichkeiten oder Führung von Contrebande u. dergl. m., verbunden? —

Während der Untersuchung muß von Gerichtswegen für ein, die Waaren und das Schiff sicherndes Provisorium gesorgt werden. [1]) Eventuell kann auf Freilassung und volle Entschädigung, selbst der indirekten Verluste, erkannt werden [2]). —

Die Entscheidungsquellen für das Urtheil sind:

1) Die zwischen den Parteien geltenden Verträge;

2) Das gemeine Völkerrecht; es gilt subsidiair. Bis zur zweiten Hälfte des 17ten Jahrhunderts hatten einige Seegesetze und besonders das Consolato del mare (dieses zumal in dem westlichen Theile des mittelländischen Meeres) fast allgemeine Geltung. Seitdem aber kamen verschiedene Landesgesetze auf, welche das gemeine Seerecht modifizirten; darunter war das bedeutendste die französische Ordonnance von 1681. — Erst nach beinahe anderthalb Jahrhunderten erwarb sich die bewaffnete Neutralität das Verdienst, allgemeine und schützende Grundsätze wieder eingeführt zu haben.

Nur für einige Punkte des Prisenrechtes bestehen keine völkerrechtlichen Quellen; das sind die Förmlichkeiten der Prozedur selbst, und die Gerichtskosten, durch welche die Mühewaltung bestritten wird. Für diese äußerlichen Punkte unterwirft man sich dem Munizipalrecht und der Territorialgesetzgebung des entscheidenden Prisenhofes.

Oft werden in den darauf folgenden Friedensschlüssen alle in Kriegszeiten geschehenen Prisen bestätigt. Das verbindet aber die neutralen Mächte noch nicht zur Gutheißung der ihnen geschehenen Wegnahmen, so lange sie deren Rechtmäßigkeit bestreiten wollen; denn Pacta tertiis nec nocent, etc.

Doch auch darüber kamen Verträge vor; so ward, zum Beispiel, 1794 zwischen Großbrittanien und Nordamerika eine gemischte Commission zur Beurtheilung der von England im französischen Kriege an nordamerikanischen Schiffen geschehenen Prisen niedergesetzt [3]).

[1]) S. Ord. de la mar., III, IX, 27—29.

[2]) Vergl. den Utrechter Handelsvertrag von 1713 zwischen Frankreich und England, art. 29; den Ryswicker Vertrag zwischen Frankreich und Holland, von 1697, art. 30; den Vertrag zwischen England und Holland, von 1674, art. 10.

[3]) Cfr. Wheaton, l. c., S. 107—108.

§. 11.

Die bisher besprochenen Lehren setzen voraus, daß ein neutrales Schiff nur durch Contrebande dem Feinde verfallen kann; daß also, abgesehen davon, selbst im Kriege kein regelmäßiges Untersuchungsrecht besteht, — und um so weniger besteht, als die Qualität der Waaren (ob sie Contrebande sind?) leichter und entschiedener, als ihr lokaler Ursprung, (ob sie dem Feinde zugehören, oder z. B. einem anderen Neutralen, der mildere Bedingungen für Contrebande hat?) aus den Schiffspapieren ersehen werden kann. Demnach stünde, außer der Contrebande, den neutralen Schiffen aller Handel mit den feindlichen Mächten frei; selbst wenn der Verkehr, wie Spedition und Commission, aus Diensten bestünde, welche vom Feinde gemiethet worden sind. Folgerichtig dürfte alsdann auch dem neutralen Handel mit den Kolonien des Feindes kein Hinderniß in den Weg gelegt werden, wie das auch 1794 von England im Vertrage mit Nordamerika zugegeben worden ist; weil man sonst auch ein allgemeines Blokade- und Aushungerungssystem der Kolonialküsten annehmen müßte. Aber die großen Seemächte waren nie geneigt, die Visitation auf die Schiffsregister zu beschränken: sie suchten dieselbe stets unter allerlei Vorwänden beizubehalten, um dadurch mittelbare Einwirkungen auf den Seehandel zu behaupten; da es ihnen alsdann freistand, durch Prisen und ungerechte Urtheile, welchen schwächere Mächte nur erfolglos widerstehen, dieselben aus gewissen Kolonialgegenden gänzlich zu vertreiben. Dieser Vorwurf traf England vorzugsweise.

Die Definitionen von Droit de visite, de visitation, oder de perquisition, Right of Search, oder of visitation, sind Unterscheidungen ohne Unterschied. Man gründete die unvermeidliche Geltung der Visitationen auf das perfide Axiom [1]), daß Feindesgut zur See unter allen Umständen als Contrebande verfallen sein müsse; wofür leider schon das „Consolato del mare" (nach den älteren Statuten von Languedoc) die unpraktische Theorie aufgestellt hatte, daß Feindesgut auf Freundesschiffen verfallen, Freundesgut auf Feindesschiffen aber frei sei [2]).

Diese Theorie galt in der Praxis fast allgemein bis in das 17te Jahrhundert [3]).

Was sind nun feindliche Waaren? Offenbar Waaren, welche dem Feinde wirklich angehören, etwa von ihm bestellt oder gekauft sind, und jetzt auf neutralen Schiffen, der Sicherheit halber, spedirt werden. Waaren, dem Feinde abgekauft, gehören den Neutralen und sind nicht Feindesgut. Waaren, an den Feind zu verkaufen, sind noch nicht Feindesgut; hier könnte strengsten Falls die aufbringende Macht nur eventuell eine Art Vorkaufsrecht, durch mäßige Entschädigung, ausüben. Daß Geld, welches der Freund dem Feinde schuldig ist und zuführt, nicht als Feindesgut confiscirt werden darf, so wenig es als Contrebande gelten kann (s. oben §. 6), versteht sich von selbst, da der schuldige Theil dadurch nicht von seiner Obligation losgemacht wird. Eben so wenig werden andere fungible Waaren, z. B. Getreide, welche der Neutrale dem Feinde zu liefern versprochen hat, auf dem neutralen Fahrzeug für Feindesgut angesehen werden können, auch wenn der Feind das Bestellte schon bezahlt hat, ehe er es bekam. Anders mit nicht fungiblen, vom Feinde bestellten Waaren, zum Beispiel Schiffen. (Cfr. ob. §. 6.)

Demnach konnten die Feinde zwar keinen Handel mehr treiben, so lange der Krieg dauerte, wohl aber sich alle Bedürfnisse, außer Contrebande, zuführen lassen; so so daß der Krieg den Neutralen auf der einen Seite wieder eintrug, was er ihnen auf der anderen schadete. Wird das neutrale Schiff gezwungen, das feindliche Gut in irgend einen Hafen zu transportiren, so muß es dafür entschädigt werden, da es unverschuldeten Verlust erleidet: denn was es dem einen Feinde thun muß, durfte es auch dem andern leisten.

Neutrale Waaren, welche man auf den Schiffen des Feindes vorfand, mußten — nach der scheinbar gerechten Theorie des Consolato del mare — vorläufig sicher deponirt werden; aber auf Kosten des neutralen Eigenthümers, der sich nun einmal dieser Gefahr ausgesetzt hat. Diese Theorie ist nämlich deßhalb nur scheinbar gerecht, weil der neutrale Schiffsherr gewöhnlich die Gefahr für die geladenen Waaren übernimmt, weil er sein Gewerbe auf diesen Handel stützt, und weil die Durchsuchung selbst mit vielen Unbequemlichkeiten, Willkürlichkeiten und Nachtheilen verknüpft ist[4]).

[1]) S. Consolato del mare, cap. 230; vergl. Pardessus, collection etc., vol. II, chap. XII.

[2]) S. consol. del mare, cap. 276, 230 und 273. Im letztgenannten Kapitel heißt es: „Das neutrale Schiff soll der Kaperer in einen Hafen führen dürfen, wo er die feindlichen Güter sicher abladen kann, aber dem Schiff die bis zum Bestimmungsort bedungene Fracht bezahlen." — „Die Eigenthümer (!) der Ladung sollen über das feindliche Schiff mit ihm abhandeln und es auslösen dürfen. Wollen oder können sie das nicht auf der See, so soll er das Schiff, welches ihm ver-

bleibt, in den friedlichen Hafen, wo es ausgerüstet worden ist, zurückführen, und da sollen ihm die Kaufleute die Fracht so bezahlen, als ob er die Ladung an den bestimmten Ort gebracht hätte. Ist aber durch seine Schuld die Ausgleichung nicht zu Stande gekommen, so verliert er die Fracht und deckt den Schaden. Ebenso, wenn er das Schiff mit der Ladung in einen anderen Hafen bringt." — Vergl. auch Grot., III, I §. 5; und Bynkershoek, Qu. J. P., I, cap. 13 und 14.

[3]) S. die Verträge in Steck, l c., S. 210 u. ff.

[4]) S. Hübner, De la saisie, etc., p. XI. S. auch Büsch, l. c., T. IV. S. 157, 160 u. ff.

§. 12.

Die zweite Theorie kam in der französischen Praxis des 16ten Jahrhunderts, unter König Franz I. und König Heinrich III., auf. Sie ist härter und übermüthiger, als die vorige, und schreibt dem feindlichen Theile das Uebergewicht zu; so daß die feindlichen Schiffe oder Waaren den Charakter der freundlichen Waaren oder Schiffe vernichteten [1]): angeblich, weil das feindliche Schiff, auch wenn es neutrale Waaren trägt, doch die Hauptsache ist, das neutrale Schiff aber, welches feindliche Waaren geladen hat, im Solde und Dienste des Feindes erscheint. Während nach der ersten Theorie und nach Grotius nur die Präsumtion und die Beweislast gegen die Eigenschaft neutraler Waaren auf feindlichen Schiffen gewesen war, hieß es in dieser unpraktischen und nie vollständig ausgeübten Theorie schlechthin: „La robe de l'ennemi confisque celle de l'ami;" wofür man auch l. penult. Dig. Locati conducti anführte. Der älteste englische Gerichtsbrauch, vor Zouch's doktrinellen Einwirkungen, hing gleichfalls der strengsten Theorie an, einem wahren Schreckenssystem [2])! Doch wurde diese Theorie durch spätere Verordnungen von 1639—1650 in Frankreich, in Uebereinstimmung mit einer Ansicht des

Hugo Grotius[3]), dahin modifizirt, daß der Schiffsherr nur dann sein Schiff verlor, wenn er die feindliche Natur der Waaren und das Vorhandensein des Krieges selbst kannte; wenn er sich also wissentlich (sciemment, consentiens) der drohenden Gefahr aussetzte[4]).

Die darauf folgende, wichtigste und gerechteste Theorie aber spricht: „Die Flagge deckt das Schiff" (und die Ladung)! — „Bord (oder vaisseau) libre rend marchandise libre!" Oder: „Frei Schiff, frei Gut! Unfrei Schiff, unfrei Gut!" „Vaisseau ennemi, marchandise ennemie!" — wobei es sich von selbst versteht, daß jede weitere Durchsuchung ausgeschlossen ist, und mit dem freien Gut auch die Menschen geschont werden; so daß einzelne feindliche Soldaten oder Matresen auf neutralen Schiffen eine Zuflucht finden können, so gut, wie auf neutralem Landesgebiet. Nur dürfen sie nicht durch Zudrang en masse die aktive oder passive Neutralität des Schiffes verletzen. Allerdings aber ist diese Theorie, aus Achtung für die Unabhängigkeit und Selbständigkeit des Schiffes, strenger gegen neutrale Waaren auf feindlichen Schiffen. Freilich trug auch dieser Punkt zur Hebung des neutralen Handels bei.

Demgemäß haben die Holländer zuerst in der Mitte des 17ten Jahrhunderts ihre Verträge abgeschlossen: zum Beispiel selbst mit Frankreich, 1646, 1662, 1678, 1697, 1713, und 1739; mit Spanien, 1650; mit Sililien 1753; mit England, 1674; mit Schweden, 1675 und 1679[5]).

Im achtzehnten Jahrhundert wurde der Satz ganz allgemein, und auch gegen Ende desselben von der bewaffneten Neutralität adoptirt[6]); so daß man wohl sagen kann, daß fast alle Theilnehmer des Utrechter Friedens, selbst England auch in späteren Friedensschlüssen, z. B. zu Aachen, 1748, und alle baltischen Mächte diesem Grundsatze sich fügten, oder sogar ihn selbstthätig aufrecht erhielten. Damit hängt zusammen, daß die baltischen Mächte durch die Convoyirung ihrer Kauffahrteischiffe und durch die Erklärung, das baltische Meer für ein geschlossenes Seegebiet zu halten [7]), überhaupt dem Durchsuchungsrecht entgegen zu wirkten. Nur etliche Mächte, wie z. B. Spanien, behielten in einigen Verträgen die eine, mildere Seite von dem System des „Consolato del mare“ bei: „Unfrei Schiff, frei Gut;“ während sie sich für den anderen Theil fügen mußten [8]). (Hingegen beharrt ein Vertrag zwischen Spanien und den Hansestädten von 1655 noch auf der alten strengen Theorie.)

Der Aufschwung, den Frankreich seit seiner berühmten, von Colbert abgefaßten Marine-Verordnung von 1681 mit kurzen Unterbrechungen genommen, sollte noch einmal 1763 dem Uebergewicht der brittischen Seemacht weichen. Nach einem unglücklichen Kriege wurde Englands Seeherrschaft im Frieden zu Fontainebleau besiegelt, und damit kamen im atlantischen Ozean für einige Zeit die strengeren Grundsätze gegen die Neutralen wieder auf, welche England lange in seinem kurzsichtig aufgefaßten Handelsinteresse vertrat. Die Reaktion gegen diesen Uebermuth datirt von 1778, als Frankreich mit den abgefallenen nordamerikanischen Kolonien einen Vertrag abschloß und in einem neuen Reglement über den neutralen Seehandel ungefähr dieselben Prinzipien proklamirte, welche zwei Jahre darauf Katharina II. für die Ostseemächte verkündigte. Von da an bis 1854 standen Frankreich und Nordamerika zusammen, England gegenüber, für diese Prinzipien ein. Der „bewaffneten Neutralität“ Katharinens waren auch Preußen, Oesterreich, Portugal, Holland und Neapel beigetreten. Nach 1801 und 1802 traten Dänemark und Schweden bei, und England selbst mußte, im Juni 1801, Konzessionen machen, die es freilich sehr bald wieder zurücknahm. (Siehe das Order in council vom 16. Mai 1806.)

Meistentheils wurde nun der Grundsatz: „Frei Schiff, frei Gut!“ als sich von selbst verstehend behauptet;

und England's, gegen alle Seehandel treibenden Nationen gerichtete, Verletzung dieses Satzes trieb 1812 die Nordamerikaner zu den Waffen.

Beim Beginn des orientalischen Krieges von 1854—56 machten die vereinigten Westmächte gleich die Erklärung, daß sie feindliches Eigenthum an neutralem Bord und umgekehrt auch neutrales Eigenthum auf feindlichen Schiffen respektiren würden. Die Pariser Deklaration vom 16. April 1856 erklärt auch, in ihrem zweiten Punkte: „Die neutrale Flagge deckt die feindliche Waare, mit Ausnahme von Kriegscontrebande;" und in ihrem dritten Punkte: „Die neutrale Waare mit Ausnahme von Kriegscontrebande, ist auch unter feindlicher Flagge nicht zu confiszciren." —

Als der Bürgerkrieg in Amerika ausbrach, war das Kabinet von Washington, obgleich es der Pariser Declaration nicht beigetreten war, doch sehr geneigt, auf die Grundsätze einzugehen (Siehe Seward's Depesche an Adams, den nordamerikanischen Gesandten in London, d. d. Washington, 7. September 1861.), zumal die liberale Praxis zu seinen ältesten Traditionen gehört.

[1]) Siehe noch die Ord. de la marine, III, IX; und die Règlements von 1704, 1744 und 1799 (Arrêt des Consuls) in Martens, Rec. T. IV, pag. 198, 306, 308 et suiv., und VII, 376.

[2]) S. Zouchaei, Juris et Judicii fecialis, P. II §. VIII, Nr. 5 und 6.

[3]) S. Grot., III, VI §. 6.

[4]) Cromwell's Regierung begünstigte den neutralen Handel in Kriegszeiten (s. Büsch, l. c., T. IV, S. 230; dagegen Karl's II. Vertrag mit Schweden von 1661, art. X u. ff.

[5]) Vergl. Dumont, corpus dipl., T. VI, P. I, T. VII, P. I, T. VIII, P. I. und II; und Wenck, T. I, p. 424, 620—621: über diese und viele anderen Verträge.

[6]) Vergl. z. B. Traktat zwischen Rußland und Dänemark vom Juli 1780, art. III, und zwischen denselben vom 23. Oktbr. 1801.

[7]) Vergl. oben §. 4 dieses Kapitels, und de Martens, Recueil,

T. II p. 195, 205, 250. England protestirte noch am 18. Dezbr. 1807 dagegen, daß die Ostsee ein geschlossenes Meer sei.

[8]) Vergl. auch den, um schwere Opfer an England abgerungenen, Vertrag Portugals v. 1654 gegen jede Durchsuchung, auch in Kriegszeiten, der 1808 aufgehoben wurde. (Die allgemeinen Ausnahmen der Neuzeit vergl. in den nächsten Paragraphen.) Ferner vergl. den Vertrag zwischen Frankreich und Dänemark, 1742; zwischen Frankreich und Spanien, 1659; zwischen Spanien und Oesterreich, 1725; Spanien und Dänemark, 1742; Frankreich und England, 1713; Frankreich und Nordamerika, 1778 (art. XIV) u. s. w.

§. 13.

Auch in Friedenszeiten gibt es zur See Verhältnisse, gegen welche sich das Völkerrecht sträubt, deren Licenz die Meeresfreiheit mehr beeinträchtigt, als ihre Bezwingung. Dies ist der Seeraub und der Sklavenhandel. Diese völkerrechtlichen Verbrechen, besonders das letztere, bildeten lange Zeit für England einen willkommenen Vorwand, auch in Friedenszeiten seine Polizeiherrschaft über die Meere auszuüben.

Seit undenklichen Zeiten waren die Seeräuber (Piraten, Korsaren,) das heißt: alle Seeleute, welche ohne besondere Erlaubniß eines kriegführenden Staates durch Kaperbriefe (oder Markbriefe, Lettres de Marque), auf Raub und Menschenjagd ausgingen, als allgemeine Feinde betrachtet, und, weil sie nebenbei auch Verbrecher sind, als außer dem Völkerrecht (respective Kriegsrecht) stehend, betrachtet worden [1]). Seitdem die Barbareskenstaaten an Kraft verloren haben, wurden die Meere sicherer. Kein Seefahrer mag ihnen mehr für seine Ruhe und Sicherheit Tribut bezahlen.

Ein Untersuchungsrecht auf den Verdacht des Seeraubes hin ist nicht begründet, sobald die Schiffspapiere in Ordnung sind; und selbst diese einzusehen, besteht nirgends eine Befugniß im Frieden. Dagegen wird der überwiesene Seeraub allgemein nach den Gesetzen des Staates, dem das aufbringende Schiff angehört, meistens mit Hinrichtung bestraft [2]).

[1]) Vergl. Klüber's Völkerrecht, 1821, §. 260.

[2]) Vergl. das französische Gesetz vom 10. April 1825.

§. 14.

Nachdem sich die Großmächte in den Pariser Friedenstraktaten [1]) zur Unterdrückung des infamen Handels mit Negern aus Afrika verpflichtet hatten, suchte England, das schon auf dem Wiener Congreß eine Gleichstellung des Negerhandels mit dem Seeraub, noch aber erfolglos, beantragt hatte, auf dieser Grundlage weiter zu bauen [2]).

Dasselbe Reich, welches noch im Utrechter Frieden einer Kompagnie seiner Unterthanen, den Bürgern eines freien Landes, das Recht ausbedungen hatte, jährlich 48,000 Negersklaven in das spanische Amerika zu importiren (durch den Assiento-Vertrag, aus dem sich, vier Jahre vor seinem geizig eingehaltenen und selbst prolongirten Ablaufstermin, ein Krieg entspann, weil Spanien [3]) auf denselben ein Untersuchungsrecht auf offener See stützte), suchte nun durch Unterdrückung des Sklavenhandels ein herrisches Untersuchungsrecht zu gewinnen. Dieselbe Macht, welch den Nordamerikanern die Sklaverei aufgezwungen hatte, die unter den Stuarts (aber nicht unter der Cromwell'schen Republik) zu ihren blühendsten Gewerbszweigen gezählt ward [4]), diese Macht trat nun für die Sache der Menschheit drohend in die Schranken, freilich nicht ohne dabei den eigenen Vortheil zu bedenken!

Wohl mochte es schwer sein, die Interessen des Völkerrechts und des Weltbürgerrechts, nämlich die Freiheit der Schifffahrt und die Abschaffung des Menschenhandels, hierbei in Einklang zu bringen! — Was selbst der französischen Republik nicht gelungen war, den fluchwürdigen

„Code noir“ mit allen seinen Anhängseln für immer auszurotten: das war ein Ziel, dem in Brittanien parlamentarische Weisheit, geleitet von der erleuchteten Menschenliebe eines Wilberforce und seiner Mitstreiter, mit sicheren Schritten zueilte, und das in den 30er Jahren erreicht und festgehalten wurde; eines der schönsten Denkmäler unseres glorreichen Jahrhunderts! [5])

Kongreßbeschlüsse gegen die Sklaverei selbst waren zu Wien nicht durchzusetzen; wohl aber mißbilligte der Wiener Kongreß in einer förmlichen Erklärung am 8. Februar 1815 den von Afrika nach Amerika betriebenen Negerhandel, „durch welchen Afrika entvölkert, Europa geschändet und die Humanität verletzt wird.“ Schon in dem Wenigen, was gegen den Sklavenhandel durchgesetzt war, sahen die anderen Colonialmächte, Holland, Spanien, Frankreich und Portugal, nichts als einen Gewinn für Großbrittannien, welches dagegen in dieser Richtung von den Mächten des Ostens unterstützt ward.

Jedenfalls mußten die beitretenden Staaten in Strafgesetzgebungen den Sklavenhandel strenge verfolgen, der ja gerade, wie die ehemalige Seeräuberei, auf Menschenjagd ausgeht. Das aber hatte schon früher (seit 1794) das isolirte Nordamerika gethan, in dessen südlichen Provinzen doch noch das Gift der Unfreiheit wühlte; und zwar war das bei Todesstrafe, dem Seeraub gleich, verboten, was noch täglich geschah, und täglich mehr geschah [6]). Auch Napoleon hat den Sklavenhandel 1814 verfolgt; damit war aber noch kein völkerrechtlicher Einfluß gegeben.

Der englische Plan von 1815, die Einfuhr aller Colonialwaaren aus Sklavenhandel treibenden Besitzungen total zu verhindern [7]), war gescheitert; nicht minder Lord Castlereagh's Vorschläge auf dem Aachener Kongresse, den Sklavenhandel wie Seeraub zu verfolgen, und allgemeine und wechselseitige Durchsuchungs- und Detentionsrechte gegen denselben einzuführen, die auch auf die nicht beitretenden Nationen ausgedehnt werden müßten. Zu Verona hatte Canning durch Wellington noch einmal vorschlagen lassen, die alliirten Großmächte sollten ihrem Abscheu gegen den Negerhandel die Form geben, daß sie keine Colonialprodukte der, den Sklavenhandel duldenden Staaten mehr an ihren Grenzen eingehen ließen. — In der That hatte England richtig erkannt, daß es nur durch ein allgemeines Detentionsrecht den gewünschten Zweck erreichen könne. Denn wenn ihm auch Ein Staat das Visitationsrecht eingeräumt hatte, so konnten ja die Sklavenhändler dieses Staates immerhin eine andere Flagge aufziehen; und der Krieg gegen die vervehmte Unmenschlichkeit wird seinen Gegenstand häufiger verfehlen, als treffen, da das einzige Mittel dieses Krieges eben in der Untersuchung selbst besteht. Darum machte auch England alle Anstrengungen, jeden Staat zu gewinnen; darum bot es z. B. der nordamerikanischen Union die günstigsten Bedingungen, wenn sie nur zum Schein beitreten wollte, und suchte sie auf der anderen Seite wieder durch Chikanen, und ein eigenmächtig angemaßtes „Right of Search,“ (ob nämlich die aufgezogene Flagge der Vereinsstaaten die ächte wäre?) dazu zu zwingen [8]).

Nichts desto weniger mußte sich England entschließen, zunächst die gänzliche Unterdrückung des Sklavenhandes, und dann die Einräumung von Durchsuchungsrechten, in einzelnen Spezialverträgen zu erringen. So ließ es sich die Abolition des Negerhandels (im September 1817) bei Spanien 400,000 L. St., und bei Portugal (schon im Januar 1815) gleichfalls bedeutende Summen kosten. (Spanien hatte sich zu Wien nicht mit verpflichtet. [9]) Und nur gegen das Verbot des Negerhandels erhielten die Niederlande, Juni — August 1815, die von England eroberten Kolonien zurück. Seitdem ergingen überall Verbote gegen den Sklavenhandel [10]).

War so die Gesetzgebung in fast allen civilisirten Ländern den Anforderungen der Humanität, und nebenbei den Wünschen Englands, entgegengekommen; so mußte auch für die Exekution dieser Gesetzgebung zur See gesorgt werden, — wo die Staatsgewalten nicht ausreichten, für eine völkerrechtliche Polizeigewalt. Dieses sollten die Verträge über wechselseitiges Durchsuchungsrecht bewerkstelligen. Denn die sophistische Deduction von Seiten Englands, daß Neger überhaupt Kontrebande, der Handel damit illegal sei, und, wenn nur erst die betreffenden Regierungen denselben in ihren Staaten verboten hätten, auch jedes Sklavenschiff, selbst in Friedenszeiten, für gute Priese gelten könne, und von englischen Kreuzern aufgebracht werden dürfe, weil kein Privatmann und noch weniger der (verbietende) Staat andere Menschen als sein Eigenthum reklamiren könne; diese Deduction Englands, welche gegen Nordamerika, Portugal und Schweden probirt worden war [11]), hat wenig Glück gemacht und hätte auf die Länge nur Erbitterung, Abschließung, kurz, ganz die entgegengesetzten Resultate hervorgerufen. Freilich muß die Luft des freien Landes frei machen; freilich ist die Sklaverei überall unberechtigt, ist der Sklavenhandel eine Gewaltthat, gegen die Jeder berufen ist, einzuschreiten; aber eine unbestreitbare Rechtsregel besagt auch: nulla poena sine lege; und überdies, der bloße Verdacht der Schandthat ist noch nicht das Verbrechen selbst; auf den bloßen Verdacht hin schon einzuschreiten, ist Beleidigung. Und wenn das verdächtige Schiff doch unschuldig befunden würde, so hätte die Obrigkeit, das heißt: die eigene Partei des aufbringenden Kaperers die Entscheidung über das Maß seiner Entschädigungspflicht gegen Fremde: eine Obrigkeit, die ihm, dem Kaperer, für die allzu eifrige Erfüllung ihrer Befehle noch zu Dank verpflichtet wäre, und wahrscheinlich lieber ungerecht urtheilen ließe, als daß sie ihre Bürger dem Schaden, sich selber dem Verdachte der Ungerechtigkeit aussetzte! — Das oberrichterliche Einschreiten einer einzelnen Macht auf eignes Gutdünken hin, um Schandthaten unmöglich zu machen, die noch nicht erweislich geschehen sind, läuft jedenfalls den Grundsätzen des Völkerrechts entgegen. Ganz dieselben Grundsätze hat die brittische Regierung selbst 1839 dem kleinen Hayti'schen Staate gepredigt, der sein Strafrecht gegen den Negerhandel in einem etwas unvorsichtigen Gesetze zu weit auszudehnen schien. Eine, bei der dritten Verlesung durchgefallene, Parlamentsbill von 1839, Portugal zur Unterdrückung des Sklavenhandels zu zwingen, nennt der, im amerikanischen Interesse schreibende Wheaton „a Bill of Pains and Penalties against an independent State.“ Man könnte freilich dabei fragen, ob das Zwangs- und Kriegsrecht nicht eben so wohl aus rein menschlichen Motiven angewandt werden dürfte, als um etwa einem erbärmlichen Handelsmonopol noch einige Jahre das Leben zu fristen; ob man es eine unerlaubte Intervention nennen dürfe, daß ein Volk die Sache der Menschheit zur seinigen zu machen erklärt. Vielleicht ist es als ein großer Fortschritt des Völkerrechts zu bezeichnen, daß für die von ihren eignen Fürsten verkauften Neger ein kräftigeres Interzessionsrecht besteht, als bis jetzt für ganze verrathene Volksstämme. Ist es nicht dieselbe Kontroverse, ob man Griechenland gegen die Türkei, oder ob man den Schwarzen gegen einen elenden weißen Rheder, einen portugiesischen oder schwedischen Sklavenhändler, helfen und beistehen dürfe?! — Die nordamerikanische Union, welche 1819 gleichfalls den Sklavenhandel verbot, hätte nur dann die Prinzipien der Humanität mit denen der Meeresfreiheit erfolgreich vereinbaren können, wenn sie schon damals ihren Tendenzen durch Vernichtung der Sklaverei im Innern das rechte Gewicht zu geben vermocht hätte.

[1]) S. die Zusatzartikel zu beiden in Klüber's Akten des Wiener Kongresses, I, S. 29; und in Martens, Rec., VI, pag. 602.

[2]) Vergl. die Wiener Kongreßakte Anhang XV, vom 8. Febr. 1815: Déclaration des Plénipotentiaires des huit Puissances signataires du traité de Paris sur l'abolition de la traite des nègres d'Afrique. Klüber's Völkerrecht, §. 72; und Klüber's Akten 2c., IV, S. 509 ff., VII, S. 3 ff.

[3]) Vergl. Steck, l. c., S. 57—63.

[4]) Vergl. F. Grund's Untersuchungsrecht 2c., 1842, S. 18, S. 49, S. 22.

[5]) Vergl. „Ueber die Abschaffung der Sklaverei in den englischen Kolonien", in der Tübinger „Zeitschrift für die gesammte Staatswissenschaft", 1844, III.

[6]) Vergl. Gén. Cass, »Examen de la Question aujourd'hui pendante entre le Gouvernement des États-Unis et celui de la Grande-Brétagne, concernant le droit de visite,« 1842.

[7]) S. Grund, l. c., S. 28.

[8]) Cfr. H. Wheaton's »Inquiry into the validity of the British claim to a right of Search and Visitation of American vessels suspected to be engaged in the African Slave-trade«, 1842.

[9]) S. Klüber's Quellensammlung 2c., 3. Ausg., 1830, Seite 98, nota 3).

[10]) Vergl. z. B. den deutschen Bundesbeschluß vom 19. Juni 1845, welcher den Sklavenhandel der Piraterei und dem Menschenraube gleichstellt. (§. 227, 21ste Sitzung.)

[11]) S. Jakobsen's Seerecht 2c., S. 674—676.

§. 15.

Die wichtigsten Verträge, durch welche Großbrittannien das wechselseitige Untersuchungsrecht in Friedenszeiten erreicht hat, waren die vom 30. November 1831 und vom 22. März 1833 mit Frankreich und Holland, denen die kleineren Seestaaten nach und nach beitreten mußten [1]); und schließlich der Londoner Vertrag vom 20. Dezember 1841 mit allen europäischen Großmächten, dem nur die französische Regierung, aus allgemein politischen Rücksichten, die Ratifikation einige Zeit lang verweigerte [2]).

In diesen Verträgen sind die Tropengegenden genau bestimmt, innerhalb welcher der Sklavenhandel getrieben wird, und wo visitirt und detinirt werden darf. Es sind die Meridiane, welche Westindien, Madagaskar und Brasilien ꝛc. umschließen. Denn nur aus Südafrika und nur nach Westindien und dem mittleren Theile Amerikas können Sklaven geholt und gebracht werden. In diesen Meeren darf, auf einen aus den Schiffspapieren sich ergebenden Verdacht hin, das Schiff selbst visitirt, und sogar wegen dringenden Verdachts des Sklavenhandels (zum Beispiel: durch die Belastung mit allzu vielen Wassertonnen oder einer großen Menge von Planken, oder durch ein Zwischendeck, wie diejenigen sind, worin gewöhnlich die armen Schlachtopfer der Geldgier verborgen werden, durch mehr Verschläge, als sonst nöthig wäre, durch großen Vorrath an Handschellen, Ketten u. s. w.) aufgebracht werden. Aber die Haupteigenthümlichkeit der gedachten Verträge besteht darin, daß sie das Untersuchungsrecht wohl als ein Recht polizeilicher Exekution normiren, aber keine richterliche Gewalt damit verknüpfen. Das aufbringende Schiff muß seinen Fang vor einen bestimmten Civil- oder Kriminalgerichtshof desjenigen Staates bringen, dessen Nationalfarben durch die aufgezogene Flagge des Sklavenschiffes geschändet wurden; wenn nämlich kein anderer, in den Verträgen mit verpflichteter Staat aus den Schiffspapieren und der Nationalität der Bemannung erhellt. Kontrovers ist freilich, ob die Bürger eines nicht contrahirt habenden Staates sich durch Aufziehung einer falschen Flagge der fremden Gerichtsbarkeit, als einem Forum delicti, freiwillig unterwerfen, oder ob ihr Mutterland das zugeben muß?

Zum Behuf dieser neuen Gerichtsbarkeit für Verbrechen, die von Unterthanen außerhalb ihres Staatsgebietes geschehen sind, haben die paziszirenden Staaten gewisse Hafenplätze designirt: so Sardinien Genua; Toskana den Hafen von Livorno; Lübeck den von Travemünde; Bremen Bremerhafen; Hamburg Kuxhaven. (Wenn die Ostsee geschlossen ist, muß Lübeck sich einem der beiden letzteren Gerichtshöfe anschließen.)

An solchen Gerichten wird nach den Gesetzen und der Gerichtsordnung des Landes über das angeschuldigte Verbrechen, über die Detention oder die Entschädigung von beiden Seiten entschieden. Die Gerichte der Hansestädte sind schon angerufen worden; englische Kreuzer haben schon mehrmals vor französischen Richtern gestanden.

Was die befürchteten Folgen der Verträge zumeist mildern sollte und wirklich in etwas ermäßigte, war die Gegenseitigkeit des Untersuchungsrechts, und daß die Kreuzer jeder paziszirenden Macht ihre Vollmachten, kraft deren sie die Einsicht der Schiffspapiere verlangen und die Visitation ausüben dürfen, auch von den anderen Staaten unterzeichnet haben müssen: so daß nur die speziell ausgestellte Unterschrift der eigenen Regierung ihre Schiffer dem Visitationsrecht dieses oder jenes Kreuzers unterwirft; und daß die Anzahl dieser Vollmachten, (eine Art von Markbriefen,) nach Uebereinkunft dem Verhältniß der größeren oder geringeren Seemacht angemessen sein muß. Die kleinen Staaten könnten zum Theil gar keine Kreuzerschiffe bemannen, und mußten sich doch, Ehren halber, den Verträgen anschließen, weil ihre Schiffe auch ohnedieß den Visitationen nicht entgangen wären; da sie in den entfernteren Regionen entweder unter dem Schutze einer größeren Kriegsmarine segeln, oder doch der Willkür englischer Kriegsschiffe gewöhntermaßen unterworfen sind. Die Reziprozität dieses Verhältnisses ist also ziemlich illusorisch.

Die kleineren Staaten, welche keine Kolonialhäfen in jenen Gegenden besitzen, haben auch darein gewilligt, daß die auf ihren Schiffen etwa gefundenen Negersklaven von englischen oder französischen Kreuzern in dortigen Kolonialhäfen dieser Mächte abgesetzt werden: etwa in den französischen Häfen von La Gorée, Martinique, Bourbon und Cayenne; oder in den englischen von Bathurst in Gambia, Port-royal auf Jamaica, in dem Hafen des Vorgebirges der guten Hoffnung, oder auf Demerary, u. s. w. Doch werden darüber natürlich, vorkommenden Falles, besondere Aktenstücke abgefaßt [3]).

Aeltere Verträge mit Spanien, den Niederlanden, und anderen maritimen Mächten designirten gemischte, völkerrechtliche Gerichtshöfe, aus englischen Richtern und denen der anderen Staaten zusammengesetzt.

[1]) Vergl. zum Beispiel: die Accessionsverträge der Hansestädte (1837), Sardiniens (1834) und Toskana's (1837) in Martens N. R., XIII, S. 194 u. ff., XV, S. 208 ff., S. 190 ff., S. 292 ff. und an a. O. m.

[2]) Der französisch-englische Vertrag kam erst am 29. Mai 1845 zu Stande; danach sollte ein gemeinsames Geschwader an der afrikanischen Küste aufgestellt und kein Schiff ohne die Kontrolle eines Marineoffiziers seiner Nation untersucht werden. (Vergl. die Instruktionen von Lord Aberdeen, brittischem Minister, und Mr. de Jarnac, französischem Gesandten in London, an die Kreuzer beider Staaten, d. d. 6. Dezember 1845.) — Endlich am 7. April 1863 schloß sich auch Nordamerika in einem Vertrage mit England dem oben geschilderten Systeme an, nachdem es schon zwanzig Jahre vorher (am 9. August 1842) sich England gegenüber engagirt hatte, überall gegen die Abstellung öffentlicher Sklavenmärkte mitzuwirken.

[3]) Vergl. z. B. Martens, N. R., XV, S. 210.

Vierter Theil.

Ueber die Kollision der Staatsgesetzgebungen, oder das internationale Privat- und Strafrecht.

Kapitel XIII.

Einleitung zur Lehre von der Kollision der Gesetze: Geschichte, Begriff und Literatur derselben.

§. 1.

Der Inhalt des vierten Theils unseres Systems ist das eigentliche positive Weltbürgerrecht; darum gehört es wesentlich der neueren Zeit an. Wir wissen, (cfr. 1r. Theil, Kap. II.), daß die orientalische Weltanschauung der alten Welt eine ausschließende war; daß dort Religion und Staat, Herrschaft und Privatrecht, zu enge zusammenhingen, um dem Fremden auch nur Privatrechte zu gewähren. Die Völker, welche für die einzelnen Güter des Lebens, für Eigenthum, Handel und Wandel, besonderen Stammesgöttern verehrend dankten, konnten diese Güter unmöglich jedem Fremden angedeihen lassen. Wie konnte z. B. die von fremden Gottheiten durch falsch geweihte Priester eingesegnete Ehe gelten, rechtliche Wirkungen haben!

Auch in dem griechischen Staat war das Privatrecht

noch nicht so entwickelt, daß es als selbstständig zu schützendes, auch jenseits der Grenzen zu schützendes, betrachtet worden wäre. Die Bundesgenossen hatten ein geringeres, die Fremden als Barbaren gar kein Recht. Nur zu den Kolonien bildeten sich allmälig gewisse vertragsmäßige Verhältnisse aus, die sich auch auf das Privatrecht der ausgewanderten Stammesgenossen erstreckten. (Vergl. Note [1]) zu Kap. X. §. 8.)

§. 2.

Der römische Staat alter und neuer Zeitrechnung hielt sich für prädestinirt und befugt zur Weltbeherrschung. Er erkannte also keinen zweiten Staat neben sich an, nicht das Recht eines anderen Staates; aber er hatte ein Privatrecht, und zwar ein solches für alle seine Unterthanen, nämlich für alle Welt. Die schroffe Scheidewand zwischen Bürgern und Barbaren wurde verdrängt durch die Scheidung von Jus civile und Jus gentium. Die Römer, als eine Gesammtheit, bildeten die herrschende Masse, die Aristokratie; so war das römische Recht angelegt als ein Adelsrecht, ein vorzugsweises Privilegium des Privatrechts für die Herren der Erde. Erst später, als die Römer selbst Unterthanen wurden, als sie dem Gesetze ihrer Entwickelung verfielen, und Alle, gleich den Peregrinis, einem Kaiser gehorchten: erst da fiel auch dieser Unterschied weg; und das ganze römische Recht wurde durch Caracalla und Justinian ein weltbürgerliches, ein Jus gentium, das zum gemeinen Rechte erblühte, nachdem die Quelle seines Ursprungs versiegt war; — ungefähr wie die altgermanischen Rechtsansichten in dem englischen und nordamerikani- „Common law“ zu weltbürgerlicher Bedeutung und Geltung aufgehen, nachdem sie auf dem Boden ihres Entstehens zur antiquarischen Rarität herabgesunken sind.

§. 3.

Als das römische Recht noch in der eigentlichen Blüthe seines Volksthums begriffen war, hing das Privatrecht consequent mit der Eigenschaft des Bürgerthums zusammen, weil es eben ein Adelsrecht war; ungefähr wie die privatrechtlichen Institute des altdeutschen Feudaladels. Der freie Römer wurde nur nach römischen Gesetzen gerichtet, auch für Handlungen, die er im Auslande begangen; nur römische Prozeßformen waren für ihn verbindlich, sein Testament machte er überall in der quiritarischen Form, er schloß keine andere, als eine römische Ehe u. s. w. Aber in fremder Kriegsgefangenschaft verlor er seine ganze Persönlichkeit; dort konnte er nicht mehr handeln, weil sein Stand, und darum auch sein Standesrecht durch die Gewalt der Fremden vernichtet war. Das Privatrecht des Römers konnte den nächsten italischen Bundesgenossen mitgetheilt werden; das Jus connubii et commercii [1]) erhob sie zwar nicht zu Römern, aber zu freien Menschen, die in würdigen Staatsverhältnissen standen, und mit Römern verkehren konnten, deren Ehe den Römer nicht entwürdigte, noch seinen Kindern ihr Recht entzog. Da die Fremden, selbst wenn sie unterworfen waren, niemals selbstständig (except. s. Gaji IV, 37,) nach römischem Rechte verpflichtet und berechtigt werden konnten, war für die Rechtsverhältnisse dieser unter sich und mit Römern eine Vermittelung nöthig, eine Brücke; diese bildete das „Jus gentium, quod apud omnes gentes peraeque custoditur,“ welches in so weit angewandt werden konnte, als es kein quiritarisches Privilegium beeinträchtigte. Die allgemeinen Rechtssätze, die philosophische Natur der Rechtsinstitute jener Zeiten war der Inhalt dieses Weltbürgerrechts; nur was bei allen Völkern gleichmäßig galt, also nur die natürliche Seite des Rechtes, in so weit sie auch bei den Römern, die ja auch zu „allen

Völkern" gehörten, anerkannt war, machte das Jus gentium aus. Es konnte also keinen ausreichenden Schutz gewähren; wiewohl die Billigkeit, welche über das positive Recht hinausgeht, von einem wichtigen Staatsamte, der Prätur, vertreten war. Wenn man aber zum Beispiel die fremde Ehe als naturrechtlich (Juris gentium) gelten läßt, so erkennt man damit auch die fremde Form der Abschließung derselben an; so sehr man auch die rechtlichen Folgen, zum Beispiel das Staatsbürgerrecht der Kinder, einschränken mag. Wirklich mußte auch die römische Rechtspflege manchmal die Staatsgesetze der Peregrinen zu Hülfe nehmen. Aber die Willkür ließ es nicht zu vollständigen Rechtsprinzipien kommen [2]).

[1]) Bei den Griechen die ἐπιγαμία, nur unter den hellenischen Stämmen zuläßig. (S. Sainte-Croix, Des gouvernements fédératifs, etc. S. 178.)

[2]) Vergl. Archiv für civilistische Praxis, Band XXIV, S. 242 u. ff. (v. Wächter.) Und siehe Bar, das internationale Privat- und Strafrecht, 1862, §. 2.

§. 4.

Auch das canonische Recht faßte unsern Gegenstand nicht direkt in das Auge; weil dasselbe nicht von der Natur des selbstständigen Staates als seiner Grundlage ausging, sondern allen Staaten gleiche Gebote diktirte. Das Kirchenrecht, so human es auch manche Institute entwickeln half, gelangte nicht zur Versöhnung des Staatsrechts mit der Privatfreiheit. Doch tritt es unserem Gegenstande viel näher, indem es allen Christen ziemlich gleiches Recht zumißt. Seine historischen Folgen sind hier wichtig; aber die Prinzipien der Canones und Bullen gehören größtentheils der Vergangenheit an, und helfen uns nicht unmittelbar, weil wir von der freien Verbindung freier Staaten auszugehen haben. Nichts desto weniger hat die zahlreiche, wenn gleich nicht reiche Literatur der älteren Juristen über die Collision der Gesetze stets das römische und canonische Recht, an deren Krücken sie so sehr gewöhnt waren, zu Hülfe gerufen, um Fragen zu erörtern, zu deren schließlicher Entscheidung darin ein- für allemal der richtige Standpunkt fehlte. Daher der unendliche Schatz von Controversen in unserer Lehre; der unaufhörliche Widerstreit der Theoretiker über Grundsätze, die oft alle zum nämlichen Ziele führen und welche dem Praktiker, nämlich dem Gesetzgeber und dem Richter, wenig Sorge machen.

§. 5.

Das antike Recht war ein territoriales, ein strenges Staatsrecht, und war auf des Staates Grenzen scharf beschränkt. Das altdeutsche Recht hingegen war, seinem Charakter nach, persönlich. Wie es sich aus dem Prinzip der Selbsthülfe der Person in der „Talion" zum Schutz der persönlichen Integrität im Compositionen- (oder Wehrgeld-) System erhoben hatte, wonach Jeder seinen Preis im Wehrgeld, je nach seiner Abstammung und seinem Range, galt: so wurde die Persönlichkeit des Rechts auch im fränkischen Reiche bewahrt; und nur in den Wetten und Bußen übte der Staat seine allgemeine Gewalt. Der ganze Unterschied bestand darin, daß das antike Standesrecht zuvor und ursprünglich Staatsrecht gewesen, das germanische Standesrecht aber Stammesrecht und darum rein persönlich war. Der Franke behielt bei dem Sachsen, und dieser bei jenem, sein Wehrgeld, sein Recht; es waren also mehrere Stammesrechte in demselben Staate neben einander und gleich anerkannt. Also thronte der eine Staat über den vielen Stämmen: er richtete, er verlangte Buße; später diktirte er die Strafe für die Verletzung seines Landfriedens; er entschied, wo

Collisionsfälle die reine Anwendung des persönlichen Rechtes unmöglich machten, — zum Beispiele bei Rechtsstreitigkeiten mit Römern, die kein Wehrgeld hatten. Durch diese und viele anderen Momente wurde das Stammesleben der ehedem isolirten und wandernden Volksstämme, nun auf festen Sitzen und in mannichfach gemischtem Vereine, überwunden; und der Staat bildete seine Rechtsgewalt über Personen und Sachen in seinem Gebiet zur unbedingten Territorialität aus. Nur wurde dieses Prinzip im Anfang abstrakt und einseitig gehandhabt.

§. 6.

Die gute Seite dieser neuen Rechtsidee besteht darin, daß für Fremde, wie für Einheimische, dasselbe Recht geschöpft wird. Dadurch aber verlor zuvörderst das alte Volksrecht seinen volksthümlichen Boden, seinen Zusammenhang mit dem gewohnheitsrechtlichen Stammesleben: römische Rechtsansichten und Rechtssätze drangen in die Lücken der veraltenden partikulären Rechtssitten; an die Stelle der in öffentlichem Volksgericht erwachsenden Volksrechte traten nun geschriebene Staatsgesetze, und zuletzt Gesetzbücher. Freilich wurde dadurch das Gesetz den Bürgern gegenüber objektiver, aber auch fremdartiger. Es trat zwingend auf, nur gestützt auf die Polizeigewalt des Staates. Jetzt war der Staat des Mittelalters nur eine exekutive Polizeianstalt; die höhere Humanität war noch ausschließlich von dem Priesterthum vertreten und geschützt. Nicht aus Humanität theilte der Staat dem Fremden ein gleichmäßiges Privatrecht zu, sondern um die Allgewalt seiner Gesetzgebung bis in alle Ritzen seines Gebietes, so weit er immer konnte, zu verfolgen. Dafür maßten sich die Staatsgewalten des Mittelalters wieder, unter der scheinbaren Form des Gesetzes, eine Menge willkürlicher Beraubungen gegen die Fremden an, welche vorgeblich als Steuern für den Schutz der Fremden gegen Beraubungen erhoben wurden. Die Freizügigkeit erlitt alle die Beschränkungen, welche wir oben, unter dem Namen der Detraktsrechte, im Anfange des VIII. Kapitels erwähnt haben. Zugleich hatte das Feudalrecht die vollen Bürgerrechte, welche wir das Staatsbürgerrecht nennen würden, als besondere Privilegien an den Grundbesitz geknüpft, der Scholle angeheftet, nicht dem Menschen, nicht dem Bürger: die schlechteste Territorialität des Rechtes!

§. 7.

Wenn der unfreie Staat jener Zeiten dem Fremden vor seinen Gerichten ein Privatrecht beimaß, so erkannte er damit wohl ein menschliches Recht, aber noch nicht das volle Recht des Fremden an. Er unterwarf ihn nur seiner Competenz, seinen Strafen, wie seinen Steuern, als einen zeitweiligen Unterthan, sujet forain, forensis, subditus temporarius; nicht als einen freien Bürger des Auslandes, dessen Obrigkeit im völkerrechtlichen Vereine berechtigt genug ist, um auch ihre Angehörigen überall zu schützen und zu wahren. Der Fremdling stand, wie der Wehrlose, Unmündige u. s. w. in der Vogtei des Kaisers, genoß also keine eigene Rechts- und Ehrenfähigkeit. Der damalige Staat hatte die Freiheit noch nicht als sein Lebenselement erkannt, die Gleichheit (der Staaten) noch nicht als den Boden geschichtlicher und politischer Fortschritte kennen gelernt.

Aus demselben Grunde, zu demselben Zwecke, weßhalb er die Fremden unterjochte, machte der Staat den eigenen Bürger zum Gefangenen, seine Räume zu Kerkern; der Staat trieb Plünderung und Menschenfang an den Ausländern, Zwang gegen die eigenen Unterthanen. So erzählt Bynkershoek (1737): »Ludovicus quoque XIV., Franciae rex, edicto

13i Aug. 1669, capitis bonorumque poenam statuit, si quis Francus, venia ab ipso non impetrata, Franciam relinqueret, animo non revertendi. Ante eum annum ibi licuit et ubique licet, ubi civitas carcer non est!«

Die Härte des Mittelalters erstreckte sich von den Personen auf die Sachen. Die Personen fesselte man durch Beschlagnahme der Sachen; keine Erbschaft, keine Universitas juris, d. h. kein ganzes Vermögen kam ungerupft aus dem Lande. (Vergl. oben Kap. VIII, §. 2.)

Einerseits konnte die Auswanderungsfreiheit durch die Abzugsgelder und Nachsteuern beschränkt werden [1]); andererseits wurde die Gastfreundschaft gegen Fremde verletzt durch die Fremdlingsrechte, (das Heimfallsrecht an dem inländischen Nachlaß eines verstorbenen Fremden, u. dergl. m.), welche bald der Staat, bald der Grundherr erhob, um den Fremden zu verscheuchen, sein Geld aber festzuhalten [2]). Erst die neueste Zeit hat diesen Mißbräuchen ein Ende gemacht, nach dem Vorgang der französischen Nationalversammlung; (Dekret v. 6. Aug. 1790).

Doch noch 1819 und später mußten Verträge gegen die letzten Reste derselben eingegangen werden. Nur unter Föderativstaaten waren sie abgeschafft: in Deutschland erst 1815 [3]), in der Schweiz schon durch Tagsatzungsbeschlüsse von 1806 und 1809; während in Frankreich das dort streng ausgeübte Prinzip der Retorsion die bedingte Wiedereinführung solcher Institute schon im Jahre 1804 veranlaßte [4]).

Wir glauben, daß die Retorsion ein streng völkerrechtliches Institut ist und die einfachen Regeln des Privatrechtes niemals verkümmern dürfte. Möge sich der Staat für die Unbilden des Staates nach Kräften durch politische Maßregeln rächen; selbst durch Prisen, Embargo's u. s. w., also durch Beschlagnahme von Privatgütern, für welche der fremde Staat den Seinigen einzustehen hat: nicht aber durch die Entehrung und Erniedrigung seiner eigenen

Gesetzgebung. Sonst müßte z. B. eine civilisirte Nation, wenn sie etwa im Kriege mit den Irokesen begriffen wäre, die, nach ihren Begriffen von Völkerrecht, ihre Kriegsgefangenen auffressen, dasselbe mit den gefangenen Irokesen beginnen. Auch darf die Retorsion nur angewandt werden, wo sie gesetzlich begründet ist. (Cfr. oben Kap. XI.)

Noch sind die Auswanderungsfreiheit und der Fremdenschutz keine völkerrechtlich so festgestellten und, auch abgesehen von besonderen Verträgen, so allgemein gültigen Grundsätze, als etwa die Achtung der Gesandten, die Schonung der Kriegsgefangenen [5]).

[1]) Vergl. Klüber's Völkerrecht, §. 83; v. Kamptz, N. Lit. §. 122, und über die deutschen Verhältnisse in dieser Beziehung s. Pütter's Lit. des deutschen Staatsrechts, III. 648; und Klüber's N. Lit., §. 1370.

[2]) Vergl. Klüber, l. c., §. 82; Klüber, N. Lit., §. 1369.

[3]) Cfr. noch Wiener Kongreßakte, XX ꝛc. bis Bundesakte art. 19.

[4]) Vergl. Code civil, art. 726, 11 u. 912 ꝛc., bis zum französ. Gesetz v. 14. Juli 1819; ferner s. Code de Procédure, art. 905, und Code de Commerce, 575.

[5]) Auch für die billige und milde Behandlung der Kriegsgefangenen, sowie der gegenseitigen Unterthanen im Kriege, hat die neue Zeit noch besondere Verträge; vergl. z. den Vertrag zwischen Preußen und Nordamerika v. 1785, art. 23 (über Avokatorien) und art. 24 (daß z. B. Gefangene nicht exportirt werden sollen, u. s. w.)

§. 8.

In der mittelalterlichen Zeit der Corporationen und Privilegien mußten fremde Kaufleute und Handelsgenossenschaften, um irgendwo Handel treiben und den dafür nöthigen Rechtsschutz genießen zu können, besondere Vorrechte erwerben, wie z. B. die Hansa in England, Rußland und Scandinavien. Das russische Recht des Mittelalters hatte sogar den ausländischen Kaufleuten vor den einheimischen gewisse Vortheile eingeräumt. — Der moderne Staat unterwirft im Allgemeinen den Fremden (Subditus temporarius, Sujet passager, etc.) keinen größeren Lasten und keinen anderen Bedingungen, als den Eingeborenen, und gestattet er dem Fremden selbst das Recht des Grundeigenthums [1]). Doch ist dieses letztere Recht noch in einigen, von feudalen Rechtstrümmern nicht ganz gereinigten Staaten mit Beschränkungen umgeben und dem Ausländer verkürzt. Auch in manchen Colonien bestehen noch Ausnahmsgesetze für fremde Einwanderer oder Kaufleute. Im Uebrigen sind alle derartigen Unterschiede fast ausnahmslos weggefallen.

Indem nun der Staat dem Fremden den Schutz des Privatrechtes gewährt, und den des Strafrechtes insofern, als er die gegen ihn und die von ihm begangenen Vergehungen bestraft, ihn aber natürlich von jedem staatsrechtlichen Connex ausschließt, glaubt der Staat dieses Verhältniß beliebig aufkündigen zu können, sobald ein staatsrechtliches Interesse dazu auffordert. Man nimmt an, daß keine direkten, staatsrechtlich begründeten Pflichten wider den Fremdling zu beobachten seien. Aber die willkürliche Ausweisung ist auch eine Verletzung von geheiligten Privatrechten, persönlichen Ehren; kurz von denjenigen Anforderungen der Menschlichkeit, die jede Regierung in und außer ihrem Gebiete zu achten und aufrecht zu erhalten hat, und welche wohl dem Urtheile eines unabhängigen Gerichtes, nicht aber der Willkür der Polizei unterworfen werden dürfen. Diese Willkür ist nicht einmal durch unsere modernen Freizügigkeitsverträge ausgeschlossen [2]), und wurde selbst noch zwischen den deutschen Bundesstaaten, von einem Bundesstaate gegen die Bürger des andern verübt; (und zwar nicht blos in Folge der schlechten Heimathsgesetze, sondern mehr noch aus Gründen einer durchaus verwerflichen politischen Polizei [3]).

[1]) Vergl. Fœlix, traité du droit international privé, 1843, S. 3.

[2]) Vergl. oben Kap. VIII §. 3. — Eine interessante Debatte in dieser Beziehung über eine geforderte Ausweisung, nicht Auslieferung, wie man ehemals verlangt hätte, (s. noch Code pénal, art. 6) eines das Gastrecht genießenden Fremdlings, der sich gegen die fordernde Regierung, Frankreich, vergangen, siehe in Martens, N. R., XV, pag. 688—695: »Actes concernant l'expulsion de Louis Bonaparte de la Suisse,« August bis October 1838.

[3]) In den vierziger Jahren machte die Ausweisung zweier badischen Deputirten aus Preußen Aufsehen und gab selbst zu diplomatischen Wechselreden Anlaß. Seit 1848 sind solche Fälle zu häufig geworden, um noch beachtet zu werden.

§. 9.

Das Sachenrecht der Fremdlinge wird also jetzt im Ganzen in Friedens- und Kriegszeiten geschützt: nur vielleicht, daß mancher kleine oder große Staat den Fremden noch beim Gantverfahren hintansetzt [1]); oder daß er (wie selbst das sonst gastfreie England) von prozessirenden Fremden höhere Kautionen, als nöthig, verlangt. Im Allgemeinen ist jetzt fremder Handelsverkehr und fremdes Besitzthum, abgesehen von den Mauthordnungen und Navigationsakten, freizügig. Eine direkte Verletzung des fremden Eigenthums enthält nur noch das Prisenrecht (vergl. das vorige Kapitel); und eine andere Anmaßung zur See, welche mit der Willkür des Seerechts gegen fremden Privatbesitz überhaupt zusammenfällt, und die doppelt schimpflich ist, weil sie das Unglück trifft, dem doch in anderer Beziehung einige Rücksicht durch die Oeffnung von — sonst verschlossenen — Nothhäfen (in Kolonien, an bloquirten Küsten u. s. w., s. oben), für scheiternde oder vom Sturm verschlagene Schiffe, gezollt wird. Wir meinen hier das, zum größten Theil veraltete, abgekommene oder ausdrücklich abgeschaffte, Strandrecht, droit d'épave, jus littoris [2]).

Gemäß dem Strandrecht, welches bei allen Nationen geherrscht hat, fiel alles gestrandete Gut dem Herrn der Küste anheim. (Das Strandrecht an Stromesufern hieß Grundruhrrecht, Laganum [3]), und galt mancher Orten selbst an den Gütern, die durch das Einstürzen schlechter Brücken u. s. w. verunglückt waren.) Als der Seeraub noch für ein ehrbares Gewerbe gehalten wurde, mußten gestrandete Waaren wie gefundene Schätze betrachtet werden, welche der Finder und der Grundherr, nach gewissen gesetzlichen Normen, mit einander theilten. Wie ehedem an Kolchis' verrufener Küste, so ward an manchem christlichen Ufer mit den gestrandeten Menschen verfahren, daß sie als Sclaven („Hörige") dem primus occupans zufielen. Man hat wohl zur Vertheidigung dieses Raubsystems angeführt, daß der Eigennutz den strandenden oder gestrandeten Schiffen in Hoffnung reicher Beute eher beizukommen sich bestreben würde. Ein sehr zweideutiges Argument, denn der Eigennutz kann die Schiffe auch stranden lassen, um sie später desto sicherer zu bekommen.

Die Verbote des römischen Kaiserrechtes, des Lateranischen Konzils, und andere, hatten nicht vermocht, dieses Privilegium der Gewalt gegen die Ohnmacht des Unglücks ganz zu unterdrücken.

Aber beschränkt wurde es schon frühe: schon im 13ten Jahrhundert durch mildernde Verordnungen und Verträge, welche bestimmten, daß binnen einer gewissen Frist, — nach dem Consolato del mare binnen Jahr und Tag, (vergl. Cons. d. m., cap. 249), an den englischen und Ostseeküsten sogar in längeren Terminen, — das gestrandete Gut von dem rechten Eigenthümer vindizirt werden könne; wogegen aber jedenfalls dem Finder ein Antheil desselben, als „Bergelohn" verbleiben müsse, während der Fiskus seinen Gewinn verliert [4]). In Deutschland wurde dieser Fortschritt, der namentlich den friesischen Küsten Noth that, erst im

16ten Jahrhundert gemacht, durch Karl's V. „peinliche Halsgerichtsordnung" (art. CCXVIII.) und durch den Reichsabschied von 1559, art. 35. In Frankreich schaffte die Ordonnanze de la marine (1681) diese barbarischen Privilegien bei Todesstrafe ab, und führte sichernde Formen ein. Auch in England ist die Aneignung gestrandeter Güter schon seit langer Zeit strenge verboten [5]).

[1]) Von den großen Staaten sogar Frankreich; s. Code de Commerce, art. 575, und C. de Procédure civile, a. 905.

[2]) Vergl. Mittermaier's deutsches Privatrecht, 5. Ausgabe von 1837, I §. 162; v. Ompteba's Lit. des Völkerrechts, §. 220, Kampß, §. 226; Schuback, De Jure littoris, 1750; Cancrin, vom Wasserrecht, III Thl., S. 77. Die älteren Verordnungen Frankreichs, und besonders die Déclaration concernant les naufrages maritimes, vom Juni 1735, in Martens Gesetze &c. des Handels, S. 164 u. ff. Rau's Grundsätze des Völkerseerechts, §. 113—119, und Jacobsen's Seerecht &c., 1815, S. 745 ff., 794 und 796 ff.

[3]) S. Fischer's Geschichte des Handels, I, S. 728.

[4]) Vergl. auch Consolato del Mare, Kap. 157, 256, 274 u. s. w.

[5]) S. Miltitz, Manuel des Consuls, T. I, p. 144; u. a. m. — Der Bergelohn ist an den verschiedenen Küsten sehr verschieden.

§. 10.

Die in den bisherigen Paragraphen behandelten Seiten des öffentlichen Rechts zeigen uns, daß der Fremde geschützt werden soll und wirklich geschützt wird. Hier ist der Punkt, wo sich Völkerrecht und Staatsrecht in der Erkenntniß begegnen, daß das Recht nicht blos positiven Ursprungs und territorial begränzt sei. Was schützt den Fremden eigentlich? Die Kultur; die völkerrechtliche Verbindung, der rasche Verkehr, der kaum die Grenzen der Welttheile, geschweige der kleineren Staaten, beachtet. Eisenbahnen, Flüsse, Meere, industrielle und rein geistige Bildung, Alles geht über die Staatengrenzen hinaus und verlacht die Idee des geschlossenen Handelsstaates. Dazu lehren Repressalien und alle ähnlichen Maßregeln auf eine handgreifliche Weise, daß auf dem Schutz des Fremden die eigene Sicherheit beruht, und die Gerechtigkeit überhaupt auf Gegenseitigkeit! —

Aber wie soll geschützt werden? — Das ist die schwierigere Frage. Daß man die Fremden nicht mehr todtschlägt oder zu Leibeigenen macht, ist blutwenig; der Verkehr selbst und die lebendige Idee des, mit dem modernen Verkehr und unserer weltlichen Bildung entwickelten, Rechtes verlangen eine Anerkennung des vollen Privatrechtes der Ausländer. Der Staat selbst kann nicht seine Unterthanen, wie eine Heerde Schafe, auf abgestecktem Raume beisammen halten. Aber mit dem Schritt über die Gränze gibt noch Niemand seinen juristischen Charakter auf, wird Niemand Subjekt von anderen Rechten; durch die einseitige und willkürliche Handlung einer Abwesenheit wird Keiner seiner Pflichten ledig, noch verwirkt er dadurch schon seine Rechte. Auch der dritte Staat muß das zugeben; weil ihm sonst jeder Fremde als Vagabunde erscheinen müßte und entweder zur Last fiele, oder in seinen Bürgerstand aufgenommen werden müßte. Andrerseits verlangt gerade der Begriff des Staates eine positive Einheit der Gesetzgebung, eine höchste Gewalt der gesetzgebenden und richterlichen Thätigkeit über der ganzen Fläche des Staatsgebietes. So stehen sich scheinbar die Persönlichkeit des Rechts und die Territorialität des Gesetzes gegenüber. Die Lösung dieses scheinbaren Widerspruches ist eben die Aufgabe der Wissenschaft des Völkerrechts. Den staatsrechtlichen Gesetzgebungen liegen die hier angeregten Fragen nicht nahe genug. Aber privatrechtliche Kontroversen erheben sich hier in Menge; und criminalrechtliche, insofern der Umfang der strafgerichtlichen Thätigkeit hier zu bestimmen ist. Doch kann man zur Noth, mit Foelix, auch diesen

Punkt unter dem Ausdruck „Internationales Privatrecht" begreifen, weil es weniger die staatsrechtliche Seite des Kriminalrechts ist, die hierher gehört, als die einfach persönliche: Wer muß, wer darf bestraft werden?

§. 11.

Die nähere Bestimmung der Aufgabe ist noch nicht ihre Lösung. Wie können die Zwiespalte und Gegensätze verschiedener Privatgesetzgebungen aufgelöst werden; da der einzelne Staat weder die positive Form seines Rechtes verläugnen, noch sich auf die Form des Rechts der anderen Staaten einen Einfluß, eine Gewalt erlauben darf? Die Entscheidungen des Völkerrechts sind blos da berechtigt, wo ihr Gegenstand auch ein rein völkerrechtlicher ist. Hier aber früge es sich zunächst, wie das Völkerrecht zu einem richterlichen Einflusse käme, da man alsdann auch ein oberstes Völkergericht annehmen müßte. Die Kollisionen des Staatsrechts und Völkerrechts, der Inhalt unseres zweiten Theiles, waren nur zu entscheiden durch das Axiom der Unabhängigkeit und höchsten Gewalt der Staaten. Dieses Prinzip reicht aber nicht aus für die Kollisionen zwischen Völkerrecht und Privatrecht, oder richtiger: zwischen mehreren Gesetzgebungen. Die Römer hatten eine Art von völkerrechtlichem Gericht, selbst für Kontroversen aus Staatsverträgen, die Recuperatoren [1]); aber wirklich haben die Römer auch alle Welt für ihre Unterthanen erklärt und das Völkerrecht kühn ihrem Privatrechte untergeordnet. Einen umgekehrten Fall bot die deutsche Neuzeit in der berüchtigten königlich preußischen Kabinetsordre vom 25. Jan. 1823 und der Justizministerialverordnung vom 20. Juni 1823, welche den Gerichten die freie Auslegung von Staatsverträgen und öffentlichen Urkunden entzogen, und dafür die diplomatische Hermeneutik des Ministeriums des Auswärtigen substituirten [2]).

Allein der Richter muß alle Gesetze frei deuten und interpretiren können, — und die Staatsverträge, die ihn freilich direkt nur angehen, insofern sie als Gesetze verfassungsmäßig publizirt sind, um so mehr, als die Regierung meistens Partei sein wird, wo es auf Auslegung derselben ankommt; so zum Beispiel in Deutschland bei den Ansprüchen der Standesherren. Die diplomatische Aengstlichkeit und die Konnivenz der Kabinette soll keinen Platz neben oder über den Sitzen der Richter erhalten. Ein nicht ganz unabhängiger Richter ist nur ein Polizeidiener: jede Administrativjustiz ist gleich Kabinetsjustiz; und die eben erwähnte Art ist gewiß nicht der unschuldigste und mindest verwerfliche Zweig derselben. Der Richter kenne nur das Gesetz; aber Alles, was unter dasselbe subsumirt, nach demselben beurtheilt werden kann, gehört vor sein Forum. Innerhalb dieser Schranken darf ihn Nichts beeinträchtigen.

[1]) Vergl. Sell's Monographie: Die Recuperatoren der Römer.

[2]) Vergl. preuß. Gesetzsammlung von 1832, S. 19, und v. Kamptz's Jahrbücher der Gesetzgebung der pr. St. rc., XXVIII, S. 290 ff.; auch siehe Klüber's vortreffliche Brochüre: „Ueber die Unabhängigkeit des Richterstandes," (gegen die erwähnten Verordnungen). Anderer Meinung scheint A. W. Heffter zu sein in seinen „Beiträgen zum Staats- und Fürstenrecht", S. XIV—XVIII. Dazu vergl. noch im Protok. der Bundesversammlung, T. XII, S. 92 ff., und 374 ff.: Preußens Bemühungen für Verbreitung seiner Ansicht, daß politische Interessen nicht unter den Begriff des Rechtes fallen.

§. 12.

Auf welchem Standpunkt der Systematiker zu stehen habe bei der Bearbeitung des internationalen Privatrechts, ob er Richter oder Gesetzgeber sein müsse, die Grundsätze oder ihre Anwendung zu finden habe: diese Fragen enthalten schon ihre Antwort. Denn die Fragen wären nicht möglich, wenn einer dieser beiden Gegensätze die ganze Wahrheit enthielte, wenn nicht vielmehr der Doktrin das Wesentlichste der Entscheidung vorbehalten wäre, kurz, wenn die Entscheidung nicht aus der Natur der Rechtsinstitute selbst folgte. — Die Privatfreiheit, die Gleichheit im Recht und vor dem Gesetz ist eben die umfassendste Errungenschaft der neueren Geschichtsentwickelung. Das Gericht ist nirgends mehr darauf hingewiesen, nur die Ehe des Inländers, nur die innerhalb der abgesteckten Gränzpfähle abgeschlossenen Rechte zu beurtheilen; es wird also auf den Begriff der Ehe oder Obligation zurückgehen müssen. Wo keine besonderen Staatsgesetze oder Staatsverträge vorliegen, wird der Richter dennoch aus der Logik des Rechts eine Ansicht entwickeln müssen. —

Als man einmal darüber hinaus war, das positive Gesetz für ein ausschließliches Privilegium der im Staate oder in den Korporationen Ansässigen zu erklären, kamen die Post-Glossatoren und Spätere auf die Unterscheidung der Gesetze nach ihrem Inhalt in Statuta personalia, realia und mixta, je nachdem sie Personen oder Sachen zum Rechtssubjekte hatten, oder daß eine Handlung dabei als das Ueberwiegende anzusehen war; wobei zu bemerken ist, daß damals die Grundstücke noch gleichsam selbstberechtigte Rechtssubjekte waren. Diese Eintheilung mag besser auf die Frage nach der Zuständigkeit der Gerichte (nach der Kompetenz der Fora) passen, als daß sie den Inhalt des entscheidenden Rechtes sichtete. Ueberhaupt sind Forum und Lex in unserer Lehre oft verwechselt worden. Andere, noch weit mehr äußerliche Eintheilungen, welche das Wesen des Rechtes gar nicht berühren, sind z. B. die in Statuta favorabilia oder odiosa u. s. w. [1]) Alle diese Theorien sind gegenwärtig überwunden. Ebenso die Ansicht, welche die Beachtung fremder Gesetze und Rechtssprüche aus der „Comitas gentium" erklären wollte. Nicht auf die Courtoise kommt es an, sondern auf das, den Personen und Verhältnissen, ihrer Natur nach zugehörige und innewohnende Recht. Diese Anschauungsweise haben wir in den beiden nächsten Kapiteln an den einzelnen Rechtsinstituten durchzuführen.

[1]) S. Schäffner's „Entwickelung des internationalen Privatrechts," 1841, §. 17. Und Bar, l. c., §. 4 u. 5.

§. 13.

Begreiflicherweise mußte sich die Lehre von der Collision verschiedener Gerichtsstände und Gesetze am frühesten in solchen Ländern entwickeln, wo, wie in Deutschland und Italien, viele kleine Staatswesen an einander stießen und die Nation in mannigfaltige Gemeinschaften zerfiel; zumal, wenn irgend ein festeres oder loseres Föderativband oder gar ein gemeinsames Obergericht, wie im deutschen Reiche, immer noch die nationale Einheit über den Einzelstaaten darstellte. Auch wo in demselben Staate verschiedene Provinzialgesetzgebungen neben einander bestanden, ergaben sich frühe schon, und lange vor Ausbildung des heutigen Weltverkehrs, die Konflikte, welche unsere Lehre fördern mußten. Darum haben auch die deutschen Juristen eigentlich am meisten für die logische Entwickelung der betreffenden Rechtsfragen geleistet, während die französischen und englischen Juristen fleißiger die Präcedenzfälle und Richtersprüche dazu gesammelt haben. In neuerer Zeit trat auch die amerikanische Jurisprudenz thätig hinzu. (Es bedarf wohl kaum der Erwähnung, daß die Frage von der Antinomie der Gesetze innerhalb eines und desselben Rechtssystems mit der Frage nach den Konflikten zwischen verschiedenen Gesetzgebungen Nichts gemein hat.)

§. 14.

Eine besondere Quellensammlung unsres Gegenstandes ist nicht aufzustellen. Nur eine Reihe von Staatsverträgen sind hierher zu ziehen, und zwar außer denen, welche die Auslieferung von Verbrechern und die Exekution richterlicher Urtheile betreffen, noch etwa diejenigen, welche sich auf den Schutz des literarischen Eigenthums im Auslande beziehen, oder auch solche, welche eine gemeinsame Verfolgung von Defraudationen, Forstfreveln und dergleichen mehr, in gewissen Gränzgebieten bezwecken. Im Ganzen ist unser Gegenstand in den Staatsverträgen sehr vernachlässigt und meistentheils nur beiläufig im Zusammenhange mit anderen Materien behandelt worden. Reicher fließen die Quellen in den Entscheidungen gewisser höchster Gerichtshöfe; da dieselben aber nicht in der Form allgemein gültiger Gesetze erscheinen und jedesmal nur einen einzelnen Fall entscheiden, so hat die Doktrin hier erst die allgemeinen Wahrheiten herauszubilden.

§. 15.

Die Literatur der hier einschlagenden Lehren ist unerschöpflich. Die Behandlung derselben ist schon mehrere Jahrhunderte alt; die richtige Auffassung ist sehr jung. Wir begnügen uns, die wichtigsten der neueren Schriftsteller anzuführen, aus denen größtentheils ihre Vorgänger zu ersehen sind. — Von älteren Schriften sind wohl hauptsächlich die Diss. von Voet, 1661: (De statutis eorumque concursu,) Stryk, Huber, Cocceji, Carpzov, Hertius, Lynker, Alef, Riccius, Boullenois, (1732 und 1766: „De la personnalité et de la réalité des lois, coutumes, etc.“ und andere Schriften,) zu erwähnen; sie sind, nebst Anderen, eines Breiteren angeführt und zum Theil geschildert in Schäffner's, Wächter's und Bar's Schriften.

Ferner s. Biener, de Germano sua lege vivente, 1805. — K. S. Zachariae, Liber Quaestionum, 1805; Qu. I.: De vi legum in territorio alieno; etc. — Mittermaier's Abhandlungen in der „Kritischen Zeitschrift für Rechtswissenschaft und Gesetzgebung des Auslandes," Heidelberg, Band VII S. 228, ff.; Bd. XI S. 267 u. folgde. (hier werden englische und italienische Schriften charakterisirt;) und Mittermaier's Abh. (No. XVI) im Archiv für civilistische Praxis," Band VIII, u. an a. O. m. Auch vergl. Mittermaier's deutsches Privatrecht, 5. Ausgabe, I, §. 30–32. — Wächter's Abh. im „Archiv für civilistische Praxis," Band XXIV und XXV. — Roßhirt's Zeitschr., III, 1839, S. 331 u. ff: Roßhirt, „Ueber den Status civilis und dessen Wirkungen etc." — „M. Foelix, Traité du Droit international privé, 1843; und seine Abhandlung: Du conflit des lois de différentes nations etc., in seiner „Revue étrangère et française etc.," Février 1840. (F's Schriften sind wichtig durch seine Belege aus der französischen Praxis.) — Tittmann's, „Die Strafrechtspflege in völkerrechtlicher Hinsicht, 1817." — Vergl. auch Klüber's Völkerrecht, 1821, §. 63, not., und pag. 660, [Zusätze.] — Kent, Commentaries on American law, Tom. I. — v. Savigny, System des heutigen römischen Rechts, Bd. VIII, S. 8—367. — Ueber Rocco's italien. Werk über die neapolitanische Praxis in internationaler Beziehung, s. Mittermaier's Aufsatz in der Kritischen Zeitschrift, XI, No. XIV. — Story's „Commentaries on the Conflict of laws foreign and domestic, in regard to contracts, rights and remedies, and especially in regard to marriages, divorces, wills, successions and judgments," Boston 1841. — Burge's „Commentaries on colonial and foreign laws generally and in their conflict with each other and with the law of England," 4 vol., 1838.

Die beiden zuletzt angeführten Bücher sind für die nordamerikanische und englische, das erstere sogar auch für die französische und niederländische Jurisprudenz, von großer Bedeutung.

Von neueren Schriften siehe die dritte Ausgabe des Fölix'schen Buches mit den Zusätzen von Demangeat (Paris 1856), das schon angeführte Buch von Bar u. a. m.

Für Deutschland ist von Interesse Krugs „Uebersichtliche Zusammenstellung der zwischen deutschen Staaten getroffenen Verabredungen über die Leistung gegenseitiger Rechtshülfe". (Leipzig 1851.) Ein Gesetzentwurf des Bundestages, die in den deutschen Bundesstaaten in bürgerlichen Rechtsstreitigkeiten gegenseitig zu gewährende Rechtshülfe betreffend, (Commissionsbericht, die Ausarbeitung von Vorschlägen für eine allgemeine Gesetzgebung über den Gerichtsstand und über die Vollziehbarkeit rechtskräftiger Urtheile betreffend,) und ein zweiter Entwurf (Beilage zu §. 220 des Protokolls der Bundestagssitzung vom 25. Juli 1861) sind im Druck erschienen.

Indem wir die bedeutendsten Schriften angeführt haben, ist nicht alles Gute genannt, aber unendlich viel Schlechtes ausgelassen worden.

Wir werden von den mehr territorialen, theilweise öffentlichrechtlichen Zuständen beginnen, und zu den mehr privatrechtlichen vorschreiten; also zuerst das Strafverfahren und die Criminalgesetze, den Civilprozeß, dann das Personen- und Familienrecht, und zuletzt das Sachen- und Obligationenrecht behandeln, — oder von der Territorialität des Rechtes durch die Personalität zu den mehr willkürlichen (veräußerlichen oder strenger privatrechtlichen) Rechten gelangen.

Die Anlage und der Zweck dieses Buches erlauben uns nur eine gedrängte Aufstellung der Prinzipien, ohne näheres Eingehen in die Kontroversen.

Kapitel XIV.

Die internationalen Beziehungen des Gerichtsverfahrens und des Kriminalrechts.

§. 1.

In allen den Theilen der Jurisprudenz, welche dem öffentlichen Rechte angehören, also namentlich bei dem, über alle Willkür erhabenen Formalismus der gerichtlichen Prozeduren, ist die Territorialität noch mehr das vorwaltende Prinzip, als bei dem Inhalt des materiellen Rechts. Diese Territorialität des Rechts ist ungefähr so formulirt: „Der Richter kennt nur die Gesetze seines Staates; er ist nur angestellt, um diese Gesetze zu handhaben.“ Oder: „Locus regit actum,“ — „Lex non valet extra territorium;“ und „Statuta non extenduntur extra territorium statuentis!“ Wogegen wiederum ein Brocardicum der älteren Praktiker besagt: „Diversitas fori non vitiat merita causae,“ (den materiellen Inhalt des Rechts.) Von diesen, anscheinend im Widerspruch mit einander stehenden Maximen ist jede an sich bedingt richtig, ist keine ohne die andere anwendbar, und keine für sich allein das Arkanum zur Heilung aller Collisionen der Gesetze. (Aeltere Schriftsteller pflegten die vorliegenden Lehren alle nach einem oder dem anderen Lieblings-Axiom zu unterscheiben.)

§. 2.

Allerdings muß ein Richter nur das Recht seines eigenen Staates kennen und anwenden. Aber der Richter braucht auch keine Thatsache zu kennen, und hat doch die Thatsachen, welche in einer Klage oder Einrede vorkommen, zu berücksichtigen, und darüber eventuell ein Beweisverfahren anstellen zu lassen. Ebenso können fremde Gesetze und die, unter fremden Gesetzen oder durch dieselben entstandenen Rechtsverhältnisse bei einem Prozesse wichtig werden; nur braucht sie der Richter nicht von vorn herein zu kennen. Seine Aufmerksamkeit nehmen sie insofern in Anspruch, als in der Regel jedes Rechtsverhältniß nur nach den Gesetzen des Ortes, wonach es existent geworden, oder auf welche sich seine Begründung bezogen hat, zu beurtheilen ist. (Und zwar gerade aus dem Prinzip der Territorialität des Rechtes folgen Forum et lex Contractus für die contraktlichen Handlungen, Forum et lex domicilii für die Person.)

Die Territorialität des Rechtes wird ja nicht so abstrakt und einseitig verstanden, daß etwa nur Ein Forum für ein jedes Rechtsverhältniß bestünde. Im Gegentheil, gerade die folgerichtige Auslegung dieses primitiven Prinzips läßt zwar nur ein Recht, aber mehrere Gerichtsstände zu; sonst könnte es schon kein Forum domicilii und Forum Contractus neben einander geben, weil die Person nur an ihrem legalen Wohnort zu verklagen wäre.

§. 3.

Was an sich Rechtens ist, das ist Rechtens vor jedem Gerichte; es sei denn, daß gerade ein positives Gesetz dieses bestimmten Landes sich durch eine Lex cogens dagegen erklärte, es etwa ausdrücklich verböte. Ist das ausländische Rechtsverhältniß in dem Lande, wo es klagbar werden soll, wenn auch nicht gesetzlich anerkannt, doch nicht direkt verboten; kurz, ist es praeter legem: so gilt es, mit allen seinen privatrechtlichen Folgen, wie ein fertiges Factum, (Fait accompli,) das ja auch Quelle von Rechten werden kann.

Was nun den äußeren, formellen Gang des Processes betrifft, die sog. „Ordinatoria," im Gegensatz zu den „Decisoria [1]);" so gilt für jene allerdings: Locus regit actum. Wie sollte auch irgend ein beliebiges, im Auslande contrahirtes Rechtsgeschäft auf den Gang des Gerichtsverfahrens, auf die herkömmlichen Regeln des Civilprocesses influiren können?! Das Gesetz des Ortes ordnet nicht nur alle Formalitäten des Gerichtsverfahrens definitiv an; sondern auch, zum Beispiele, die Prozeßkosten, Termine mit den Versäumnißstrafen, welche für alle Rechtsstreitigkeiten auf der gleichen gerichtlichen Grundlage beruhen, ohne die eine Partei vor der anderen zu benachtheiligen.

Auch der Beweis richtet sich nothwendig nach dem Gesetze des Ortes: sowohl in Bezug auf die Auflegung der Beweislast, welche ja einzig das Mittel ist, dem Richter, nach den positiven Normen, an die er gebunden ist, die Ueberzeugung des Rechts zu verschaffen, als auch in Ansehung der Beweismittel selbst. Wenn, zum Beispiele, am Orte der Abschließung des Kontraktes eine schriftliche Urkunde desselben vollen Beweis machen soll, so braucht sich der Richter an einem anderen Orte doch nicht damit zu begnügen. Oder wenn an dem Orte des gerichtlichen Verfahrens zum Beweise derartiger Kontrakte eine gewisse Anzahl von Zeugen oder ein öffentliches Dokument erforderlich wäre, nicht aber nach der lex contractus: so muß der Richter dennoch auf die Erfüllung seiner Gerichtsordnung bringen, weil, nach der Ratio legis, durch solche Beschränkungen dem Betrug oder der Unbestimmtheit der Rechtsverhältnisse vorgebeugt werden soll, der Ausländer aber, oder der Inländer durch ein im Auslande contrahirtes Geschäft, keine größere Licenz, als das Inland, genießen, noch ein verbietendes Gesetz übertreten oder fraudulos umgehen darf. Also gehören Beweislast und Beweiskraft zu den unveränderlichen Formalitäten des Prozesses. Was hingegen den Inhalt der Klagen und Einreden und ihr Verhältniß zu einander betrifft, so sind sie Theile des materiellen Rechts. Nur können z. B. ausdrücklich verbotene Einreden oder Klagen nicht angestellt werden. Auch eine, nach der Lex loci schon verjährte Klage kann der Richter keinenfalls annehmen, mag die Verjährungsfrist auch noch da laufen, wo das Recht zur Klage entstanden ist: denn eine gerichtliche Klage ist nicht blos jus quaesitum, sondern auch Juris publici. Auch die Exekutionsmittel, die Prozeßart (z. B. der summarischen Prozesse) sind streng lokal. Und locus regit actum.

[1]) Cr. Schäffner, l. c., §. 153.

§. 4.

Dem Satze, daß das Gesetz des Ortes, wo die Handlung, Actus, vorgenommen wird, für die Form der Handlung entscheidend sei, müssen sich auch alle Akte der freiwilligen Gerichtsbarkeit fügen, und alle notariellen Urkunden. (Eine Ausnahme, welche die Regel bestätigt, bilden die notariellen Befugnisse der Consuln; s. oben Kap. X §. 8. Die Consuln richten sich natürlich, so weit es nur irgendwie die Umstände erlauben, nach den gesetzlichen Formen ihrer Heimath.

Handelt ein Gericht, nach der Comitas Gentium und unter der Voraussetzung von eventuellen Gegenleistungen, auf Requisition eines befreundeten Staates, zum Beispiel durch Zeugenverhör, so kann das Gericht, obgleich im Auftrag eines anderen Gerichtes, dennoch die fragliche Handlung nur innerhalb der ihm vorgeschriebenen Formen vornehmen. Dies ist allgemeinste Praxis. Die Urkunden, Protokolle u. dergl. mehr, welche solche auswärtigen Handlungen darlegen, müssen in der Regel auf diplomatischem Wege beglaubigt sein, um zu gelten, weil die fremde Regierung, durch deren diplomatische Organe verhandelt wird, nur die Handschriften und Siegel der Regierung und ihrer obersten Vertreter oder des accreditirten Gesandten kennen und prüfen kann [1]).

[1]) S. „Zeitschrift für Rechtswissenschaft und Gesetzgebung des Auslandes", VII, S. 249. Vergl. auch die Preußische Ministerialverordnung vom 22. Januar 1833, in Kamptz's Jahrbüchern, T. XLI, S. 220.

§. 5.

So gut man Rechtsverhältnisse zu achten hat, welche unter fremden Gesetzen gereift sind, wie zum Beispiel ausländische Ehen, Majorennitäten, Kontrakte, weil eben das Gesetz selbst das einzige Maß der unter ihm existent gewordenen Zustände ist: ebenso sollte man (mit Vattel und nach dem Common Law) allgemein auch fremden Rechtssprüchen die Rechtskraft beilegen. Ein richterliches Urtheil ist Gesetz: wer sich der fremden Gerichtsbarkeit freiwillig unterwirft, sei es durch den Aufenthalt oder durch Rechtsgeschäfte im fremden Lande, gegen den muß die Rei judicatae Actio, die Klage aus dem richterlichen Urtheil, anzustellen sein, ohne daß er sich vor den Folgen seiner Handlungen in seine Heimath, wie in ein Asyl vor verdienten Strafen, flüchten dürfte. Der Begriff der Litis Contestatio, der Einlassung auf die Klage, enthält schon eine Obligatio imperfecta, eine Art Novatio, einen Quasicontractus dieser Art. Nur mag dem Gericht, welchem auf Grund eines ausländischen Urtheils die Vollstreckung (Exekution) gegen den eigenen Mitbürger zugemuthet wird, wohl die Forderung des Beweises zustehen, daß das fremde Gericht zu diesem Urtheile competent gewesen und daß das vorgelegte Urtheil formell zu Recht bestehend sei. — Auf das materielle Recht kommt es dabei natürlich nicht mehr an: aber die Willkür der Klage-Einlassung kann auch nicht unbedingt für die Rechtmäßigkeit der Exekutions-Forderung angeführt werden; weil solche Handlungen öffentlicher Behörden nicht ganz merae facultatis für die Privatpersonen sind, wie etwa ein Kompromiß auf ein Schiedsgericht. Freilich verdient die Res judicata des Auslandes jedenfalls so viel Rücksicht, als ein schiedsrichterliches Urtheil, auf welches ja auch aus dem vorausgehenden Kompromisse, wie aus einem Vergleiche, geklagt werden kann. Allein in Ausführung eines fremden Richterspruches soll auch der sittlichen Rechtsnothwendigkeit entsprochen werden. Darum werden nach völkerrechtlicher Sitte nur die Urtheile der Staaten ausgeführt, welche auf einer gleichmäßigen Stufe eines gebildeten Rechtssystems stehen. Barbarische Urtheile eines Sklavenstaates, Ansprüche aus dem verworfenen Institute der Leibeigenschaft, türkische Willkürsprüche sollen zurückgewiesen werden! Die französische Jurisprudenz, welche die Ehescheidung nicht kennt, gestattet auch nicht die Wiederverheirathung eines, in seiner Heimath gesetzlich geschiedenen Ausländers.

Auch gelten die Aussprüche derjenigen Behörden nicht als Richtersprüche, welche gar nicht mit der Würde des Richteramtes versehen sind; weder prévotale Anordnungen, noch Polizeiverfügungen und Polizeistrafen, noch die Gebote eines feindlichen Usurpators vor der Bestätigung seines Besitzes im Friedensschlusse, mögen sie nun das Privatrecht der Untergebenen oder Bestrafung betreffen, gelten für res judicatae, quae jus faciunt. Der Westphälische Frieden ordnete in dieser Beziehung eine Revision der im Kriege gefällten Urtheile an. [1])

Natürlich betrifft alles hier Gesagte nur die civilrechtlichen Erkenntnisse; denn in strafrechtlicher Beziehung macht sich kein Staat zum Nachrichter des andern; da treten die Auslieferungsverträge ein. (S. oben Kap. VIII §. 3.) Auch die Staatsverträge über Exekution richterlicher Urtheile (z. B. zwischen Frankreich und Baden v. 14. April 1846) beziehen sich nur auf das Civilrecht [2]).

[1]) Vergl. I. P. M., art. 36—38.

[2]) Ueber die Vollziehung fremder Urtheile s. v. Kamptz, Neue Literatur, §. 140; Fœlix, l. c., (3. Ausg.) S. 227, 360, 446.

§. 6.

Das richterliche Urtheil, auf welches sich eine Partei stützt, muß, wie jede Grundlage der Klagen oder Einreden, speziell erwiesen werden. Ebenso die ausländischen Gesetze, welche die Basis eines Rechtsverhältnisses bilden; denn auch die inländischen müßten erwiesen werden, wenn sie der Richter nicht von Amtswegen kennen und ex officio anwenden müßte. Daß der Richter vielleicht als Mensch, privatim, das ausländische Recht kennt, um welches sich der Streitpunkt dreht, thut nichts zur Sache; da er es nicht offiziell kennt und den Beweis nicht selber machen darf, ohne den Vorwurf der Parteilichkeit und die Gefahr eines Irrthums auf sich zu laden. Seltsamerweise wurden diese einfachen Sätze, welche die verbreitetste Praxis für sich haben, durch den Ausdruck verwirrt: das ausländische Recht gelte nur als Thatsache. Als ob die Existenz des inländischen Rechts nicht auch eine Thatsache wäre! Auch über den Sinn und Inhalt der Landesgesetze müssen die Deductionen der Parteien angehört werden.

Auch darf nicht zugegeben werden, daß für das ausländische Recht, andere, etwa mehr erschwerende Beweismittel verlangt werden, als für jedes andere Beweisobjekt; es sei denn, daß ein spezielles Landesgesetz eine solche Anforderung stellt. Nur werden bei Fragen der Rechtswissenschaft häufiger Sachverständige (Experten,) als Zeugen nöthig sein. Am wichtigsten sind fremde Gewohnheitsrechte, zum Beispiel Handels-Usancen u. s. w.

Auch das englische Recht besagt: „No court takes judicial notice of the laws of a foreign country“; nichts destoweniger wird der Beweis des ausländischen Rechtes in England vor dem Gerichtshof geführt und nicht, wie eine Thatfrage, vor den Geschworenen, [1]) zunächst durch Authentical copies und eventuell durch Parol evidence. Das französische Gesetz verlangt als Beweismittel ansehnliche Gutachten, „Parères des autorités,“ und bevollmächtigt auch seine höheren Gerichtshöfe zur Ausstellung von solchen, aber nur für ausländische Gerichte. Die preußische Praxis [2]) verlangt zwei Gutachten angesehener Rechtsgelehrten. Mittermaier verwirft den Zeugenbeweis für die geschriebenen Gesetze des Auslandes, und Schäffner das Geständniß des Gegners (weil es bei einer Rechtsfrage nicht auf einen bloßen Verzicht ankommen könne).

[1]) Ebenso in Nordamerika, s. Story §. 638; vergl. auch Story §. 640 und §. 641.

[2]) S. das preußische Justizministerialrescript v. 8. Dezember 1819, speziell für englisches Recht. Ausdrücklich wird darin gesagt, daß der Gegenbeweis in derselben Weise zulässig sei, was sich ja aber von selbst versteht.

§. 7.

In wie ferne ein Gericht über den Ausländer zuständig sei, hängt von dem Inhalt der Rechtssache ab; ob zum Beispiel ein Forum contractus, oder ein Arrestprozeß, oder ein Forum deprehensionis begründet ist. Es versteht sich von selbst, daß jedes Gericht nur seinen Instanzenzug hat, und nicht etwa von einem französischen Gerichte erster Instanz an ein preußisches Oberlandesgericht appellirt werden kann, weil etwa ursprünglich auch ein preußisches Gericht zuständig war. Ebenso mit den Revisionen, Restitutionen u. s. w.

Viel schwieriger ist die Frage der Kompetenz beim Strafverfahren und Alles hängt hierbei mehr von den positiven Gesetzgebungen der einzelnen Staaten ab.

Wir wissen, daß diesseitige Unterthanen nicht mehr, wie in alten Zeiten, an ausländische Mächte ausgeliefert werden können. Selbst wenn sie sich im Auslande oder an dem fremden Staate, etwa durch Theilnahme an Verschwörungen gegen denselben, vergangen haben, muß doch ihr Prozeß da geführt werden, wo die Justiz ihres Vaterlandes Gewalt über sie hat, also an ihrem competenten Gerichtsstande, wenn sie in der Heimath sind. Die Auslieferung eines Unterthanen würde den Staat heutzutage mit unauslöschlicher Schmach bedecken; (während antike Staaten, und selbst das stolze Rom, sogar die gefeierten Unterhändler nicht ratifizirter oder gebrochener Verträge dem Feinde überliefert haben!) Die Auslieferungsverträge beziehen sich nur auf Fremde (S. oben Kap. VIII §. 3 u. 4) und zwar in der Regel blos auf Unterthanen des requirirenden Staates [1]).

[1]) In einem Cartelvertrage (zwischen Bremen und Frankreich vom 10. Juli 1847) ist den bekannten (und oben in Kap. VIII aufgeführten) Bedingungen noch die hinzugefügt worden, daß das fragliche Verbrechen auch nach des ausliefernden Staates Gesetzen noch nicht verjährt sei.

§. 8.

Die Strafgerichtsbarkeit ist streng territorial; sie kennt nur ihr Landesgesetz, und kümmert sich nicht einmal in allen Fällen darum, ob die fragliche Handlung (das Crimen oder Delictum) an dem Orte, an welchem sie geschah, straflos oder minder strafbar ist. Denn das Strafrecht muß eine absolute Geltung genießen; jede relativ bedingte Anwendung desselben drückt es unter die Willkür des Obligationenrechts hinab.

Der Staat hält aber nicht blos alle diejenigen Verbrechen für strafbar, welche in seinem Gebiete begangen sind, sondern auch die, welche, wenn auch im Ausland und von Ausländern [1]), gegen ihn oder gegen Bestandtheile seiner Existenz (also gegen Inländer im Auslande) unternommen worden sind. Ob Inländer zur Rechenschaft gezogen werden können, wegen Handlungen, die im Auslande (und nicht an Inländern) begangen wurden, die vielleicht im Auslande straflos sind, ist mehr als fraglich, so sehr auch die Staatsgewalten die Erweiterung ihrer Jurisdiktion nach dieser Seite hin lieben. Keinenfalls dürfen Handlungen bestraft werden, die im Auslande von Ausländern und an Ausländern geschehen sind und die am Orte des Geschehens für erlaubt gelten. Anders verhält es sich mit Vergehungen, deren Strafbarkeit in der eigenthümlichen Richtung der Handlung liegt. Zum Beispiel kann das, in Paris erscheinende, deutsche Buch eines preußischen Bürgers dem Verfasser in Preußen eine Strafe zuziehen, während das Buch in Paris durchaus nicht verbrecherisch erscheint. Nämlich die Handlungen sind erst da vollendet, wo ihr vorausgesetzter Zweck erreicht ist. (Dagegen kann man zum Beispiele in vielen Staaten ausländische Zeitungen verklagen. In der That kann man sie auch da erreichen durch Verbote.) Aber das französische Gericht kann zum Beispiel keine Klage annehmen wegen angeblicher Preßvergehen, die nach seinen Gesetzen keine sind. Auch kann kein Strafgericht nach fremden Gesetzen, etwa im Auftrage, richten oder bestrafen, wie Klüber meint [2]).

[1]) Cfr. Code penal, art. 5—7 und 23—24. Der art. 6 erwähnt die Forderung der Auslieferung eines im Auslande befindlichen Verbrechers gegen den französischen Staat.

[2]) Vergl. Klüber's Völkerrecht, §. 63. Ueber die zahlreichen Kon-

troversen in dieser Materie vergl. Bar, l. c., §§. 132—136. S. auch Berner, Wirkungskreis des Strafgesetzes nach Zeit, Raum und Personen, Berlin 1853.

§. 9.

Obgleich die Regierungen sich oft das, ihnen gar nicht zustehende Recht angemaßt haben, jedes Verbrechen, dessen Thäter sie irgendwie habhaft werden konnten, nach ihren Gesetzen zu verfolgen; so steht doch so viel fest, daß das Forum deprehensionis durchaus nicht internationaler Natur ist, und nur da eine völkerrechtliche Bedeutung haben kann, wo die Prävention, einer prima occupatio ähnlich, zwischen zwei gleich zuständigen Gerichten den Ausschlag gibt; z. B. wenn ein Verbrechen auf der Staatsgränze vollführt wurde.

Das Forum delicti commissi (seiner Natur und vernünftigen Begründung nach mit dem Forum contractus verwandt,) gilt unbedingt. Es verdrängt auch das Forum domicilii, welches, bei ernsten Verbrechen, wie bei Polizeivergehungen, die mehr lokaler Art sind, wohl nur in Bezug auf die Kaution und dergl. in Betracht kommt. (Doch mag das Forum domicilii, eventuell originis, von Belang sein, wo diese Gerichtsstände in einem und demselben Staate concurriren.)

In strafrechtlicher Beziehung steht der zeitweilige Aufenthalt dem Bürgerthum gleich. Seinen zwingenden Charakter verliert der Kriminalprozeß nicht, er mag nun in accusatorischer oder in inquisitorischer Form bestehen.

Die altdeutsche „Nacheile," d. h. die Verfolgung des Verbrechers auf fremdem Gebiete, ist natürlich nur durch besondere Verträge völkerrechtlich gestattet; (wie z. B. zwischen Baiern und Baden.)

§. 10.

Eine criminalrechtliche Litis contestatio ist nicht denkbar. An und für sich könnte ein Staat das in dem anderen Staate schon bestrafte, oder durch Begnadigung oder Abolition versöhnte Verbrechen doch noch vor sein Gericht ziehen; wenn er nicht Grund dazu hat, die Rechtspflege des anderen Staates, wie seine eigene, zu ehren. Wohl aber gebieten Milde und Billigkeit, im Interesse des wahren Rechtes, daß die Strafe ein für alle mal als Sühne gelte; daß nicht zweimal gegen dieselbe Handlung verfahren werde, wenn sie schon auf eine adäquate Weise verfolgt worden ist. Auch würde jeder Staat durch ein entgegengesetztes Verfahren die Ehre seiner eigenen Gerichtsbarkeit und das heilige Ansehen des Rechtes selbst gefährden.

Kapitel XV.

Die internationalen Beziehungen des eigentlichen Civilrechts.

§. 1.

Wenn das ausländische Rechtsverhältniß den formellen Gang des inländischen Rechtsverfahrens nicht verändern kann, (s. Kap. XIV §. 3), so kann das gerichtliche Verfahren auch nicht rückwärts die vollendeten Thatsachen des Rechtes umgestalten. Wenn ein Engländer dadurch, daß er in Havre einen Gastwirth verklagt, oder von demselben belangt wird, nicht seine angeborene Nationalität gegen das französische Staatsbürgerrecht vertauscht; so kann auch nicht angenommen werden, daß er durch einen Prozeß im fremden Lande seinen persönlichen Status, seine besondere Art der Rechtsfähigkeit aufgebe oder verliere.

Darum ist in neuerer Zeit der Satz zur allgemeinsten Geltung gelangt, daß Personalstatuten auch außer dem Territorium gelten, die Person gleichsam begleiten: personam sequunter, comitantur. Was wäre die Person ohne bleibende Rechte! — Statuta circa personam valent extra territorium. Wie die Person hauptsächlich und am sichersten an ihrem gesetzlichen Wohnorte zu belangen ist, so entscheidet auch das Gesetz des Wohnortes über ihre Rechte. Wo der Mensch domizilirt ist, da ist er mit seinen Familien- und Staatsverhältnissen legitimirt; da bietet er auch alle, ihm möglichen Garantien der Erfüllung seiner Verpflichtungen.

§. 2.

So einfach die meisten Regeln des internationalen Privatrechts auch anfänglich lauten, sind sie doch stets nur cum grano salis zu verstehen; da sich der unbedingten, jedesmaligen Anwendbarkeit einer jeden das Bedürfniß der Ausgleichung mit anderen, scheinbar widersprechenden Regeln entgegenstellt. Zunächst steht fest, daß die privatrechtliche Persönlichkeit auch außer den Gränzen des bestimmenden Staates nach der Lex domicilii geachtet wird; daß also ein Volljähriger, habe er nun die minor aetas kraft allgemeinen Gesetzes, oder durch ein spezielles Statut, zum Beispiel nach der Autonomie des hohen Adels, oder durch eine Venia aetatis verlassen, auch in dem anderen Lande für fähig zu Rechtshandlungen erachtet werden muß, selbst wenn die Minderjährigkeit daselbst länger dauert. So kann z. B. ein Franzose, der über 21 Jahre alt ist, in den Ländern des gemeinen Rechtes handeln und genießt daselbst die Rechte eines Aelteren. Allerdings erzeugt diese Persönlichkeit des Rechtes den Mißstand, daß Verkehrtreibende sich erst nach dem Status ihres ausländischen Kontrahenten zu erkundigen haben;[1]) aber dieser Mißstand ist ein geringfügiger, wenn man bedenkt, daß das Privatrecht einer Person eben so wenig ein Aeußerliches ist, als ihr Vermögenszustand. Weit übler wäre der Umstand, wenn z. B. ein Handlungsreisender in Deutschland, je nach den 50 bis 60 geltenden Provinzialrechten, seinen Status eben so oft verändern müßte; wenn er sich in dem einen Lande auf das Senatus consultum Macedonianum berufen könnte, in dem anderen nicht; hier die Integri restitutio nachsuchen dürfte gegen Verpflichtungen, die dort zu Rechte bestehen: wenn man auf diese Weise weder seine Rechtsfähigkeit, noch seine Familienverhältnisse, auf Reisen behaupten könnte. Die Persönlichkeit des Rechts gehört gleichsam zu den inneren

Zuständen jedes Staates, in welche keine Einmischung gestattet ist. Auch ist sie, genau betrachtet, kein Privilegium des Ausländers vor den Inländern, sondern zum eigenen Vortheile der Inländer anerkannt. Der Ausländer könnte auch nicht freiwillig darauf verzichten und z. B. je nach den Umständen wieder den Schutz der Unmündigkeit genießen wollen.

[1]) Anderer Meinung sind Pardessus, Fœlix u. A. m.

§. 3.

Das eben aufgestellte Prinzip der fortlaufenden Geltung der streng persönlichen Rechte, welches in seinem letzten Grunde mit dem Satze: »Diversitas fori non vitiat merita causae« (s. Kap. XIV. §. 1) zusammenfällt, erleidet zwar an sich keine Ausnahmen; aber es muß in manchen Fällen mit anderen Grundsätzen vermittelt werden. Zuvörderst gilt die Persönlichkeit des Rechts nur privatrechtlich. Kein Adelsprivilegium, z. B. das der Ehe zur linken Hand, (d. h. das Recht, eine solche Ehe abzuschließen) wird mit über die Gränze geschleppt. Solche Privilegien gehören nicht zum Status.

Auch das Kriminalrecht hat eine höhere, sittlich-politische Stellung über den berechtigten Unterschieden der Persönlichkeit. Es würde z. B. keine Bigamie im Gebiete seiner Jurisdiktion dulden, selbst wenn der die zweite Ehe Eingehende, als geborener Türke, von dem Rechte seines Domizils dazu befugt wäre. Eben so wenig erkennt das Civilgericht ein solches Verhältniß an, welches es nicht für juris gentium (nach römischen Begriffen) halten kann, oder vielmehr, welches ihm nicht aus seinem eigenen Civilcodex wenigstens bekannt ist, wenn auch in anderen Formen.

Das Kriminalrecht kennt, strenge genommen, keine Minderjährigkeit. Es bestraft nur diejenigen geringer, oder gar nicht, denen das Gesetz nach ihren Jahren eine geringere, verminderte oder ganz aufgehobene Willensfreiheit beimißt; und diejenigen nach der ganzen Schwere des Gesetzes, welchen es die volle Zurechnungsfähigkeit zutraut: einerlei, ob in der Heimath des Verbrechers dafür andere Lebenstermine gesetzt sind, ob sein Civilstatus dort auf volle Rechtsfähigkeit deutet, oder nicht.

Eine fernere, civilprozessualische Ausnahme macht z. B. die Tutela sexus der Weiber. Die Bedingung eines Geschlechtsbeistandes modifizirt nicht den Status aller Frauenzimmer, ungefähr als wären sie zu ewiger Vormundschaft verdammt; sondern sie soll nur die Sicherheit des Rechtes selbst gewähren helfen. Diesem öffentlichen Interesse kann auch die Ausländerin nicht hindernd in den Weg treten; sie muß sich im Prozesse den Bedingungen des Prozesses fügen. Dagegen gilt bei der eigentlichen Vormundschaft naturgemäß das Ortsstatut des Mündels.

Eine andere Seltsamkeit kann durch die besondren Gerichtsstände veranlaßt werden. Zwar ist der privilegirte Gerichtsstand kein Status, und hat über der Gränze gar keine Bedeutung; aber wer sich zum Beispiel der akademischen Gerichtsbarkeit einer Universitätskorporation unterwirft, verliert für die Dauer seiner Studienjahre die Vortheile seiner Volljährigkeit. Doch hängt die akademische Gerichtsbarkeit zugleich mit einer freiwilligen Veränderung des Domizils zusammen.

Leges speciales können wohl auf die Anerkennung der juristischen Persönlichkeit des Fremden modifizirend einwirken; doch erklärt sie in diesem Falle das aufgeklärte Völkerrecht für Barbareien, gegen welche der gebildeten Welt Repressalien zustehen. Wenn zum Beispiel früher Norwegen und etliche deutsche Städte dem Juden nicht das Recht des Aufenthaltes oder des Grundbesitzes einräumten, so kann diese Lex specialis (auch abgesehen von den Freizügigkeitsverträgen!) zur Beleidigung eines Staates führen, der (wie z. B. Frankreich,) seine Unterthanen nicht nach der Religion in Rechtlose und Berechtigte scheidet und für Alle gleichen Schutz und gleiche Achtung beansprucht.

Eine ganz ähnliche Eigenthümlichkeit besteht in der Sklaverei. Sklaverei, Leibeigenschaft, Hörigkeit u. s. w. sind auch schon lange nicht mehr Juris gentium; das gesittete Recht hat keinen Maßstab und keine Klage für sie. „Die Luft macht frei!" Sklave zu sein, ist ja kein Status; sondern die Vernichtung eines jeden Status, die Negation alles Rechts. — Ob der „bürgerliche Tod" durch Strafurtheile ebenso zu beurtheilen ist? Die „mort civile" ist kein Status, sondern eine Strafe. Das Strafgesetz und die Strafverhängung sind streng territorial. Im Auslande, wo man diese Strafart nicht kennt, ist der bürgerlich Todte also nur ein Mensch ohne Domizil, ein Vagabunde, nichts weiter. Das Völkerrecht verlangt nicht die Exekution ausländischer Strafen.

§. 4.

Die Persönlichkeit des Rechts wird genau ergänzt von dem Satze: Locus regit actum.

Insofern haben juristische Institute auch eine Persönlichkeit, als sie nach den Gesetzen ihres Entstehens überall, selbst außerhalb ihres Gebietes gelten, — natürlich nur im Zusammenhang mit der berechtigten Person. Man könnte nicht von einer Achtung der fremden Persönlichkeit reden, wenn man nicht auch die ausländische Ehe, das fremde Testament u. s. w. gelten ließe. Nach welchem Rechte aber sollen diese gelten? Wie alle Rechtsverhältnisse, nach den Ortsgesetzen ihrer Entstehung. (Wo sie entstehen sollen, hängt ja von dem Willen der berechtigten Personen ab.) Ein Testament, eine Ehe ist vollgültig, eine Stiftung, ein Familienfideikommiß besteht zu Recht, wenn sie an dem Orte und zur Zeit ihrer Abfassung oder Abschließung den gesetzlichen Bestimmungen entsprechen. So kann — vorbehaltlich besonderer Verbote, — eine Civilehe in dem christlichsten Lande der Welt die herkömmlichen rechtlichen Folgen haben. Auf diesem Grundsatze beruhte auch die Toleranz der Engländer gegen die schottischen Einsegnungen von Gretna-Green; wobei noch zu bemerken ist, daß die Mängel solcher Ehen, zum Beispiel fehlende elterliche Einwilligung, wohl ein Hinderniß vor der Ehe sind, aber keine Nullität nachher bewirken. In Bezug auf die ausländische Scheidung einer von Engländern geschlossenen Ehe sind die englischen Juristen nicht so nachgiebig: weil es sich hier nicht um bloße Formalitäten („Solemnitates") handelt; sondern um die Umgehung eines öffentlichen und sittlichen Rechtes, an welchem der Staat selber Antheil nimmt, — ferner um eine Kränkung erworbener Rechte, um eine Verletzung Unmündiger, die das Gesetz unter seine Fittige nimmt [1]). Eine eigenthümliche Auslegung des Satzes „Locus regit actum" hat K. S. Zachariä in seinem bekannten Gutachten für Augustus von Este (S. 35 u. ff.) versucht, indem er dadurch ein ausdrücklich verbietendes Gesetz Englands aufzuheben vermeinte, welches bestimmt, daß kein englischer Prinz ohne Einwilligung des königlichen Familienhauptes sich vermählen dürfe. Nun gilt die ausländische Ehe des Herzogs von Sussex freilich auch ohne den königlichen Consens; aber die rein politischen Folgen derselben, nämlich die Ebenbürtigkeit und Standesmäßigkeit der Sprößlinge, hängt von der Erfüllung der politischen Bedingungen des Landes ab, für welches sie einzig und allein durch das specielle Gesetz berechnet sind. Oder es gäbe nichts Wirkungsloseres und Leereres, als ein solches Hausgesetz!

Die Ehe gilt fortwährend nach den Normen ihrer Entstehung. Ehegatten, die ohne besondere Ehepakten in einem Lande geheirathet haben, wo Gütergemeinschaft subsidiär galt, behalten Gütergemeinschaft nach dem ersten stillschweigenden Ausdruck ihres Willens; mögen sie auch in Länder übersiedeln, wo das Dotalsystem herrscht. Sonst hinge die Veränderung der ersten ehelichen Verträge einzig und allein von dem Willen des Mannes ab, der ja über den Wohnort entscheidend zu bestimmen hat. Auch ist das eheliche Güterrecht nicht juris publici und darum nicht nothwendig territorial. Doch sind die Theoretiker und Praktiker (selbst nach dem preußischen Landrecht) darüber noch in Kontroversen begriffen. — Auch die Adoption und Legitimation muß im Allgemeinen nach der Regel: Locus regit actum, den Domiciliarstatuten der Adoptirenden ꝛc. subsumirt werden; weil die zu Adoptirenden ꝛc. gerade ihre selbständige Rechtsfähigkeit und darum ihr Forum domicilii aufgeben [2]).

[1]) Eine eigenthümliche Behandlung dieses Verhältnisses ergiebt sich in Frankreich aus der Aufhebung der Ehescheidung. Man vergl. z. B. Blondeau's Abhandlung über folgende Frage: »La femme belge, qui a épousé un Français sous l'empire de la loi de 1816, peut-elle, après qu'un Jugement (rendu par un Tribunal compétent) a prononcé la séparation de corps entre elle et son mari, recouvrer la qualité de Belge, et demander en conséquence, contre son mari resté sujet de la loi française, la transformation de la séparation de corps en divorce, conformément à l'art. 310 du Code Napoléon qui régit encore la Belgique?« Dazu siehe Joubert, in der Revue du droit français et étranger, par Fœlix, Duvergier et Vallette, Paris 1844. T. I.

[2]) Das englische Grundeigenthum geht nur auf Britten über, die »born in lawful wedlock« sind, also nicht auf Legitimirte. Dies würde als lex specialis auch gegen in England naturalisirte Ausländer gelten.

§. 5.

Wenn die äußerliche Form des Testamentes nur den gesetzlichen Bedingungen des Ortes seiner Errichtung zu entsprechen braucht; so muß sein Inhalt mit den Ortsgesetzen des Testators, der darin über sein Vermögen verfügt, übereinstimmen. Alsdann darf es selbst beziehungsweise den Statuten der Güter, über die verfügt wird [1]), der Personen, die eingesetzt werden, zuwider laufen: denn das Testament ist nur der Ausfluß der Dispositionsfähigkeit des Erblassers; sein Vermögen als Universitas juris, sein Nachlaß, die ganze Hereditas jacens als Einheit, ist nur eine Fortsetzung seiner Persönlichkeit und genießt sein Recht. Die Beschränkungen der Verfügungsbefugniß des Testators im Notherbenrecht ist gleichfalls nur nach den Gesetzen der Erbschaft selbst zu beurtheilen; die Erben mögen sich befinden, wo sie wollen. Die Erben selbst müssen nach den Gesetzen der Erbschaft zulässig sein. Sie können bei dem Forum der liegenden Erbschaftsmasse auf ihren Pflichttheil dringen, soweit ihn das Gesetz dieses Forums ansetzt. Denn die Gesetze werden nicht blos für die eigenen Unterthanen gemacht, sondern als ewige Normen des Rechts für alle noch unentschiedenen Rechtszustände innerhalb des Gebietes errichtet. Das Notherbenrecht aber ist Juris publici. Selbst der bürgerlich-todte kann im Auslande erben; (s. §. 3 oben.) Kann aber ein dem Bürgerstande angehöriger Erbe das ihm vermachte Rittergut nach den Ortsgesetzen dieses Gutes nicht antreten, so wird sein Erbrecht zwar nicht verkürzt, wohl aber ist er zur Veräußerung desselben gezwungen; denn der subjektive Wille des Erblassers kann den zwingenden Staatsgesetzen, und namentlich den Realstatuten nicht derogiren.

[1]) Bei Erbschaften, wie bei Verjährungsfristen u. s. w., erregt die Collision zwischen Real- und Personal-Statuten ganz besondere Schwierigkeiten, wovon die kontroversenreiche Literatur unseres Gegenstandes Zeugniß ablegt.

§. 6.

Weil die beweglichen Güter nur als Vermögenstheile einer rechtsfähigen Person juristische Bedeutung haben, so gilt als Regel: „Mobilia ossibus inhaerent“, während für unbewegliche Güter die Statuta oder Leges rei sitae entscheidend sind; wie es ja ein besondres Forum rei sitae gibt, wobei die Grundstücke, die sogar (im Servituten- und Hypothekenwesen) selbständig berechtigt und belastet werden können, als besondere Rechtssubjekte erscheinen. Daß dieser scheinbare Widerspruch das innere Wesen des Personenrechts nicht allzusehr berühren darf, ersahen wir aus einem Beispiele am Schlusse des vorigen §. Doch ist die mittelalterliche Bevorzugung des Unbeweglichen immer noch die Ursache wesentlichen Nachtheile für die wahre Rechtsgleichheit. Der Ausländer wird als Grundbesitzer auch ein halber Insasse, und ist, wie den Grundsteuern, so auch den übrigen Realstatuten unterworfen; ohne daß dadurch seine Rechtsfähigkeit im Wesentlichen beeinträchtigt würde, wo man vernünftige Gesetze voraussetzen kann.

Auch bewegliche Sachen folgen ihren Realstatuten, wenn sie nicht im Gefolge einer Person den rechtlichen Charakter derselben entlehnen. So werden zum Beispiel gefährliche Waaren, wie Pulver, politische Schriften u. s. w., nach den Polizeiverordnungen des Ortes behandelt.

§. 7.

Für spezielle Titel der Erwerbung gilt, abgesehen von der allgemeinen Bedingung der Rechtsfähigkeit des Handelnden, das Ortsstatut; zum Beispiele: ob die nothwendigsten Hausgeräthschaften gepfändet werden können. Hauptsächlich aber gilt das Ortsstatut für die Ersitzung von Sachen; wobei natürlich bei mehrmaligem Ortswechsel immer dasselbe Gesetz gelten muß, unter welchem die Ersitzung (resp. Verjährung) mit allen dazu gehörigen Bedingungen zu laufen begann. Denn da die Ersitzung nichts ist, als die Occupation des fortwährenden Wollen gegen die präsumirte Dereliktion des fortwährend Aufgebenden; so ist auch die erste Besitznahme (mit den daraus folgenden Zeitterminen) für immer maßgebend. Und nichts wäre unsinniger, als wenn die Verjährungsfrist je nach der Veränderung des Wohnortes wechseln sollte (was sehr leicht mißbraucht werden könnte); oder wenn man, wie Einige behaupteten, etwa Durchschnittszeiten berechnen müsse. Jede Rechtsveränderung durch Ortswechsel ist eine Quelle des Betrugs und der Umgehung der Gesetze. (Vergl. auch ob. §. 4.) Bei der Verjährung gilt also die erste Lex rei sitae für unbewegliche, und die erste Lex domicilii personalis für bewegliche Güter: natürlich bei letzteren das Ortsgesetz des Ersitzenden, welcher handelt; nicht des Verjährenden, der sich ganz passiv dabei verhält und nicht aufgiebt, sondern verliert. (Ueber Extinktivverjährung der Klagen s. ob. Kap. XIV, §. 3; diese beiden Sätze widersprechen sich, wohlverstanden, nicht im Mindesten.) Auch die Leges rei sitae können verändert werden, zum Beispiel durch Eroberung einer Provinz und Einverleibung mit einem neuen Hauptlande unter anderer Gesetzgebung. Aber Gesetze haben keinenfalls rückwirkende Kraft, auf welche Weise sie auch eingeführt worden seien.

§. 8.

Einen eigenen Theil des internationalen Sachenrechts bildet das internationale Verlagsrecht [1]).

Geht man von der sehr verbreiteten Ansicht aus, daß dasjenige Recht, welches den Gegenstand der Nachdrucksverbote bildet, ein geistiges (?!) Eigenthum sei: so versteht es sich von selbst, daß es auch inter gentes geschützt werden muß; ja daß die gebildeten Staaten es schützen mußten, auch noch ehe die durchgedrungene Erkenntniß eine allseitige Reziprozität des Schutzes versprach. — Die Hauptschwierigkeit der völkerrechtlichen Geltung bilden die verschiedenen Fristen, innerhalb welcher dieses sogenannte Eigenthum läuft. Termine für die Dauer eines Rechtes passen selbst in praktischer Hinsicht schlecht zu dem Begriff des Eigenthums, welches gar keine Zeitgränzen verträgt. Jedenfalls müßte aber der Staat, welcher den Schutz des ausländischen „literarischen Eigenthums" verspricht, dasselbe so lange schützen, als dieses nach seinen eigenen Ortsgesetzen gesichert wäre: nicht darüber, weil kein Dritter der Resignation des Berechtigten vorgreifen kann; nicht darunter, weil es Eigenthum vorstellt! — Der dritte Staat käme mit diesen Voraussetzungen leicht in den Fall, auswärtigen Schriftstellern mehr Rechtssicherheit und mehr Vortheile zu verleihen, als seinen eigenen Unterthanen. Oder er gewährt allen ein gleiches, sein positives Recht; dann wäre der erwähnte Mißstand nicht aufgehoben, nur umgedreht. Doch mag der humane und gerechte Staat die, in den Nachdrucksverboten enthaltene, gesetzliche Klausel des Veräußernden gegen jeden Käufer in so weit ehren, als er ihr selbst in seinen Gesetzen Kraft zuschreibt, also nicht über seinen Termin hinaus; bei denjenigen Geistesprodukten aber, deren Landesgesetze eine kürzere Schutzfrist annehmen, nur diese Zeit lang; weil jeder Schutz darüber hinaus vergeblich, und nur den eigenen Bürgern schädlich wäre. Das eigentliche Ziel ist hier also nur durch Staatsverträge zu erreichen, wie auch bei der nahe verwandten Aufgabe des Patentschutzes für Erfindungen [2]).

[1]) Vergl. K. S. Zachariä über das brittische Gesetz: 1 und 2 Victoria, c. 59, v. 31. Juli 1838: (»Act for securing to authors in certain cases the benefit of international Copyright,«) in der Heidelberger „Zeitschrift für Rechtswissenschaft und Gesetzgebung des Auslandes," Band XI, S. 194. Vergl. auch Francis Lieber, On international Copyright, 1840.

[2]) Siehe die deutschen Bundesbeschlüsse vom 8. Novbr. 1837, vom 22. April 1841 u. vom 19. Juni 1845; die Verträge Englands mit Preußen und Sachsen und anderen deutschen Bundesstaaten vom Mai bis August 1846; die französischen Verträge von 1846, 1851 u. s. w., bis zu dem Handelsvertrage mit dem Zollverein vom 2. August 1862. — Alle diese Staatsverträge mußten mit den Nachdrucksgesetzen der contrahirenden Länder in Einklang gebracht werden. — Dagegen siehe das französische Dekret v. 28. Mai 1852, welches nicht mehr die Reziprozität mit dem Auslande bedingt, sondern als einzige Vorbedingung des literarischen und artistischen Schutzes die Deponirung des Exemplars des zu schützenden Werkes verlangt. — Von neueren Schriften s. Jolly, Lehre vom Nachdruck, Heidelberg 1852. Ad. Enslin, über internationale Verlagsverträge, Berlin 1852. Und Ét. Blanc et Alex. Beaume, Code général de la propriété industrielle, littéraire et artistique, etc., etc. Paris 1854.

§. 9.

Das Obligationenrecht ist das eigentliche Recht der Privatfreiheit; es vereinigt alle, der freien Willkühr der Privatleute anheimgestellten Theile des Civilrechts. Praeter legem, das heißt: wo sie nicht mit einem gebietenden oder verbietenden Gesetze, einer Lex cogens, in Konflikt gerathen, haben die Personen freien Spielraum ihres Willens, können sie sich nach allen Richtungen hin verpflichten. Namentlich seitdem der starre Formalismus bestimmter gesetzlicher Kontraktsformen weggefallen ist, überall, wo die formlosen Pacta den Kontrakten in ihren rechtlichen Wirkungen gleichgestellt sind, liegt das Maßgebende und Entscheidende des Obligationenrechtes einzig in der übereinstimmenden und nachweisbaren Absicht der Kontrahenten. Denn was praeter legem ist, ist auch merae facultatis. Z. B. die Gerichtsbarkeit des preußischen Staates hat kein größeres Interesse daran, die Verpflichtungen aus einem Kaufkontrakte zu bestimmen, der in Potsdam nach preußischem Landrechte, als aus einem, der in Leipzig nach sächsischem Gesetze abgeschlossen wäre.

Zwei Preußen können in Berlin ausdrücklich übereinkommen, daß ihr Miethsvertrag die in Paris üblichen Eigenschaften habe: das Landrecht würde hier nur in subsidium anwendbar sein. Die Gesetze über das Obligationenrecht sind meistens nur anordnende, keine zwingenden, so wenig es Zwangskontrakte gibt. Wenn also die Privatwillkür den Inhalt der Privatverträge bestimmt, so kann dieser Inhalt auch aus den Anordnungen fremder Gesetze bestehen.

§. 10.

Nur darf die Willkür der Kontrahenten keine Lex cogens des Staates verletzen; darum gelten keine Pacta turpia, keine Spielschulden aus verbotenen Spielen, und könnten solche auch dann nicht eingeklagt werden, wenn sie nach den Gesetzen des Ortes, wo die Verträge eingegangen wurden, klagbar wären. Darum sind auch ausländische Verträge nicht mehr klagbar, wenn die inländische Klage aus dieser Handlung schon verjährt ist. (Insoferne ist die Klagverjährung öffentlichen Rechtes, als sie die Bestimmtheit des Rechtes bewirken soll. S. ob. §. 7.)

Wenn aber im Ganzen Verträge nach fremdem Rechte bestehen können, so fragt sich noch: wann werden sie nach fremdem Rechte beurtheilt?

Die rechtliche Grundlage der Verträge liegt in der Absicht der Kontrahirenden. Auf diesen Kern ist also zurückzugehen. Da es nun mit Wahrheit heißt: „Magis respiciendum ut valeant Pacta quam pereant!“ weil das Kontrahiren an und für sich schon auf die Intention schließen läßt, daß der Vertrag gelte und nicht untergehe (ut valeat, non pereat!) so ist aus der Art der Abschließung auch die gesetzliche Natur des Kontraktes, welche die Parteien im Sinne gehabt haben mußten, zu folgern und rechtskundig auszulegen.

§. 11.

Nun ist, mit Ausnahme der in den vorigen Paragraphen dargethanen Fälle, in der Regel Jedermann an die Gesetze seines momentanen Aufenthaltes gebunden; man setzt schon für die Richtschnur seines zeitweiligen Handelns stillschweigend die Gesetze und Anforderungen der Staatsgewalt voraus, in deren Bereich man sich befindet. Die Gesetze gelten in subsidium, das heißt: zur Erklärung der (scil. kontraktlichen) Handlungen. Folglich gilt auch hier: Locus regit actum. Für die Förmlichkeit der Abschließung, z. B. für den notariellen Akt, die Vertragsurkunde, würde dieser Grundsatz ja schon von vorne herein herrschen. Doch ist die stillschweigende Uebereinkunft auf die Ortsgesetze nicht bei allen Handlungen juristisch zu präsumiren; gleich bei dem wichtigen Falle einer Uebersiedlung nicht. Eine Person verändert ihr Domizil: sie unterwirft sich durch eben diese Handlung ausdrücklich den neuen Gesetzen, einem anderen Gerichtsstande, anderen Abgaben u. s. w. Damit ist aber nicht gesagt, daß diese Person ihr ganzes bisheriges Rechtsleben für abgeschnitten und (retrotrahendo) für vernichtet, annullirt, erklären wolle und könne; daß nun ihre ehelichen Verhältnisse plötzlich nach anderen Normen geführt werden, ihre Ersitzungstitel nach anderen Terminen laufen sollen. Dann müßte diese Person folgerichtig auch alles frühere Besitzthum aufgeben, dessen Erwerbungsart nicht den Gesetzen des neuen Ortes entspräche; kurz, alles Rechtsleben hätte ein

Ende. Aber so ist es nicht. Alle vertragsmäßigen Beziehungen des früheren Rechtslebens laufen nach den Gesetzen ihrer Entstehung, nach der Absicht der beiderseitigen Paziszenten weiter; also auch das Vertragsrechtliche der Ehe, das Güterrecht der Gatten. Alles andere, was zum öffentlichen und sittlich nothwendigen Rechte des Gemeinwesens gehört, wie väterliche Gewalt, Ehescheidungsgründe u. s. w., richtet sich nach dem jedesmaligen Domizile, wohlverstanden: nur nach dem bona fide Domizile; — die Handlungen, welche nur zur Umgehung eines Gesetzes dienen sollen, verfallen in der Regel der Nichtigkeit.

§. 12.

Oft werden Privatverträge contrahirt, aus deren Natur schon ohne ausdrückliche Verabredung hinreichend die deutliche Absicht erhellt, daß sie nicht nach den Gesetzen des Ortes gelten sollen; z. B. wenn zwei Berliner zufällig in einer französischen Diligence über ein „unter den Linden" belegenes Haus ein Geschäft eingehen; oder wenn eine Leistung verabredet wird, die nur an einem bestimmten Orte rechtlich oder faktisch möglich ist. In solchen Fällen ist mehr die Richtung, als der Ort der Handlung zu berücksichtigen.

In dieser Beziehung ist das Wechselrecht besonders wichtig und auch besonders controvers. Was die Gültigkeit des Wechsels, oder einzelner Theile desselben, zum Beispiel des Indossaments, der Acceptation, des Protestes u. s. w., angeht: so gilt für die Form natürlich die Lex loci; obgleich einige Sriftsteller behaupten, daß hier schon die Form derjenigen Orte, wo der Wechsel oder das Indossament wirken, resp. bezahlt werden sollen, in Betracht zu ziehen wäre. Allein die formelle Gültigkeit einer verpflichtenden Urkunde hängt nicht von den Gesetzen des Ortes ab, wo geleistet werden soll; sondern von den Gesetzen des

Ortes, wo verpflicht wird, wo die Urkunde ausgestellt wird. Auch die Frage nach der Wechselfähigkeit des Ausstellers, Indossanten u. s. w., ist nach dem Gesetze des Wohnortes desselben zu beantworten; weil er ja nur an diesem Orte mit der Wechselklage und dem Wechselarrest zu verfolgen wäre. Allein die Wechselfähigkeit ist nur ein standesrechtlicher Status, wie der Adel, und also strenge territorial. Ein Mann, welcher im Lande A nicht wechselfähig ist, kann doch im Lande B, wenn dieses solche Kategorieen nicht unterscheidet und Jeden für wechselfähig hält, wegen daselbst contrahirter Wechselschulden angegriffen werden. In Betreff der inneren Bedingungen der Klagbarkeit bei dem Wechsel, dem Indossament, gelten die Gesetze und Usancen des Trassaten, Indossaten, Acceptanten; kurz, für jeden einzelnen Punkt die Statuten desjenigen, der zur Leistung verbindlich gemacht werden soll und der zu belangen wäre, schon weil in der Regel jeder den Wechsel auf sein kaufmännisches Domizil bezieht. (Doch kann in Ausnahmsfällen eine entgegengesetzte Absicht vermuthet werden.) — Da nun Jeder, der auf dem Wechsel steht, eventuell nach Wechselrecht zu leisten verpflichtet ist, die Bestimmung des Wechsels aber darin besteht, Geldbdifferenzen zwischen entfernten Handelsplätzen auszugleichen, gleichsam einen weltbürgerlichen Verkehr anzubahnen; so thut beim Wechselrecht mehr als irgendwo eine Uebereinstimmung der Rechtssätze und Handelsüsancen Noth. Doch hat die Praxis zwischen den Plätzen, die in frequentem Verkehre mit einander stehen, schon viele wichtige Konflikte ausgeglichen.

§. 13.

Wohl zu unterscheiden von den Obligationen sind die Quasi-Contrakte und die (Quasi-) Delikte; zum Beispiel die Verpflichtungen aus Paternitäts- und Alimentenklagen. Hier ist praeter legem keine erlaubte Willkür, kann also auch von keinem Forum und keiner Lex contractus die Rede sein, wohl aber von einem Forum delicti oder domicilii.

Ob Verträge über Schmuggelei, die gegen ausländische Zollgesetze gerichtet sind, also in fraudem fremder Steuergesetze eingegangen wurden, klagbar sind, ist streitig; in der englischen Jurisprudenz wird diese Frage bejaht [1]).

Im Allgemeinen ist auch festzuhalten, daß in den Rechtssystemen, wo bestimmte Kontraktsformen als ausschließliche angesetzt sind, nur diese klagbar sind, und der Richter nur die daraus hervorgehenden Klagen annehmen darf; daß aber nach den Rechtssystemen des formlosen Obligationenrechts jeder nicht klagbare Vertrag (z. B. aus sog. Ehrenschulden) für einen schändlichen gilt und gar keine rechtlichen Wirkungen haben kann.

[1]) Ebenso von Pardessus, Emérigon u. A. m. Bestritten wird die Ansicht derselben von Story, Massé, Pfeiffer (Praktische Ausführungen mit Erkenntnissen des O. A. G. zu Kassel, T. III S. 85 u. ff.) In dem Erkenntnisse eines französischen Appellhofes (Pau, 11. Juli 1834) heißt es: »La corruption, quelque soit le but qu'elle se propose, étant contraire aux principes de morale universelle,« u. s. w.

Alphabetisches Register.

(Die römischen Zahlen bezeichnen die Kapitel und die arabischen den Paragraphen darin.)

www.ingramcontent.com/pod-product-compliance
Lightning Source LLC
Chambersburg PA
CBHW021109270326
41929CB00009B/788

9783743319585